KB121432

길 위의 신부 문정현
다시 길을 떠나다

길 위의 신부 문정현
다시 길을 떠나다

김중미 지음

2011년 8월 16일 처음 찍음
펴낸곳 도서출판 낮은산
펴낸이 정광호 ∣ 편집 신수진 ∣ 제작 정호영 ∣ 디자인 박대성
출판 등록 2000년 7월 19일 제10-2015호
주소 서울시 마포구 서교동 395-179 미르빌딩 6층
전자우편 littlemt@dreamwiz.com
전화 (02)335-7365(편집), (02)335-7362(영업) ∣ 전송 (02)335-7380
인쇄·제판·제본 영신사

ISBN 978-89-89646-70-9 03990

길 위의 신부 문정현

다시 길을 떠나다

김중미 지음

낮은산

평화가 너희와 함께!

아버지께서 나를 보내신 것처럼 나도 너희를 보낸다.

요한 20, 21

머리말

벗이 되어 가는 길

2011년 7월 3일 아침, 아이들과 인형극 연습에 분주할 때 문자가 전송되어 왔다.

"저 강정으로 이사합니다. 당하고만 사는 '강정 주민'과 함께하고자, 시멘트에 파묻힐 위기에 있는 '구럼비'와 함께 묻힐 수 있기를······."

"아, 신부님."이라는 말이 새어 나왔다. 이미 예상하고 있던 일이었다. 그런데도 다시 짐을 꾸려 제주행 배에 오르는 문정현 신부의 모습이 떠오르며 가슴이 미어졌다. 문정현 신부와 또다시 유랑 길에 오른 평화바람 식구들도 걱정이 되었다. 그러나 나는 우리 공동체 역시 그 길에 다시 섰음을 느꼈다.

제주 강정마을은 이미 오래전부터 문정현 신부가 마음에 두고 있던 곳이다. 2008년 대추리에서 나온 뒤, 여러 번 강정마을을 방문했고, 상단을 꾸려 갈치와 귤을 팔아 강정마을의 해군기지 반대 싸움을 도왔다. 많은 사람들이 강정마을에 대해 미처 알지 못할 때 문정현 신부는 이미 그곳이 제2의 대추리가 될 것을 알았다. 아마 2009년 1월 용산 남일당의 참사만 아니었다면 그는 벌써 강정의 주민이 되어 있었을 것이다.

문정현 신부가 강정 주민이 되었다는 소식이 있기 전, 우리 기차길옆작은학교 식구들 역시 강정마을을 방문할 계획을 세우고 있었다. 4년을 넘게 끌어온 해군기지 공사가 강행되면서 강정마을이 일촉즉발의 위기에 놓여 있었기 때문이다. 우리는 강정마을의 중덕해안에서 인형극을 공연할 작정이었다. 그러나 과연 그 계획이 가능한 일인지 아무도 자신할 수 없었다. 인형극패의 인원을 줄이고 줄여도 17명이 가야 했다. 게다가 무대와 인형을 실은 승합차도 가야 했다. 교통비만 250만 원이 넘었다. 그러나 마음이 있으면 길이 보이는 법이다. 7월 18일 밤, 우리는 드디어 제주행 비행기를 탔고, 강정마을에서 그를 만났다.

다음 날 이른 아침, 강우일 주교가 선물한 스쿠터를 타고 우리 숙소로 온 문정현 신부는 어느새 강정 주민이 다 되어 있었다. 아이들과 함께 미사를 드리며 그는 대추리의 행정대집행 때가 자꾸 떠올라 두렵다고 울먹였다.

강정은 바람 앞의 촛불이었다. 사흘간 머물면서 우리는 강정의 아픔을 온몸으로 느낄 수 있었다. 강정은 아름다운 자연과 그 자연의 품에서 선한 이들이 가꾸어 온 마을공동체가 살아 있는 곳이다. 그러나 해군기지 문제가 해결되지 않고 계속되어 오는 동안 그 아름다운 마을공동체가 흔들리고, 구럼비의 생명들이 사라질 위기에 놓였다. 길 위의 신부, 문정현은 또다시 그들의 아픔을 같이 겪고 있었다.

우리가 강정을 떠나던 날, 문정현 신부는 구럼비 바위 위에 있는 비닐하우스를 치우고 기도집을 만들었다. 기도집 이름은 '중덕사'. 강정에 남은 우리 작은학교의 대학생들이 보내 준 사진 속 문정현 신부는 '중덕사'의 주지스님처럼 보였다. 사진 속의 신부는 신통력을 지닌 도사처럼 보였지만 지금 그가 할 수 있는 일은 경찰병력이 중덕해안에 들어오지 못하도록 거기 머무는 것뿐이다. '구럼비'와 같이 묻힐 거라는 말씀이 자꾸 귓가에 맴돈다.

어느 아침, 문정현 신부는 트위터에 글을 올렸다.
"강정을 어떻게 돕느냐는 질문이 많습니다. 몸과 마음으로 도우실 수 있습니다. '강정 평화상단'으로 문의하십시오! 전복젓, 소라젓, 다시마, 멸치 주문으로 도우실 수 있습니다."
어느새 장사꾼이 된 길 위의 신부 문정현은 스쿠터를 타고 지금도 중덕해안으로 향하고 있을 것이다. 강정에서 돌아온 뒤 나는 아이들과 여름캠핑을 다녀와야 했고, 오랫동안 함께 인형극을 해온 대학생들과 공부방 밖 아이들에게 인형극 워크숍을 해야 한다. 워크숍이 끝나면 전라도 강진과 인천에서 인형극을 다시 무대에 올린다. 우리에게 주어진 일상을 살아가면서도 우리 마음속에는 강정이, 85호 크레인이 떠나지 않는다. 이미 우리도 그렇게 길 위의 삶을 시작했다. 그러나 내가, 그리고 우리가 진정으로 바라는 것은 유랑의 삶이 아니라 우리 삶의 자리를 지키며 소박한 일상을 사는 것이다. 문정현 신부도 마찬가지다. 누군가는 그를 시위전문가, 데모꾼이라고 비난하지만 문정현 신부는 그 누구보다 데모를 싫어한다. 누구보다 평화로운 일상을 바란다. 그러나 세상의 눈물이 멈추지 않는 한 문정현 신부는 길 위에서 내려오지 않을 것이다. 나도 그 길에서 내려오지 못할 것 같다. 그리고 어느새 우리 아이들이 그 길 위에 있다.

　4년 전, 무작정 문정현 신부에 대한 이야기를 쓰고 싶다고 했을 때, 나의 멘토이자 스승인 한현 선생은 아무 말 없이 나를 문정현 신부께 데려가 주었다. 문정현 신부 역시 잘 알지도 못하는 내게 당신 삶의 기록을 맡겨 주었다. 이 책은 평화바람 식구들의 도움 없이는 세상에 나올 수 없었다. 또 『한겨레신문』의 '길을 찾아서' 연재가 아니었으면 책이 나오는 것이 더 늦어졌을지도 모른다. 문정현 신부나 평화바람이나 나도 '지금 여기'의 현실이 더 중요해 글을 자꾸 미뤘을 것이다. 문정현 신부의 이야기를 책으로 내자는 제안을 흔쾌히 받아 준 낮은산출판사와 오랫동안 문정현 신부의 사진을 찍어 온 노순택 선생의 도움도 크다. 이제까지 어쭙잖게 동화와 청소년 소설을 써 세상에 내놓았지만 책을 내며 이토록 설레고 두려운 적은 없었다. 길 위의 신부, 문정현의 길은 아직 끝나지 않았기에 이 책이 문정현 신부의 삶을 정리하는 글이 될 수는 없을 것이다. 그저 앞으로도 계속될 문정현 신부의 길에 벗이 되어 함께할 수 있기를 바라는 마음이다.

2011년 8월 김중미

차례

교회의 외톨이 같은 그의 곁에는 '예수'가 있었다. 서각을 하는 신부 앞에 앉아
나무판을 붙잡거나 이야기 동무를 하다 보면 그 옆에 서서 문정현 신부를 흐뭇하게
내려다보는 예수가 보였다. 은퇴한 노신부, 이제는 힘도 없는 "우리 신부님"을
그 추운 겨울 명동성당 성모동산 구석까지 찾아오는 이들 속에 예수가 있었다.
계성여고 교사 뒤로 해가 꼴깍 넘어가 서각을 거둘 시간이 되면 하루 종일
그의 옆에 앉아 몸을 쉬던 예수도 일어날 채비를 했다.

명동성당의 왕따 신부 문정현

2011년 4월 20일 명동성당 성모동산 앞. 꽃망울을 터뜨린 벚나무와 연둣빛 새순이 파릇파릇 돋은 나무들이 봄소식을 온몸으로 전하던 날. 오랜만에 두꺼운 파카를 벗고 상앗빛 개량한복으로 갈아입은 문정현 신부가 사람들 앞에 섰다. 바로 그날이 사순절 기간 동안 명동성당에서 드렸던 십자가의 길 기도가 끝나는 날이고, 253일 동안 계속된 문정현 신부의 기도 여정 전체가 끝나는 날이기도 했다.

　　그날 성모동산에 모인 이들은 기륭전자 노동자, 용산 남일당 참사 사건 유가족과 가톨릭노동사목·천주교정의구현전국연합·기차길옆작은학교의 활동가, 교회 안팎의 인권운동가, 성심회 수녀 들이었다. 문정현 신부의 동생이자 평생 동지인 문규현 신부도 오랜만에 함께했다.

　　나는 문정현 신부가 지난해 8월, 욱하는 마음에 명동성당으로 들어와 기도를 시작할 때만 해도 기도가 이렇게 길게 이어질 거라고는 생각하지 못했다. 찾아온 이들에게 그는 감회에 젖어 인사말을 했다.

　　"저는 명동에서 253일 동안 기피인물이었습니다, 모멸감도 컸지만, 제 자신에게 정말 좋은 시간이었습니다. 신앙이 아니었다면 아무 결과도 얻지 못했을 것입니다."

또 목이 메었다. 툭하면 우는 울보 문정현 신부님. 고집불통이면서 마음은 또 얼마나 여린지, 약한 이들의 고통을 모르는 척하지 못하는 오지랖 넓은 신부님. 혼자서는 아무것도 하지 못하면서 불의를 참지 못해 일부러 벌이고 보는 사고뭉치 신부님. 길 위의 신부 문정현이 또 한 번의 긴 여정을 끝내는 그 순간에 나도 눈앞이 흐려졌다.

언제부턴가 '서각기도'라는 이름이 붙은 253일간의 기도는 아무런 계획 없이, 뒷일 따위는 계산하지 않은 채 시작한 일이었다. 그는 명동성당 한 귀퉁이에서 여름을 보내고 가을을 맞고 혹독한 겨울을 지내면서 그 어느 때보다 외로운 시간을 보냈다. 존경받아 마땅한 원로 사제가 아니라 교회의 왕따 사제로, 기피인물로 253일간을 지내야 했다. 그런데 나는 그렇게 철저하게 왕따가 되어 버린 문정현 신부에게서 '길 위의 신부 문정현'의 참모습을 발견하게 되었다.

문정현 신부가 명동성당과 다시 인연을 맺은 것은 2010년 5월 17일 천주교정의구현전국사제단이 4대강 사업 중단을 촉구하며 명동 들머리에서 단식농성을 하고부터다. 그는 건강 때문에 단식에 참여할 수는 없었지만 후배 사제들과 같이 농성을 시작했다. 명동성당 쪽에서는 사제들의 농성을 달가워하지 않았다. 가톨릭회관 앞 주차장에 설치한 기도처 천막을 치우라고 하더니 끝내 강제철거를 하고 말았다. 그들은 자신들이 천막을 치우는 이유에 대해 "여기는 영업소입니다. 영업방해를 하면 어떻게 합니까?"라고 말했다.

문정현 신부는 처음에는 귀를 의심했다. 사제의 입으로 성전을 "영업소"라고 솔직하게 고백할 수 있는 용기가 놀라울 뿐이었다. 명동성당 쪽이 사제단에게 한 어이없는 행동은 그것만이 아니었다. 며칠 뒤 새벽, 사제들이 가톨릭회관 노상의 침낭 속에서 자고 있을 때 명동성당 용역 직원이 화분에 물을 준다는 핑계로 의도적으로 물을 뿌렸다. 화가 난 사제단 대표 신부가 용역 직원에게 따지고 있을 때였다. 명동성당 주임신부가 성당 입구에서 수단(성직자들의 평상복)을 입고 바라보고 있다가 사제들에게 근엄하게 말했다.

"마태오복음 6장 6절에 단식은 골방에 가서 하는 거라고 되어 있어!"

그는 같은 사제로서 참담함을 느꼈다. 성서에서 말하는 단식은 억울하게 묶인 이를 끌러 주고 멍에를 풀어 주는 것, 압제받는 이들을 석방하고 모든 멍에를 부수어 버리는 것, 내가 먹을 것을 굶주린 이에게 나눠 주는 것, 떠돌며 고생하는 사람을 집에 맞아들이고, 헐벗은 사람을 입혀 주며, 제 골육을 모르는 체하지 않는 것(이사야 58, 6-7)이었다. 사제단의 단식은 바로 그런 것이었다. 성당을 영업소로 생각하는 이들에게 이런 단식은 불편할 수밖에 없었을 것이다.

예수가 예루살렘에 입성해 성전에 가서 가장 먼저 한 일은 환전상과 장사치들을 둘러엎는 것이었다. 예수 시대에도 유대인들의 성전은 신에게 바치는 예물을 핑계로 '강도의 소굴'이 되어 있었다. 예수는 그 시대의 수석사제들, 율법학자들과 대립할 수밖에 없었다. 2000년이 지난 지금도 교회는 상업주의에 빠져 있다. 기득권을 유지하고 확장하기 위해 정치권력자들과 손을 잡고 그들의 독선과 반민주적 행태를 옹호하고 동조하고 있다. 게다가 명동성당 사목위원장과 위원들은 "각자 자기 본당으로 돌아가라. 그러지 않으려면 로만칼라를 벗으라."는 말까지 했다.

추기경은 한국천주교 주교단이 2010년 봄 정기총회에서 4대강 사업에 대해 반대성명을 채택까지 했는데도 집권당 대표를 만난 자리에서 "4대강 사업을 반대하는 사람은 일부다. (시끄러운) 그들이 마치 전체를 대표하는 것 같지만 사실 그렇지 않다."고까지 말했다. 추기경은 김용철 변호사의 삼성비리 폭로를 도운 전종훈 신부를 아무런 이유 없이 3년째 발령을 내지 않고 있었다. 문정현 신부와 사제단은 명동성당 쪽에 사제단에게 한 행동에 대해 사과를 요구했지만 아무런 소식이 없었다. 영업소가 되고 정치권력과 손잡은 교회에는 예수가 없었다. 문정현 신부는 땅과 하늘의 징조는 풀이할 줄 알면서 이 시대를 풀이할 줄 모르는(루카 12, 56) 교회가 안타까웠다.

문정현 신부는 운동권 신부로 40년을 살면서도 교회와 대립하는 일은 자제해 왔다. 주교의 말에 순명해야 하는 사제로, 교회제도 안에 있는 사제로 그 선을 넘지 않았다. 그래서 입으로는 사회정의를 외치면서도 교회에 대해서는 신중하다며 비판을 하는 이들도 있었다.

"어떤 이들은 비겁하다고 비판을 하기도 했습니다. 하지만 나는 그게 비난이든, 질책이든 개의치 않았습니다. 어떤 경우에도 어떤 상황에서도 우리를 진리로 이끄시는 성령과 교회에 대한 지극한 믿음과 공경심이 존재했기 때문입니다."

그러나 더는 모르는 척할 수 없었다.

네 눈은 네 몸의 등불이다. 네 눈이 맑을 때에는 온몸도 환하고, 성하지 못할 때에는 몸도 어둡다. 그러니 네 안에 있는 빛이 어둠이 아닌지 살펴보아라. 너의 온몸이 환하여 어두운 데가 없으면, 등불이 그 밝은 빛으로 너를 비출 때처럼, 네 몸이 온통 환할 것이다.　　　　루카 11, 34-36

2010년 8월 10일 그는 다짜고짜 짐을 싸서 서울로 올라갔다. 그리고 혼자 명동성당에서 기도를 시작했다. 사제단이 모욕을 당한 명동성당은 명동성당 사목위원의 소유물이 아니고, 주임신부의 사유재산도 아니었다. 명동성당은 한국 천주교회의 모태이며 한국 현대사의 죽음과 고난의 역사를 헤쳐 온 민주화 성지였다. 그곳은 나그네든 초라한 이든, 누구든 차별 없이 환대하는 곳이었다. 그는 교회와 한 몸인 사제였으므로 소금의 짠맛을 잃은 교회, 빛을 잃은 교회가 안타까웠다. 그래서 기도를 시작했다. 그런데 시간이 지날수록 한국 교회를 향해 쏘려고 벼렸던 화살이 자꾸만 자신을 향했다. 교회를 비난할 때마다 사제단에게 모욕을 준 동료들을 향해 화를 낼 때마다 "그러는 너는?" 하고 자신에게 되묻게 되었다.

남을 심판하지 마라. 그래야 너희도 심판받지 않는다. 너희가 심판하는 그대로 너희도 심판받고, 너희가 되질하는 바로 그 되로 너희도 받을 것이다. 너는 어찌하여 형제의 눈 속에 있는 티는 보면서, 네 눈 속에 있는 들보는 깨닫지 못하느냐? 네 눈 속에는 들보가 있는데, 어떻게 형제에게 '가만, 네 눈에서 티를 빼내 주겠다.' 하고 말할 수 있느냐? 위선자야, 먼저 네 눈에서 들보를 빼내어라. 그래야 네가 뚜렷이 보고 형제의 눈에서 티를 빼낼 수 있을 것이다.

마태 7, 1-5

하루 종일 명동성당 안에서 기도를 하던 그는 어느 날 자신의 가슴을 치는 성서 구절들을 서각으로 새겨야겠다고 생각했다. 그래서 성당에서 오전 기도를 마치고 나면, 명동성당 앞 벤치에 앉아 오후 내내 목판에다 칼로 한 자 한 자 성서 구절을 새겼다. 명동성당으로 관광을 온 외국인이나 한국인들이 흘끗흘끗 보다 가고, 그의 기도 소식을 들은 지인들이 찾아왔다. 그러나 추기경은커녕 명동성당 신부들조차 만날 수 없었다. 사목위원들 역시 그를 소 닭 보듯 했다. 명동성당에서 그는 눈엣가시였다. 그는 모멸감을 느꼈다.

12월이 되자 명동성당에서는 구유를 만들기 시작했다. 명동성당 벤치를 내주고 그는 만남의 방 옆 그늘진 구석에 쪼그리고 앉아 서각기도를 했다. 날이 더 추워지자 할 수 없이 햇볕이 드는 성모동산으로 자리를 옮겼다. 그는 명동성당 안에서도 노숙자 신세였다. 날마다 그를 찾아오는 이들이 있었지만 신학교에서 함께 공부하고, 함께 사제의 길에 들어선 동료 사제들은 그를 외면했다. 하루 종일 명동에서 기도를 하다가 자신에게 거처를 마련해 준 종로구 수송동 4·9통일평화재단의 문간방에 들어가 몸을 누이면 잠이 오질 않았다. 사제의 몸이었지만 그는 교회에서 갈 곳을 잃었고 대접받지 못했다. 그러나 그의 서각기도는 계속되었다. 명동성당과 서울대교구의 사과를 받아 내기 전에는 끝내지 않겠다던 그의 말처럼 기도가 해를 넘기고 말았다.

겨울이 물러갈 무렵, 그는 자신이 그곳에 오게 되었던 까닭을 다시 생각했다. 예수 시대에도 사제들과 율법학자들은 예수를 끝내 받아들이지 않았다. 예수 역시 그들과 함께하지 않았다. 그가 서각기도를 하며 받은 변화와 평화의 은총은 교회가 아닌 자기 자신에게 주어졌다. 그는 혹독한 추위를 견디며 서각기도를 하는 동안 자신 안에 있는 빛이 어디로부터 온 것인지 다시 확인했다. 그리고 자신이 끝까지 섬겨야 할 사람이 누구인지 다시 깨달았다. 자신이 사제로서 희생하고 사랑해야 할 이들은 교회 사람들이 아니라 '이웃'이었다. 그는 명동 거리에서 만나는 노숙자들, 자신을 찾아오는 가난한 이웃들에게 더 깊은 연민과 고마움을 느끼게 되었다. 명동에서 기도하는 동안 머물렀던 4·9통일평화재단의 수위 아저씨에게도, 성당의 미화원들에게도 그는 모자를 벗고 허리를 굽혀 인사를 했다. 정작 그 사람들은 민망해서 몸 둘 바를 몰랐지만 문정현 신부는 진심을 담아 그들에게 허리를 숙였다.

그렇게 그는 그 자리에서 다시 예수를 만났다. 명동에서의 253일은 추위와의 싸움이었고, 예수의 평화를 받아들이기 위한 자신과의 싸움이기도 했다. 253일 동안 그의 곁에는 외롭고 가난한 이들을 향한 연민으로, 자신의 뜻과 다른 길을 가는 교회에 대한 안타까움으로 눈물을 흘리는 예수가 있었다. 예수의 애끓는 마음이 바로 자신의 마음이었다. 혹독하게 추웠던 지난겨울, 그 외롭고 긴 시간을 견딜 수 있게 해주었던 것은 그가 오랜 세월 길 위에서 만난 사람들이었다. 바로 그가 섬기는 예수였고, 그의 진정한 벗이었다.

내가 만난 문정현

한편, 문정현 신부가 짐을 싸 명동성당으로 올라갔다는 말을 전해 듣고 내 입에서 나온 첫말은 "아!" 하는 감탄사였다. 그가 명동성당의 행태에, 서울대교구에 얼마나 화가 났는지, 얼마나 실망하고 안타까워했는지 익히 알고 있었으므로 어떤 방식으로든 문제제기를 할 것임은 짐작하고도 남았다. 그러나 그 방법이 기약 없는 '기도'일 것이라고는 미처 생각하지 못했다.

문정현 신부가 길 위에 있을 때마다 그 길에 함께했던, 때로는 문정현 신부를 먼저 부추겨 길을 떠나게 하고, 때로는 아무 준비도 없이 허겁지겁 그의 길을 따라나서기도 했던 '평화바람'의 오두희 선배는 문정현 신부가 명동성당에서 기도를 시작하자마자 미리 계획했던 석 달간의 휴가를 떠났다. 오두희 선배가 없는 빈자리는 용산 남일당에서 함께했던 이들이 메웠다. 서각기도가 길어지자 서각작품이 늘어났다. 그만큼 뒤치다꺼리를 하는 사람들의 일도 늘어났다. 언제나 그렇듯이 별다른 계획 없이 시작한 일이 한 달, 두 달, 석 달 시간이 지나면서 일주일 내내 그의 기도를 돕는 자매들과 평화바람 식구들이 지쳐 갔지만 문정현 신부의 뜻은 완고했다. 우리는 그의 기도가 백일로 끝나길 간절히 바랐다. 또다시 이길 수 없는 싸움에 나선 그의 건강이 걱정되었다. 그런데 문정현 신부는 오히려 그 시간이 자신에게 은총의 시간이라고 말했다. 우리가 추운 겨울을 걱정하면 "지금이 어느 시댄데! 걱정 마. 발열조끼 같은 거 입으면 까딱없어." 했다.

유난히 추웠던 겨울에도 그는 하루도 거르지 않고 성모동산에 앉아 서각을 했다. 일흔이 넘은 노인이 한데서 망치와 칼질을 하는 것은 결코 쉬운 일이 아니었다. 하루 종일 쪼그리고 앉아 서각을 하다 보면 고관절 탈골이 와 걸음이 불편해질 때도 있었다. 그러나 그는 기도를 그만둘 생각이 없어 보였다. 그의 서각기도를 돕는 이들은 휴가를 간 오두희 선배가 돌아오면 신부님의 기도를 끝낼 수 있을 거라고 기대했다. 그러나 휴가에서 돌아온 오두희 선배는 일주일간 신부님을 지켜본 뒤 결론을 내렸다.

"신부님의 기도를 막기보다 겨울을 잘 나도록 돕는 것이 우리 몫인 것 같아요. 신부님의 뜻이 강고해요."

명동성당에서 문정현 신부는 내내 의연해 보였다. 체감온도가 영하 19도가 된 날도 그는 여지없이 칼과 망치를 들었다. 그를 찾아오는 손님들은 오래전 투쟁의 현장에서 함께했던 머리 희끗희끗한 노동자들이나 활동가들, 용산 남일당 유가족, 인혁당 유가족, 현재 천주교정의구현전국연합에서 활동하는 활동가들이나 은퇴한 교수, 홀로되거나 손자들을 돌보는 할머니가 된 동지들이었다. 가끔 후배 신부들이 찾아오기도 했지만 기도가 길어지면서 발길은 점점 뜸해졌다. 그의 얼굴이 점점 어두워졌다. 명동에서 마주치는 많은 동료 사제들이나 후배 사제들이 그를 외면할 때마다 번민에 휩싸이는 것이 보였다. 자신을 외면하는 동료들에게 화가 치밀다가도 자신 때문에 그들이 껄끄럽고 불편하리라는 것을 이해하기도 했다. 젊은 시절의 그였다면, 아니 명동성당에 처음 올라왔던 그때라면 당장 사제관으로, 주교관으로 뛰어들었을지 모른다. 그러나 기도를 하면서 그의 행동은 점점 사려 깊고 조심스러워졌다. 그것은 동료 사제들에 대한 예의였다. 그런 그의 모습이 더 쓸쓸해 보였다.

그런데 교회의 외톨이 같은 그의 곁에는 '예수'가 있었다. 서각을 하는 신부 앞에 앉아 나무판을 붙잡거나 이야기 동무를 하다 보면 그 옆에 서서 문정현 신부를 흐뭇하게 내려다보는 예수가 보였다. 은퇴한 노신부, 이제는 힘도 없는 "우리 신부님"을 그 추운 겨울 명동성당 성모동산 구석까지 찾아오는 이들 속에 예수가 있었다. 계성여고 교사 뒤로 해가 꼴깍 넘어가 서각을 거둘 시간이 되면 하루 종일 그의 옆에 앉아 몸을 쉬던 예수도 일어날 채비를 했다. 화려한 명동성당 한구석에서 갈 곳 없는 문정현 신부처럼 예수도 갈 곳이 없어 보였다. 문 신부는 기도를 마치고 명동성당을 나올 때마다 명동성당 출입구를 지키는 수위 아저씨에게 모자를 벗고 허리를 숙여 인사를 했다. 그러면 예수도 따라 허리를 숙였다. 그리고 그가 지팡이를 짚고 터덜터덜 언덕을 내려올 때 예수도 터덜터덜 그의 길을 따라 걸어 내려갔다. 저녁미사를 앞두고 신자들이 명동성당을 오를 때 예수는 그 언덕길을 내려가고 있었다.

영업소가 된 그곳은 더는 성전이 아니었다. 예수도 그곳에 갇혀 있지 않았다. 그렇다. 내가 처음 예수를 만났던 곳도 성당이 아니었다.

예수는 어디에

내가 천주교와 인연을 맺게 된 것은 고등학교를 졸업하고 가톨릭계 종합병원의 원무과에서 일을 하게 되면서부터다. 병원에는 성체가 모셔져 있는 경당이 있고 정기적으로 미사도 열렸다. 예수가 어떤 존재인지 잘 알지 못하던 때였지만 가끔씩 지하 1층 영안실 옆에 있던 경당에 내려가 감실을 바라보면 마음이 편해졌다. 캄캄한 어둠 속에서 빛이 새어 나오는 곳은 성체가 모셔져 있다는 감실뿐이었다.

학교를 졸업하고 처음으로 맞닥뜨린 사회는 책을 통해 보던 것보다 훨씬 부조리했다. 아직 통합의료보험이 없던 시절, 고가의 의료장비를 다 갖추고 유능한 의사들이 수두룩하다는 그 병원에서 정작 사람을 죽이고 살리는 힘을 가진 것은 돈이었다. 입원보증금과 수술보증금 10만

원이 없어 수술을 거절당하는 가난한 환자들, 오른쪽 손가락 네 개가 순식간에 프레스에 찍혀 나갔는데도 산재 혜택을 받을 수 없는 15살 소년, 하루 2만 원의 인큐베이터 비용을 감당할 수 없어 미숙아를 집으로 데려가야 했던 가난한 부부. 강도를 당한 택시기사의 앞주머니에서 꺼낸 피 묻은 1000원짜리 지폐 100장을 세서 수술보증금으로 원무과장에게 건네던 날, 내가 캄캄한 어둠에 갇혀 있다는 것을 깨달았다. 스무 살이던 그때, 내가 가야 할 길을 알려 주는 빛이 간절했다.

1982년 9월 말, 추석을 며칠 앞둔 어느 날, 병원 앞에 있던 원풍모방에서 파업이 일어났다는 소식이 들렸다. 출퇴근 시간에 길 건너 원풍모방을 바라보면 전경들이 정문을 겹겹이 둘러싸고 있었다. 그 너머에서 무슨 일이 일어나고 있는지 궁금했다. 단식농성을 한다고도 하고, 구사대에 흠씬 두들겨 맞은 여성들이 쓰러져 가고 있다고도 했다. 그렇게 며칠이 지나자 여성노동자들이 덩치 큰 남자들 등에 업혀 응급실로 실려 오기 시작했다. 전두환 정권의 서슬이 퍼렇던 그때, 탄압받는 원풍모방 노동자들은 텔레비전에도 신문에도 전혀 나오지 않았다. 병원 직원들은 노동자들을 향해 지금이 어느 땐데 파업이냐며 곱지 않은 시선을 보냈다. 들리는 말로는 원풍모방 파업에 '도산(도시산업선교회)'이니 'JOC(Jeunesse Ouvriere Chretienne, 가톨릭노동청년회)' 같은 빨갱이가 개입했다고 했다. 빨갱이라는 말에 잠시 몸이 움츠러들었지만 도시산업선교회나 JOC가 어떤 단체인데 노동자들 편에 서는지 궁금했다. 인터넷이 없던 시절이니 시내에 나가 큰 서점부터 기웃거렸다. 종교 코너 한 구석에서 도시산업선교회에 대한 부분을 읽었는데 그 책대로라면 빨갱이가 맞았다. 그런데 가만히 지켜보니 병원에서 자주 마주쳤던 외국인 신부가 원풍모방 노동자들과 관련이 있는 것 같았다. 나는 그가 노동자 편에 서 있다고 느꼈다. 그 신부가 속한 수도회에서는 근로청소년회관과 미감아를 위한 시설도 운영하고 있었다. 천주교는 약한 이의 편에 서는 종교라는 생각이 들었다. 마침 병원에서 환자들을 대상으로 천주교 교리반을 열었다. 지도신부가 바로 원풍모방 파업을 지지하던 외국인 신부였다. 영세를 받아야겠다고 생각했다.

교리서는 마태오복음이었다. 그 복음서로 교리를 받는 동안 2000년 전의 '예수'란 인물에 빠져들었다. 복음에 나오는 예수는 가난하고 외로운 이들 편이었다. 어렸을 때부터 약한 이들 편에 서는 존재를 갈망했던 나는 드디어 내 편을 만난 것 같아 기뻤다.

교리 공부를 시작한 이듬해 성탄절에 영세를 받게 되었다. 그런데 영세 날이 다가오자 겁이 났다. 영세를 받는 것은 예수의 길을 따르기로 약속하는 것이었다. 예수는 그 시대에 배척받는 이들과 함께했다. 나병 환자, 맹인과 걸인, 이방인, 과부와 가난한 이들. 그리고 그들을 위해 기꺼이 십자가를 멨다. 자신을 시험하려는 율법교사의 물음에 예수는 "네 마음을 다하고 네 목숨을 다하고 네 정신을 다하여 주 너의 하느님을 사랑해야 한다. 이것이 가장 크고 첫째 가는 계명이다. 둘째도 이와 같다. '네 이웃을 너 자신처럼 사랑해야 한다.'는 것이다."라고 말했다.

나도 그럴 준비가 되어 있는지 자꾸 묻게 되었다. 점점 자신이 없어졌다. 세례 신부에게 영세를 받지 못하겠다고 말하자 신부가 정색을 하며 말했다.

"세례의 은총은 네가 준비가 되어 있는지 아닌지 상관없이 하느님이 네게 주는 선물이다. 네가 하느님을 선택하는 것이 아니라 하느님이 널 선택한 것이다. 너의 그 고민이 오히려 교만한 것일 수 있다."

영세를 앞두고 그런 고민을 했던 걸 보면 정말 교만했다. 그러나 그때는 종교를 선택하는 일조차 비장함을 요구하는 시대였다. 암울했던 고등학교 시절에는 예술이 세상을 구원하고 바꿀 수 있다고 믿었다. 어쭙잖게 빠져 있던 사르트르나 피카소의 영향으로 언젠가는 행동하는 지식인이나 예술가로 살겠다고 마음먹었다. 그러나 막상 사회에 나와 현실과 맞닥뜨리고 보니 세상은 내가 상상하는 것보다 어둡고 벽은 더 높았다. 고등학교 시절의 꿈은 그저 이상에 지나지 않는다는 것을 깨달을 무렵 만난 것이 천주교였다. 그만큼 기대가 컸다.

영세를 받고 성당에 나가기 시작했는데 성당에서는 복음을 통해 만났던 예수가 보이질 않았다. 영세 뒤 처음 맞는 부활절, 성당으로 고백성사를 하러 갔다. 잔뜩 긴장을 하고 고해소에 들어갔다. 영세를 받고 넉 달이 되었는데도 아직 예수님이 어디 계신지 모르겠고, 기도도 어떻게 해야 하는지 모르겠다고 고백하려 했다. 입이 떨어지기도 전에 눈물이 핑 돌았다. 그때 고해소 안의 신부가 말했다.

"판공(부활절·성탄절을 앞두고 의무적으로 하는 고백성사) 때는 바쁘니까 성당 몇 번 안 나갔는지 횟수만 말하세요."

그 뒤로 성당에서 예수를 기다리는 어리석은 짓은 하지 않았다. 교회 내의 여러 신심 단체는 종교적이긴 했으나 거기에도 예수는 보이지 않았다. 교회는 실망스러웠으나 성서는 내게 빛을 보여 주었다. 세상은 여전히 캄캄한 어둠이었으나 예수는 내게 빛이었다. 그런데 빛을 보려면 어둠 속으로 들어가야 했다. 그곳에 예수가 있을 것이기 때문이었다. 마침 인천가톨릭청년회의 선배를 통해 '천주교도시빈민회'라는 단체를 알게 되었다. 그리고 직장생활 5년째 되던 봄, 나는 인천 만석동으로 들어갔다.

만석동에 온 '산타 신부님'

문정현 신부를 알게 된 것은 1989년 문규현 신부와 임수경의 방북 때였다. 인혁당 사건, 3·1구국선언 사건 등으로 옥살이를 한 뒤 한국사회의 주요한 쟁점이 있을 때마다 등장한 유명한 신부, 꽤 힘이 있고 영향력 있는 사제라고 생각했다. 천주교 단체에서 일을 하던 나는 언론을 통해 혹은 선배들의 입을 통해 종종 문정현 신부 이야기를 전해 들었다. 나는 그가 이사야나 아모스 같은 예언자라고 생각했다. 유명한 운동권 신부 문정현은 내게는 멀리 있는 존재였고 나와 다른 길을 걷는 사람이었다.

그때 나는 빈민지역에서 산 지 3년째였다. 공동생활은 늘 삐걱거렸고, 아침거리조차 마련할 수 없는 가난은 자발적 가난을 선택했다는 자부심을 뒤흔들었다. 1988년을 기점으로 노동운동을 비롯한 사회운동이 활활 타올랐지만 나는 만석동 9번지 한 귀퉁이에 틀어박혀 아이들과 하루하루를 보내는 것만으로도 버거웠다.

가끔 거기서 무엇을 하고 있느냐는 소리를 들었다. 아이들은 자원봉사자에게 맡기고 좀 더 적극적으로 지역운동을 해야 하는 것이 아니냐는 충고도 들렸다. 그러나 나는 그곳을 떠날 수 없었다. 누가 뭐라고 하든 그곳이 좋았고 나를 천국과 지옥으로 오르내리게 하는 아이들이 좋았다. 가난한 이웃은 따뜻하고 순박했다. 그들은 이웃의 슬픔과 아픔을 나눌 줄 알았지만 이웃의 기쁨을 시기하고 질투하는 속물이기도 했다. 함께 사이좋게 굴을 까다가 머리채를 휘어잡고, 함께 술을 마시며 놀다가 멱살을 잡았다. 답답하리 만큼 고집스럽고 부지런한 사람이 있는가 하면, 도박이나 술에 빠져 헤어나오지 못하는 사람도 있었다. 그곳엔 열등감과 상실감이 뒤엉킨 어두움이 있는가 하면, 가난하기 때문에 가능한 따뜻한 정과 품앗이와 믿음도 있었다. 그리고 시간이 지나면서 만석동 사람들이 나를 주민으로, 이웃으로 받아들여 주었다.

결혼을 하고 아기를 낳자 나는 '단비 엄마'가 되었다. 아기를 안고 공부방 앞 평상에 앉아 있으면 동네 할머니들이 다가와 당신 살아오신 이야기를 해주고, 배 타고 나가 잡아 온 생선이나 조개를 나눠 주셨다. 나는 온몸과 마음을 다해 이웃을 사랑했고 사랑받았다. 그리고 그곳에서 날마다 예수를 만났다. 그러나 가끔은 내가 정말 예수를 따르며 살고 있는 게 맞는지 의심이 들기도 했다. 아이들을 핑계로 세상을 외면하며 사는 것은 아닌지 스스로에게 물었다. 그렇게 10년이 지나는 동안 문정현 신부는 통일운동, 군산 미군기지 반대운동, 한미주둔군지위협정(SOFA) 개정운동에 앞장서 나가고 있었다.

2000년, 문정현 신부는 미군 사격장 폐쇄운동이 벌어지던 매향리에 있었다. 나는 어린 시절을 기지촌에서 보냈던 탓에 미군기지 문제나 매향리 문제에 남다른 관심이 갔다. 그러나 여전히 만석동에서 아이들과 씨름을 할 뿐 매향리에 한번 가 볼 엄두를 내지 못했다. 매향리에서 "양키 고 홈!"을 외치는 문정현 신부는 10년이 넘도록 투사로, 예언자로 살고 있었다. 문정현 신부와 함께 운동을 했던 많은 이들이 이미 다른 길을 선택해 가고 있었지만 그는 여전히 그 자리에 있었다. 왠지 문정현 신부에게 관심이 생기기 시작했다. 그러다 그해 8월 우연히 'MBC 스페셜' 「길 위의 신부」를 보게 되었다. 그제야 나는 그가 익산의 장애인 시설인 '작은 자매의 집' 책임신부라는 것을 알았다. 그것도 교구에서 발령을 받아 맡은 것이 아니라 '작은 자매의 집'을 애초에 만든 사람이 문정현 신부라는 것이었다. 깡패 신부라는 별명이 붙은 운동권 신부와 '작은 자매의 집'의 인자한 할아버지 신부가 어떻게 하나일 수 있는지 놀랍기만 했다.

바로 그해, 문정현 신부가 만석동 공부방에 왔다. 인천에서 열린 가톨릭노동사목 회의에 참석했다가 인천 노동사목에서 일하는 한 선배와 들른 것이었다. 매향리에서 지팡이를 들고 "양키 고 홈!"을 외치던 문 신부의 갑작스런 방문은 마치 유명 연예인이라도 온 듯 신기하고 설렜다. 매향리에서 함께한 서로벨또 신부나 오두희 선배를 비롯한 가톨릭노동사목 선배들을 통해 우리 이야기를 가끔 들었다던 문정현 신부는 차도 한잔 마시지 않고 또다시 어디론가 바삐 갔다.

그 뒤로 우연인지 필연인지 문정현 신부와 만날 기회가 잦아졌다. 아이들과 함께 간 시위현장마다 그는 맨앞에 서 있었다. 공부방 아이들은 멀리서라도 그의 허연 수염을 보면 소리쳤다.

"어, 산타 신부님이다!"

효순이·미선이 추모집회 때, 미국의 이라크 침공을 반대할 때, 거리에서 만난 그 할아버지 신부를 아이들이 '우리 편'으로 기억하기 시작했다. 내게는 어렵기만 한 문정현 신부를 감히 자기들 편이라며 만만한 할아버지로 대하는 우리 아이들이 참 신기했다. 아이들에게 수염 난 할아버지 신부는 웃긴 노래를 잘 부르는 광대였고, 아프가니스탄과 이라크의 어린이들을 걱정하는 나이 많은 친구였다.

어느덧 같은 길에서

2003년 가을, 문정현 신부가 유랑단을 만든다는 이야기가 들려왔다. 아이들과 유랑인형극단을 만들어 전국 방방곡곡 가난한 아이들을 만날 꿈을 갖고 있던 나는 귀가 솔깃했다. 그리고 이듬해 이른 봄, 서강대 앞에서 오두희 선배와 문정현 신부를 만났다. 그 자리에서 '대추리 5·29 평화대행진'에 대한 구상을 들었다. 우드스탁 페스티벌 같은 생명평화 축제를 만들어 보자는 이야기였다. 우드스탁 페스티벌은 출구가 보이지 않던 고등학교 시절 나의 이상향이었다. 그들이 내세웠던 '반전·평화'라는 주제를 깊이 이해한 것은 아니지만 내가 좋아하는 뮤지션들이 모여 음악으로 저항을 표현했다는 것만으로도 가슴이 뛰었다. 그런데 그걸 바로 평택에서, 미군기지 때문에 삶의 자리를 빼앗기는 대추리에서 연다는 것이다. 그리고 그 무대에 우리 공부방 아이들이 초대를 받았다. 가슴이 설렜다. 그렇게 우리는 한길로 모이고 있었다. 나나 문정현 신부나 특별히 의도하지 않은 일이었지만 우리는 길에서 만났고 그렇게 같은 길을 가게 되었다.

1년여 동안 전국을 돌며 유랑을 했던 문정현 신부는 2005년 1월 대추리 주민이 되었다. 뜻밖이었다. 어느 특정한 지역의 주민이 된다는 것은 떠돌이 삶과 또 다른 도전이었다. 사제의 몸으로 나이도, 성별도, 성격과 살아온 배경도 다른 이들과 함께 산다는 것은 쉽지 않은 일이었다.

그러나 문정현 신부에게는 그 너른 황새울 벌판과 대추리·도두리 주민들의 삶의 자리가 빼앗기는 기막힌 현실이 더 크게 다가왔다. 새로운 길을 선택할 때마다 그랬듯이 대추리 주민이 되는 데도 역시 깊은 고민이나 갈등이 없었다. 문정현 신부다운 일이었지만 또 한편으로는 여전히 놀라웠다. 그러나 공부방 아이들은 할아버지 신부님이 대추리를 지키기 위해 대추리 주민이 된 것을 당연한 일로 받아들였다.

아이들과 대추리를 방문한 것은 그해 가을이었다. 아이들은 대추초등학교 운동장 천막 안에서 할아버지 신부님과 라면과 김밥을 나눠 먹고 연날리기를 했다. 그리고 대추리 어귀에 있는 담에다 대추리를 지키는 산타 신부님과 할아버지 할머니, 어린이들을 그렸다. 그 뒤로 우리는 소풍을 가듯 대추리를 찾았다. 물론 그곳은 처절한 투쟁의 장이었지만 아이들에게 물려줄 공동체와 땅을 지키는 희망의 장이기도 했다. 문정현 신부가 아이들에게 말했다. 대추리를 반드시 지켜 낼 것이라고. 대추리를 지키지 못하는 한 죽어서도 그곳을 나오지 않겠다고. 아이들은 그 말을 믿었다. 그러나 그는 끝내 대추리를 나와야 했다.

작은 자매의 집으로 돌아간 그에게서 은퇴를 준비한다는 소식이 들려오고 다시 얼마 뒤 그는 군산 미군기지로 들어가는 길목의 작은 마을에 집을 구해 살기 시작했다. '군산 미군기지 문제 상담소'가 그의 집 공식 이름이었다. 일흔의 노사제는 20대, 40대, 50대가 골고루 모인 새 공동체를 선택했다. 그의 여정은 끝날 줄을 몰랐다.

2009년 1월 20일 용산참사가 일어났다. 얼마 뒤에는 김수환 추기경이 선종했다. 그즈음 군산에서 만난 문정현 신부는 두 죽음에 대한 교회와 사회의 반응에 대해 분노하고 슬퍼했다. 어깨수술 날짜를 잡으러 서울로 올라가는 그를 배웅하러 가는 길이었다. 차창을 바라보며 혼잣말을 하듯 말했다.

"잠이 안 와. 가슴이 미어져. 그 철거민들이 숯더미가 돼서 냉동고에 들어가 있는데……. 아무래도 유가족들한테 가 봐야겠어."

그리고 다시 얼마 지나지 않아 그가 용산 남일당으로 들어갔다는 소식을 들었다. 망루가 지어졌던 곳, 이제는 분향소가 차려진 용산 남일당으로 문정현 신부를 찾아가던 날, 용산역 앞 건널목에 서서 신호등을 기다리는 내 눈에 가장 먼저 띈 것은 평화바람의 꽃마차였다. 문정현 신부만큼 노쇠한 꽃마차가 다시 집을 떠나 유랑의 길을 나설 거라고는 생각도 못했다. 용산 남일당에서 또 다른 유랑을 시작한 문정현 신부는 그곳에서 미사를 시작했다.

그는 유명 운동권 신부가 아니라 가난하고 보잘것없는 이들 곁에 남는 마지막 벗이 되었다. 그 자리는 빛나는 자리도, 안락한 자리도 아니었다. 하지만 나는 그가 선택한 외로운 그 길에서 그의 참모습을 보았다. 그리고 비로소 '길 위의 신부 문정현'의 이웃이 될 수 있었다. 분노를 참지 못하는 그의 곁에서, 측은한 마음으로 울음을 참지 못하는 문정현 신부의 손을 잡고 함께 갈 용기가 생겼다. 어느새 나의 길과 그의 길은 하나로 이어졌고 그 길 위에서 예수를 만났다. 예수의 벗이자 가난하고 보잘것없는 이의 벗으로 살아온 문정현 신부 곁에서 그의 벗이 되고 싶었다. 그의 삶을 기록하는 것이 나의 일이라는 생각이 들었다.

용산, 2010

문정현의 부모와 조부모는 그에게 어떤 대가도 없는 사랑을 베풀었다. 성당 신자들을
비롯해 이웃들과 나눠 먹기를 좋아했던 어머니나 자신의 유일한 재산인 집터를
성당에 내놓는 아버지의 신심을 그는 아무런 의심 없이 당연한 일로 받아들이며
자랐다. 그에게는 하느님을 따르는 일, 예수가 말했던 대로 이웃을 사랑하는 일은
선택의 문제가 아니라 당연히 그렇게 해야만 하는 일이었다.

1부

사제의 길

1
유대철 베드로가 되고 싶었던 소년

문정현은 1940년 8월 20일, 지금의 익산인 이리시 황등면 황등리에서 태어났다. 황등은 익산과 함열 사이의 작은 마을이다. 평야지대에 석산만 우뚝하던 황등면 소재지에는 아직도 문정현의 어린 시절 풍경들이 그대로 남아 있다. 황등성당에서 초등학교로 가는 길목에는 80년 전의 정미소가 변함없이 그 자리를 지키고 있고, 문정현·문규현 형제가 다니던 초등학교에는 일제강점기 때 심었다는 히말라시다 나무도 기괴한 모습 그대로 서 있다. 변한 게 있다면 황등면 한가운데 있는 채석장의 석산이 거의 깎여 나가 이제 얼마 남지 않은 정도라는 것이다. 황등면 한복판에 있는 시장에는 문정현의 초등학교 동창이 하는 약국이 40년째 제자리를 지키고 있고, 5일장마다 찾아오는 이동식 자장면 집과 돼지국밥, 육회비빔밥도 여전하다. 문정현이 태어나 살았던 황등성당은 황등시장에서 함열 쪽으로 난 야트막한 언덕 길 왼편에 있다. 성당 주변에는 그의 초등학교 시절부터 있었던 낡은 양철집과 기와집들이 남아 있고, 성당 뒤로는 아직도 익산과 함열을 오가는 기차가 지나다닌다. 그러나 그가 태어나 어린 시절을 보낸 집은 헐려 사라지고 감나무만 덜렁 남아 있다.

부모님은 독실한 천주교 신자였다. 두 사람은 천주교 신자 400여 가구가 모여 살던 김제 수류의 교우촌에서 만났다. 문정현의 어머니 장순례 여사는 독실한 가톨릭교도 가정에서 태어났다. 장순례 여사의 집안은 원래 충청도에 살다가 가톨릭교도들에 대한 박해를 피해 수류로 이주해 왔고, 아버지 문법문 선생은 경상도 하동에서 일곱 살 때 김제 수류로 이사를 왔다. 수류에서 만난 그의 부모는 전주 전동성당에서 혼인 미사를 올린 뒤 황등리로 이사 와 칠남매를 낳았다. 문정현은 둘째 아들로 태어났다.

문정현이 나고 자란 방 두 칸짜리 작은 집이 바로 황등리 공소(신부가 상주하지 않는 작은 예배소)였다. 그래서 그의 집에는 늘 사람들이 북적거렸다. 부모님은 음식을 해서 이웃들을 불러다 나눠 먹는 걸 좋아했다. 어쩌다 길에서 걸인을 만나면 집으로 데려와 밥을 먹여 보냈고, 이웃집에 쌀이 떨어져 굶는 걸 알면 집주인 몰래 솥단지에다 밥을 가져다 놓고 왔다. 게다가 마을에 초상이 나면 염하는 일을 자청했다. 시신을 염하고 돌아온 부모님한테서는 늘 썩은 시신 냄새가 났다. 부모님은 집으로 올 때마다 냄새를 없애기 위해 호박잎에 손을 비비고 여러 번 물로 닦았지만 시신 냄새는 쉬이 사라지지 않았다. 문정현과 형제들은 그 냄새가 싫어 투덜거렸다.

"아버지 어머니는 왜 그런 천한 일을 도맡아 하세요?"

이렇게 말할 때마다 부모님은 역정을 내는 대신 "우리는 기쁜 마음으로 이 일을 하는 거야. 돌아가신 분을 정성스럽게 하느님께 보내 드리는 일은 귀한 일이란다."라고 일러주었다. 언제나 가장 슬프고 아픈 사람들을 섬기며, 밭일을 하면서도 틈틈이 성서를 읽고 기도하던 부모님의 삶은 문정현이 사제의 길을 선택하게 한 바탕이 되었다.

문정현이 어릴 적, 그의 아버지는 '센베이' 굽는 공장을 했다. 공장이라고는 하지만 양철로 만든 과자 틀과 연탄불이 도구의 전부였다. 그는 아버지가 양철로 만든 과자 틀에 밀가루 반죽을 넣은 뒤, 틀을 연탄불에 올려놓고 굽는 모습을 지켜보는 걸 좋아했다. 아버지는 과자 굽는 일 말고도 토탄(논이나 밭 밑에 물먹은 나뭇잎이나 나무토막 들을 파내 말린 뒤 땔감으로 파는 것)을 캐서 파는 일이나 잡화점도 했으나 나중에는 주로 밭농사를 지었다.

그의 부모님은 문정현을 비롯한 칠남매와 조부모, 가까이 사는 큰아버지, 고모, 외갓집 식구까지 부양해야 했다. 그래서 쉬지 않고 일을 했다. 밭에서 기른 고추, 참외, 오이 따위는 수레에 싣고 익산 약관(채소 도매상)에 내다 팔았다. 농사는 날씨에 영향을 많이 받고, 채소 값도 워낙 들쑥날쑥하다 보니 살림이 어려웠다. 그의 부모님은 새벽부터 해질 때까지 밭에 나가 일을 하면서도 틈틈이 공소 일을 돌봤고 자녀들에게도 소홀하지 않았다. 그의 아버지는 무뚝뚝하고 엄했지만 밭에서 참외, 수박 같은 걸 거두면 시장에 내다 팔기 전에 무조건 가장 좋은 것을 골라 아이들에게 먹였다. 외할아버지가 그 모습을 보고 "돈을 벌어야지, 자식들은 자투리를 먹여도 충분한데……" 하고 아쉬운 소리를 하면 그때마다 아버지는 이렇게 말했다.

"우리가 무엇 때문에 돈을 벌고, 무엇 때문에 농사를 하는데요. 자식들을 위해서인데 자식들을 좋은 것 먹여야죠."

그의 아버지는 싫고 좋은 마음이 얼굴에 드러나는 분이었다. 그래서 고모부, 외삼촌을 비롯한 친척들은 아버지의 얼굴만 보고도 지금이 얘기를 할 때인지 아닌지 판단을 하고 몸을 사렸다. 그는 아버지의 고지식하고 경우가 바른 면을 많이 닮았고, 어머니의 포용력과 친화력은 동생 문규현 신부가 받았다. 그가 늘 다행스럽게 생각하는 것은 어머니가 자식들을 포용력과 친화력으로 키운 덕에 그 영향을 받았다는 것이다. 어린 시절 그의 식구들이 살던 집은 방이 단 두 개뿐이었는데 그 방마다 항상 사람이 꽉 차 있었다. 어머니는 그 사람들에게 언제나 무엇이든 해 먹이기를 좋아했다. 그래서 성당 사람들뿐 아니라 동네 사람들 모두 어머니를 좋아했다. 덕분에 어머니를 따르는 이들이 많았고, 자연히 대녀(代女)도 많았다.

자식에게 헌신적이었던 아버지는 장남을 특히 아꼈다. 문정현과 세 살 터울인 형은 펜 굴릴 사람이지 일할 사람은 아니라고 하며 심부름이나 물 긷는 일, 지게질, 밭일 따위는 둘째인 그에게 맡겼다. 학교 월사금도 형을 먼저 주는 일이 많았다. 아버지의 편애를 순순히 받아들이지 못했던 그는 그때마다 아버지에게 떼를 써서라도 끝내 받아 냈다. 그리고 편애하는 아버지의 관심과 인정을 받고 싶어 했다.

"고등학교 때는 야채를 거두면 부모님을 대신해서 내가 약관에 나가는 일이 종종 있었어. 하루는 고추를 팔러 장에 나갔는데, 고추 값이 너무 형편없었어. 그래서 수레를 끌고 여관, 음식점, 골목골목 돌아다니면서 팔았지. 근데 날이 저물도록 다 팔지 못했어. 속상한 마음에다 혹시

혼나지는 않을까 하는 걱정으로 집에 돌아왔는데 뜻밖에도 반갑게 맞아 주셨어. 아버지가 밤늦게까지 돌아오지 않는 아들 걱정하고 계셨던 거지. 내가 판 고추 값을 드리니까 코가 벌렁벌렁할 정도로 좋아하시던 기억이 아직도 생생해. 늘 형만 편애하던 아버지한테 칭찬을 받으니 그렇게 좋을 수가 없었어. 어렸을 때 월사금을 줘도, 옷을 사 입혀도 늘 형 먼저인 것이 섭섭했지."

고집 센 골목대장 시절

문정현은 골목대장이었다. 자치기, 팽이치기, 딱지치기를 잘했고, 동생들한테 팽이나 딱지 같은 것을 곧잘 만들어 주었다. 정이 많고 동생들한테도 배려가 많은 편이었다. 그래서 어른들한테 인정이 많고 부지런하다는 소리를 자주 들었다. 그러나 한번 고집을 피우면 쉽게 꺾질 않았다. 특히 형이 하는 건 자기도 꼭 하겠다고 고집을 피웠다.

"한번은 형이 밖으로 나가면서 나를 떼놓고 가려는 속셈이었어. 나는 딱 알아챘지. 그런데 형은 날 떼놓을 작정으로 부엌으로 들어가더니 물 항아리의 물을 바가지로 떠 마셔. 내가 어떤 사람이야? 형하고 똑같이 해야 직성이 풀리잖아. 그래서 나도 형처럼 바가지로 물을 떠 마셨지. 그런데 바가지가 내 얼굴을 가리는 순간 형이 도망쳐 뒷간에 숨은 거야. 나는 씩씩거리고 가서 뒷간 문을 홱 열어젖혔지. 형은 깜짝 놀라서 발을 헛디뎌 똥통에 빠지고 말았어. 결국 형은 날 떼놓지 못했지. 나는 집에서나 밖에서나 그냥 평범한 애였지만 고집만큼은 엄청 셌어."

문정현은 뭔가 꽂히면 성에 찰 때까지 포기하는 법이 없었다. 놀이가 되었든, 일이 되었든 상관없었다.

　"초등학교 중학년 정도 됐을까? 그때쯤 일이야. 한 동네에 사는 애 중에 나보다 나이가 많고 덩치가 크고 센 아이가 있었는데 나를 이유도 없이 함부로 대해. 처음엔 참았는데, 참다 참다 화가 났어. 그래서 그 아이와 죽기 살기로 맞붙을 요량으로 학교 가는 길목에 있는 나무 위에 올라가 그 아이가 나올 때까지 기다렸지. 그래서 붙었어. 처음에는 내가 맞았지. 그래도 다음 날 다시 거기에 가서 그 아이를 기다렸다가 싸웠어. 그 다음 날에도 또 그러고. 그렇게 한 달을 되풀이하니까 나중에는 그 아이가 제풀에 질려 영문도 모르는 채 무조건 잘못했다고 하더라고."

　부당하다고 생각하면 쉽게 뒤로 물러서지 않는 성격은 그때부터 드러났다. 그렇다고 밖에서 아무나 붙잡고 싸움질을 한 건 아니었다. 그의 부모님은 천주교 신자로서 행실을 무척 중시하는 분들이어서 아이들이 밖에서 싸우는 걸 절대 용납하지 않았다. 어쩌다 욕 한마디라도 하면 그 욕을 어디서 들었는지, 누구하고 놀았는지를 일일이 따져 물어서 혼을 냈다. 거짓말을 하면 호되게 혼이 나기 때문에 솔직히 고백을 할 수밖에 없었다.

　초등학교에 다니던 어느 해 겨울이었다. 그는 친구들 누구나 하나씩 갖고 있는 눈썰매가 없는 게 속이 상했다. 썰매가 없는 아이들은 대나무를 갈라 발밑에 놓고 스키를 타듯 놀았다. 그러나 그에게는 그 대나무조차 귀했다. 하루는 썰매를 타고 싶은 마음에 같은 마을에 사는 정자라는 아이 집 대나무를 몰래 꺾었다. 그런데 그걸 아버지한테 들켰다. 아버지는 대나무를 들고 가 이실직고를 하고 용서를 빌라고 했다. 남의 집 물건을 훔친 셈이니 정자네 아버지에게 용서를 청하는 것은 당연했지만 정자한테 들킬 것이 걱정되었다. 그가 대답을 못하고 머뭇거리자 어머니가 눈치를 채고 그의 손을 잡고 정자네 집까지 데려다 주었다. 게다가 정자가 문틈으로 엿보는 걸 알고 방문을 막아서 주기까지 했다. 정자네 아버지는 잘못을 빌고 용서를 청하자 혼내지 않고 오히려 그의 아버지를 칭찬하면서 좋은 대나무 하나를 더 꺾어 주었다. 부모님의 훈육은 엄격하면서도 인자했다. 그러나 신앙생활은 엄격하기만 했다. 그의 기억 속에 있는 어린 시절의 신앙생활은 금기로 가득 차 있다. 기도 시간에 조는 것이 왜 죄가 되는지도 모르면서 "아침기도에 졸았습니다." "아침기도, 저녁기도 하는 것을 싫어했습니다." "거짓말했습니다." "욕했습니다." 하고 고백성사를 해야 했다.

"가장 힘든 게 저녁기도 시간이야. 학교수업이 끝나고 친구들과 돼지오줌보로 축구를 하고 한바탕 신나게 놀고 와서 저녁밥을 먹고 나면 기도시간에 잠이 왜 그렇게 쏟아지는지. 게다가 기도가 길기는 또 얼마나 길어? 기도하고 연도하고 묵주기도를 하고 또 가정을 위한 기도를 하고 다시 마을 사람 누구를 위한 기도로 이어지지. 십자가 밑에 무릎을 꿇고 앉아 있으면 고개가 저절로 툭툭 떨어져. 고개가 방바닥에 안 떨어지게 하려고 부득부득 기어서 벽에 이마를 대고 기도를 따라 하다가 졸음을 참지 못하고 잔 적도 많지. 그러면 어른들은 그걸 마귀가 들려서 그런 거라고 했어. 아침이 되면 부모님은 밭에 나가야 하니 새벽부터 식구들을 다 깨워 십자가 앞에 앉혔어. 아침기도 역시 그렇게 비몽사몽 상태에서 시작했어. 그래도 아침에는 기도를 하다 보면 점점 정신이 맑아져 괜찮았지.

기도 못지않게 힘든 것은 교리문답이었어. 공소에 이리본당 신부가 방문하는 성탄절, 부활절이 다가오면 기도문을 외우고, 교리문답을 외워야 했어. 기도문이야 날마다 거르지 않으니 저절로 암기가 되지만 교리문답은 일부러 320조목을 다 외워야 하니 어려워. 그런데 우리 아버지가 공소회장이었으니 당신 자존심 때문에라도 그걸 다 외우라고 닦달했지. 가끔 왜 이렇게 독실한 천주교 집안에서 태어나 고생을 하나 싶기도 했어. 그래도 어린 마음에도 기도하고 착하게 사는 것은 좋은 것이라고 생각을 했어. 그래서 부모님을 존경하는 마음이 늘 있었지."

그의 아버지는 어머니와 함께 어렵게 장만했던 집마저도 황등공소가 본당으로 승격되면 부지가 더 필요할 거라며 성당에 내놓을 만큼 신심이 깊었다. 부모님과 더불어 그에게 큰 영향을 준 사람은 할머니와 외조부모였다.

"우리 할머니는 큰아들은 장손이라고 예뻐했고, 둘째인 내가 태어났을 때는 또 아들 손자가 생겼다고 좋아하시고, 셋째는 딸이라고 예뻐하시고 그 다음에 넷째가 또 아들이라고 좋아하셨어. 그 손자들을 다 업어서 키우셨지. 나는 할머니의 사랑에 취해 살았어. 초등학교 2학년 때 할머니가 돌아가셨는데, 그때 내가 할머니 관을 잡고 늘어져 우는 바람에 관 뚜껑을 닫을 수 없어서 온 마을 사람들이 다 울었다는 얘기를 부모님께 두고두고 들었지."

그런 할머니가 돌아가신 빈자리는 외할아버지가 채워 주었다. 외할아버지는 그를 무릎에 앉힌 채로 순교전과 성서를 독경했다. 때로는 울음 섞인 목소리로 읽기도 했다. 외할아버지 무릎에 앉아 귀동냥으로 들었던 순교자들 이야기가 문정현의 머릿속에 깊이 새겨졌다. 외할아버지는

주일이 되면 황등에서 익산까지 8km가 되는 길을 걸어서 미사를 다녔
는데 그때마다 그도 외할아버지를 따라다녔다. 새벽 6시에 아침식사도
안 하고 집을 나선 뒤 낮 12시가 되어야 돌아오는 그 길을 배가 고픈 줄
도 모르고 쫓아다녔다. 영성체를 하면 배가 고프지 않다는 어른들의 말
을 문정현은 정말 그대로 믿었다.

문정현의 부모와 조부모는 그에게 어떤 대가도 없는 사랑을 베풀었다.
성당 신자들을 비롯해 이웃들과 나눠 먹기를 좋아했던 어머니나 자신
의 유일한 재산인 집터를 성당에 내놓는 아버지의 신심을 그는 아무런
의심 없이 당연한 일로 받아들이며 자랐다. 그에게는 하느님을 따르는
일, 예수가 말했던 대로 이웃을 사랑하는 일은 선택의 문제가 아니라
당연히 그렇게 해야만 하는 일이었다.

사제가 된다는 것은

문정현이 사제가 되겠다고 결심한 것은 초등학교 5, 6학년 무렵이었
다. 어느 날 고백성사를 받고 일어서는데 본당신부가 "바르톨로메오, 이
리 와 봐라. 너 신부님 안 될래? 너 신학교 가라." 했다. 처음에는 어리둥
절했지만 그 말이 머릿속에 박혔다. 그 말을 전해 들은 어머니는 반색을
하며 말했다.

"신부님이 생기면 우리 집에 영광이지."

시골 공소에서 자란 그에게 신부는 하늘 같은 존재였다. 1년에 두 번,
익산에 있는 본당신부가 황등공소로 찾아올 때마다 그의 어머니는 정

성스레 밥을 지었다. 신부의 밥상에는 달걀에 흰 쌀밥, 쇠고기 국까지 산해진미가 다 있는 것처럼 보였다. 집을 가득 메운 신자들은 사제의 몸은 거룩한 거라 여겨 사제가 먹고 남은 음식을 자식들에게 먹이려고 앞을 다퉜다. 그렇게 본당신부가 다녀가고 나면 문정현은 담요를 뒤집어쓰고 신부가 라틴어로 미사전례를 하는 것을 흉내 내며 놀았다. 가족들이나 이웃들은 그런 그의 모습을 보고 '장래 신부님감'이라고 불렀다.

그런데 열 살이 되던 해 한국전쟁이 일어났다. 황등리에 인민군이 들어온 것은 6월 말이 지나서였다. 그가 다니던 황등초등학교는 인민의용군훈련소가 되었다. 마을에 인민군이 와 있는데도 부모님의 기도는 멈추지 않았다. 기도 소리가 밖으로 나가지 않게 이불을 뒤집어쓰고 아침저녁기도, 묵주기도, 영혼을 위한 기도, 가족성화를 위한 기도까지 다했다. 한번은 아버지가 문정현과 형을 앉혀 놓고 "공산주의자들은 천주교를 싫어하는데, 만약 천주교 다니냐고 하면 어떻게 할래?" 하고 물었다. 그는 망설임 없이 "다닌다고 할 거예요."라고 말했다. 아버지가 다시 "그러면 죽일지도 모르는데 그래도 할래?"라고 물었을 때도 그는 "죽인다고 해도 할 거예요. 유대철 베드로 순교자 되죠."라고 말했다. 유대철 베드로는 한국 순교성인 가운데 가장 나이 어린 순교자이다. 어린 문정현이 그렇게 말할 수 있었던 것은 외할아버지로부터 순교 사화를 많이 들었던 덕분이었다. 어린아이였지만 사제가 되는 것은 존경과 권위를 얻는 일임과 더불어 죽음을 각오한 일임을 알고 있었던 것이다.

인민군이 떠나고 미군이 들어오자 이번에는 황등초등학교에 미군이 살기 시작했다. 겨울이 되자 미군들은 학교의 책상, 걸상을 부수어 난로를 땠다. 교장은 속상해하면서도 말을 하지 못했다. 미군들은 동네 아이들을 뽑아서 식기 설거지를 시켰다. 아이들은 난로에 주전자 물을 데워서 설거지를 하고 미군 전투식량인 C-레이션과 다른 먹을 것들을 받았다. 문정현도 그 아이들 중 하나였다. 하루는 학교 앞에서 흑인과 백인 병사가 그를 불렀다. 그가 다가가니 언덕배기에 세워 놓고는 머리 위에 국방색 깡통을 올려놓았다. 그는 미군들이 먹을 거라도 줄까 하며 시키는 대로 했다. 그런데 그들은 5~6미터 정도 떨어진 곳에서 카빈 총을 꺼내 문정현의 머리 위에 올려놓은 깡통을 겨냥해 총을 쏘았다. 혼비백산한 그를 본 흑인병사가 깔깔거리고 웃었다. 그때만 해도 문정현에게 미군은 우리나라를 공산주의로부터 해방시켜 준 고마운 사람들이었다. 그런데 점점 그를 놀리던 미군들과 흑인병사의 하얀 이가 또렷하게 떠오르면서 분노가 치밀어 올랐다.

사제를 꿈꾸게 된 문정현은 초등학교를 졸업하자마자 소신학교(대학 과정인 대신학교에 입학하기 전 사제의 소양을 닦는 중고등학교 과정. 한국에는 1928년에 생겼고 51년부터 83년까지 성신중고등학교로 있었다)로 진학할 생각이었으나 한국전쟁 중 신학교가 밀양에 내려가 있어 이리동중으로 진학했다. 중학교를 졸업할 무렵 전주교구청에서 신학교 시험을 보았다. 그가 신학교에 입학한 것은 신학교가 밀양에서의 피난시기를 마치고 혜화동에 둥지를 틀었을 때다. 1955년 이른 봄, 신학교에 입학하기 위해 서울행 기차를 탔다. 객차에는 사람이 너무 많아 피한답시고 화차 뒤편 석탄차를 탔다. 중학교 3년 동안 기차통학을 한 깜냥이었다. 그러나 화차에는 지붕이 없어 이만저만 추운 게 아니었다. 할 수 없이 신학교에 가서 쓸 이불보따리를 풀어 덮었는데 기차가 터널에 들어갈 때마다 석탄 먼지를 옴팡 뒤집어써야 했다. 기차가 서울에 도착했을 때 그의 몸과 이불, 들고 간 보따리는 온통 석탄 범벅이 되어 있었다. 그렇게 석탄 범벅이 된 이불을 한 학기 내내 덮고 지냈다.

그때 신학교의 시설은 형편없었다. 큰 교실에 야전침대를 놓고 신학생들이 다 함께 잤다. 개인 물건인 세숫대야·치약·칫솔·비누·수건은 침대 밑에 넣어 두고 썼다. 신학교의 일과는 새벽 5시부터 밤에 잠자리에 들 때까지 기도와 수업의 반복이었다. 신학교에 입학할 때 그의 목표는 결코 신학교에서 쫓겨나지 않는 것이었다. 가끔은 그 엄격한 규칙에 회의가 들기도 했지만 신학교에서 쫓겨나지 않으려면 한눈을 팔 새가 없었다. 그때의 엄격한 훈련이 어려운 사제생활을 버티게 해주는 힘이라는 것을 알게 된 것은 훗날의 일이었다.

1958년에는 대신학교(6년 과정)에 입학했다. 대신학교 때도 그는 그저 평범한 학생이었다. 특별한 것이라면 철학과 1학년 때부터 이문근 신부로부터 오르간 레슨을 5년간 받고 학교 오르가니스트로 활동한 것 정도였다. 그는 평범하고 성실하며 말 잘 듣는 신학생이었다. 신학교 시절에도 순교자전을 주로 읽었다. 한국의 순교성인 79위가 복자위(福者位)에 올랐던 이후라 김대건 신부를 비롯한 순교자들에 대한 관심이 컸다. 신학교라는 곳이 워낙 보수적이고 엄격하기 때문에 문정현도 별다른 정치의식이나 사회의식은 없었다. 4·19 의거 때조차 신학생들은 신학교가 피해를 볼까 봐 보초를 설 정도였다. 그는 철학과 2학년을 마치고 군대를 가서 5·16 군사 쿠데타를 겪었지만 군사정변에 대해 큰 문제의식을 느끼지 못했다. 군에서 전역하고 2년 만에 복학을 했을 때, 바티칸에서는 보수적인 교회를 쇄신하게 될 제2차 공의회가 2년째 열리고 있었다. 그러나 그때까지는 공의회의 영향이 신학교까지 미치지 않았고 그 역시 별 관심이 없었다.

1966년 12월 16일, 전주 중앙성당에서 한공렬 주교의 주례로 드디어 사제서품을 받았다. 서품을 받을 때 선택한 성서 구절은 '주의 제단에 돌아가리라'였다. 하느님에게서 왔으니 돌아갈 때까지 열심히 살겠다는 뜻으로 온전한 자기 봉헌을 상징하는 구절이었다.

사제가 된 뒤 첫 미사는 17일 고향본당인 황등성당에서 올렸다. 그때 황등본당 신부는 김후상 바오로 신부였다. 문정현 신부는 김 신부에게서 사제의 길을 보고 배웠다. 그에게 김후상 신부는 사제생활의 등불이었다. 동생 문규현 신부도 김 신부 밑에서 신학교 생활을 시작했다. 김 신부는 전주교구의 나바위성당 주임신부로 있을 때 한국전쟁을 겪었고 전쟁 내내 미사를 드렸다. 인민군이 와 있는 중에 미사를 드린다는 것은 순교를 각오한 행동이었다. 김 신부는 3천여 평이 되는 황등성당 터에 밭을 만들어 손수 일구었고, 병자들과 가난한 이들을 위해 기도를 멈추지 않았다. 성당마저 가난했던 그 시절에는 미국 가톨릭구제회에서 보내오는 물품을 팔아 성당 운영비나 건물을 짓는 일이 흔했지만 김 신부는 그 물품들을 오로지 가난한 이들을 위해서만 썼다. 김 신부 자신이 직접 사회활동에 나서지는 않았지만 교회의 역사성을 중요하게 생각했다.

교회의 역사는 박해로 시작되었다. 십자가 위의 예수, 그의 죽음과 부활은 교회의 상징이다. 세례자 요한에게 세례를 받은 예수는 광야의 유혹을 이겨 낸 뒤 갈릴레아를 거쳐 나자렛으로 갔다. 나자렛에 도착해 회당으로 들어간 예수는 두루마리로 된 이사야 예언서의 한 부분을 읽는다.

"주님께서 나에게 기름을 부어 주시니 주님의 영이 내 위에 내리셨다. 주님께서 나를 보내시어 가난한 이들에게 기쁜 소식을 전하고 잡혀간 이들에게 해방을 선포하며 눈먼 이들을 다시 보게 하고 억압받는 이들을 해방시켜 내보내며 주님의 은혜로운 해를 선포하게 하셨다."

루카 4, 18-19

예수는 스스로 누구를 위한 메시아인지를 분명히 선언했던 것이다. 그 뒤 예수는 제자를 모으고 병든 이들을 낫게 했으며 과부를 비롯한 그 시대 가난한 땅의 사람들 편에 섰다. 예수는 그들과 먹고 마시며 가르쳤으며 예루살렘의 성전에서 장사치들을 쫓아냈다. 그 시대의 사제들과 율법학자들은 예수를 배척하고 두려워했다. 예수의 이름으로 모인 그의 제자들과 그들을 따르던 여성들은 예수와 함께 탄압받았다. 그리고 예수는 끝내 십자가 위에서 죽었다. 초대교회인 카타콤베(catacombe)는 로마의 박해를 받아 지하에서 모였고, 유대인들과 로마인들의 박해에 시달려야 했다. 한국에 천주교가 전래되었을 때도 박해 속에서 복음을 전파해야 했고 수많은 순교자들의 희생이 있었다.

김후상 신부는 바로 그 교회의 역사 속에서 문정현·규현 신부의 삶을 순교로 받아들이고 이해했다. 김 신부는 문정현 신부가 시국사건에 관련돼 구속되거나 연행될 때마다 기도를 해주고, 찾아갈 때마다 눈물을 흘리며 맞아 주었다. 김 신부가 임종을 앞두었을 때 그와 문규현 신부는 번갈아가며 병상을 지켰고 임종도 지킬 수 있었다. 문정현 신부는 김후상 신부 이야기를 할 때면 그리움에 사무치곤 했다.

"아직도 전주교구에서 시국미사가 있을 때마다 백발의 노신부가 지팡이를 짚고 성당으로 오던 모습이 눈에 선해."

문정현은 전동성당 보좌신부로 2년간 있다가 1968년 순창성당 주임신부로 부임했다. 순창본당은 전주교구에서도 가장 가난한 본당이었다. 그는 부지런하고 혈기 넘치는 젊은 신부로 성당 일에 최선을 다했다. 멀리 떨어진 공소와 병자들을 부지런히 방문하기 위해 외국 신부가 선교용으로 구입해 쓰던 독일제 중고 오토바이를 사서 타고 다닐 만큼 열정적이었다. 그러다 주교의 추천으로 1971년 필리핀에 있는 극동아시아사목연수원(EAPI)으로 연수를 가게 되었다. 연수의 목적은 아시아 교회의 재교육, 수련과 제2차 바티칸 공의회에 따른 교회의 변화와 새로운 신학을 교육받는다는 것이었으나 그는 내심 영어 공부를 하고 싶었다. 마닐라대학 안에는 성 요셉 교회와 착한목자수녀원이 운영하는 초등학교가 있었다. 유학비가 넉넉하지 않았던 그는 성 요셉 교회에서 기숙을 하며 미사를 집전해 주며 용돈을 벌고, 오후에는 착한목자초등학교 수업에 들어가 영어 공부를 했다.

한국에서 그가 배운 사제의 역할은 신학을 가르치고 지도하는 것이었다. 민중들과 함께하기보다 민중보다 앞서 나가 민중들을 이끄는 것이 사제였다. 그런데 제2차 바티칸 공의회에서는 사제의 역할을 신앙을 가진 한 사람으로서 민중 속에서 이웃 사랑을 실천하는 것이라고 말하고 있었다. 그는 영어를 배우러 간 필리핀에서 민중들과 함께하는 교회를 만나게 되었다. 연수 중 필리핀 빈민지역 현장체험이 자주 있었다. 그는 쓰레기 더미에서 생활하는 필리핀 빈민들의 삶을 보며 한국 교회도 가난한 이들에 대한 배려와 활동을 해야 한다고 생각했다. 그러나 아직 사회적인 문제의식은 깊지 않았다. 그때 필리핀은 마르코스 독재정권이 18년째 계속되고 있어 학생들이 거리에서 바리케이드를 치고 데모하며 경찰과 대치하는 일이 잦았다. 그 광경을 보면서도 독재정권 아래 있고 사회 격변기의 나라라면 으레 겪는 일이라고만 여겼다. 그는 내심 필리핀에서 1년간의 연수를 마치고 난 뒤 영어권으로 가서 영어를 더 깊이 배울 생각이었다. 그런데 교구에서 해성중고등학교 종교감으로 발령을 내 한국으로 돌아오게 되었다. 제2차 바티칸 공의회의 새로운 복음 전파에 대해 배운 이때까지도 그의 사회의식은 미미했다.

2

민주화운동의 출발, "감히 주교를 연행해?"

해성중고등학교 종교감으로 있던 1974년 7월 6일, 지학순 주교가 로마 바티칸에서 오던 길에 중앙정보부에 의해 김포공항에서 연행되는 사건이 일어났다. 전국민주청년학생총연맹(민청학련) 배후로 지목이 되었던 것이다. 민청학련 사건은 1971년 이후 계속되어 온 민주화운동에 쐐기를 박으려고 한 박정희 군사정부의 조작사건이다. 정보부의 추적을 받던 민청학련 주모자들인 이철·유인태·김지하와 일본인 2명을 포함한 55명이 긴급조치1호·긴급조치4호 위반, 국가보안법·반공법 위반, 내란예비음모, 내란선동 등으로 사형과 징역 20년 이상의 중형을 선고받은 것은 1974년 5월 27일이었다. 그리고 7월, 민청학련에 자금을 대준혐의로 중앙정보부에 의해 윤보선 전 대통령·박형규 목사·지학순 주교가 구속되었다. 그때까지도 문정현 신부는 민청학련 사건에 대해 잘 알지 못했다. 다만 천주교 주교가 경찰에 의해 연행되었다는 것에 분노했을 뿐이다.

지학순 주교가 구속된 뒤, 7월 10일 윤공희 대주교의 주례로 시국미사가 명동성당에서 거행되었다. 성직자 200여 명, 수도자 400여 명과 많은 평신도들이 참석했다. 주교단에서는 「지학순 주교의 연행에 관하여」라는 성명을 발표했다. 그날 김수환 추기경이 대통령과 면담을 하고 지학순 주교는 석방되었으나 성모병원에 연금되었다. 병원에는 정보부원이 상주하면서 주교를 감시했다. 7월 23일 지학순 주교는 연금 상태에서 양심선언을 발표하고 다시 수감되었다. 8월에 열린 비상군법회의에서는 윤보선 전 대통령에게 징역 3년·집행유예 5년, 지학순 주교 등 3명에게는 징역 15년을 선고했다. 각 교구에서 지학순 주교의 구속을 규탄하는 기도회가 열렸고 전주교구에서도 기도회를 열었다. 지학순 주교의 구속을 계기로 모이게 된 전국의 사제들은 그해 9월 23일 원주에서 열린 전국 성직자 세미나에서 '천주교정의구현전국사제단'을 결성했다. 그러나 정의구현사제단은 조직이라기보다 이심전심으로 모여 활동하는 단체여서 행동강령이 따로 있지 않았고 회원제로 운영되는 것도 아니었다. 기도회나 시국미사를 주최하게 될 때마다 몇 사람이 모여 논의해 사발통문으로 알리면 전국에서 사제들이 모였다. 그 무렵 활발하게 활동한 사제들은 원주의 신현봉·최기식·안승길 신부, 서울의 함세웅·안충석·김택암 신부, 부산의 송기인 신부, 안동의 유강하·정호경 신부, 인천의 김병상·황상근 신부 등이었다. 전주에서는 문정현 신부가 주로 활동했다. 사제단이 주최하는 시국미사에는 많은 사람들이 모였다. 공안당국에서는 미사 자체를 원천봉쇄하고, 때로는 사제 한 명 한 명을 성당에서부터 감시했다.

이렇게 해서 운동권 신부가 된 그는 누구보다 앞장서서 유신정권과 맞섰다. 그렇게 활발하게 활동을 할 수 있었던 데는 전주교구 교구장이었던 김재덕 주교의 암묵적인 지지와 후원이 큰 힘이 되었다. 김재덕 주교는 김수환 추기경, 지학순 주교와 동기동창이었고 사회의식이 뚜렷했다.

천주교에 반유신의 기운이 점점 번져 가자 중앙정보부에서는 천주교 쪽에 유화정책을 쓰기 시작했다. 1974년 가을, 전라북도에서는 도지사를 비롯한 전라북도 기관장과 전주교구 주교와 신부들이 모이는 테니스 대회를 계획했다. 그 소식을 듣고 발끈한 문정현 신부는 김재덕 주교를 찾아가 테니스 대회를 하지 말자고 했다. 그러나 김재덕 주교는 가타부타 말이 없었다. 화가 난 그는 테니스 대회 전, 전주 중앙시장에 가서 천을 떠서 "지학순 주교 석방하라."는 플래카드를 만들었다. 그리고 벨기에 출신인 지정환 신부와 함께 테니스 대회가 열리는 삼양사 코트로 가서 "지학순 주교 석방하라."는 구호를 외쳐 댔다. 결국 그날 테니스 대회는 중단이 되었고 테니스 대회에 참석한 사제들의 비난을 받아야 했다. 김재덕 주교는 화가 나서 문정현 신부에게 "사람 좀 되라."고 핀잔을 주었다. 김재덕 주교는 문정현의 분노와 불의에 맞서는 열정을 지지하면서도 그가 좀 더 신중하길 바랐다. 문정현은 문정현대로 자신의 입장을 분명히 밝히지 않는 김 주교의 태도에 화가 났다.

그런데 그 사건이 있고 난 며칠 뒤인 1974년 10월 9일, 김재덕 주교가 서울에서 열린 전국 성년대회(聖年大會)에서 강론을 하면서 반유신의 입장을 분명히 밝혔다. 그날 김 주교의 강론은 제2차 바티칸 공의회에서 교황 바오로 6세가 낸 성년선포 특별교서가 바탕이 되었다. 인간의 존엄성과 사회정의에 관한 그의 강론은, 교회는 사랑과 평화를 전파하고 특히 궁핍하고 소외된 사람들, 억압당하는 사람들을 위해 선도의 역할을 해야 한다는 메시지를 담고 있었다. 그는 현실의 교회가 권력과 돈을 좇고 있다며, 사제들은 돈을 낚는 어부가 아니라 사람 낚는 어부가 되어야 한다고 직설했다. 또 베트남의 티우 정권, 필리핀의 마르코스 독재정권의 예를 들어 한국의 현실을 걱정하며 박정희 정권을 향해 선언했다.

"유신헌법을 즉각 철회하고 군사재판을 중지하며 정치 수감자들을 전원 석방하고 함부로 비상대권을 남용하지 말라."

이날 김재덕 주교의 강론은 진보적인 주교보다는 보수적인 주교가 많았던 천주교에 큰 충격이었다. 그러나 박정희 정권과 맞서는 젊은 신부들에게는 용기가 되었다.

미사가 끝나고 전주교구 사제들을 선두로 시위가 시작되었다. 문정현 신부가 확성기를 들었고, 전주교구 사제들이 준비해 간 플래카드와 태극기를 앞세우고 최루탄 가스를 맡아 가며 혜화동 로터리까지 진출했다. "지학순 주교 석방하라." "유신헌법 철폐하라."는 시위대의 외침이 멀리 삼청동까지 들릴 정도였다. 대부분의 주교는 그런 사태를 매우 불편해했다.

그날 시위를 끝내고 관광버스로 전주로 돌아가던 문정현 신부 일행이 망향휴게소에 들렀다. 김재덕 주교는 성년대회를 마치고 망향휴게소에서 전주교구 사제들과 수도자들을 기다리고 있었다. 김 주교는 혹시라도 사제와 수도자들이 그날의 가두 진출 집회로 인해 톨게이트 입구에서 연행되지 않을까 걱정을 하고 있었다. 휴게소에서 만난 김 주교와 문정현은 서로 얼싸안았다. 테니스 대회로 생겼던 오해와 앙금은 그날로 다 풀렸다. 김 주교는 그 뒤로도 드러나지 않게 정의구현사제단 활동을 지지했다.

3
인혁당 가족을 만나다

40년을 투쟁하는 사제로 살아온 그가 민주화운동에 발을 디딘 이유가 단지 지학순 주교를 구속하는 데 대한 분노였다는 말을 들었을 때 나는 귀를 의심했다. 더 깊은 뜻이 있지 않았을까? 억울하게 묶인 이를 끌러 주고, 멍에를 풀어 주는 것, 압제받는 이들을 석방하고, 모든 멍에를 부수어 버리는 것이 예수의 길이었다. 그가 불뚝 일어선 것은 적어도 그런 사제의 소명을 지키기 위해서였어야 했다. 내가 알고 있는 문정현 신부라면 그래야 했다. 그러나 몇 번을 되물어도 그의 대답은 똑같았다. 물론 문정현 신부는 필리핀에서 받은 제2차 바티칸 공의회 연수를 통해 "한 사회의 공동선은 그 사회를 이룩하는 모든 사람의 인간 존엄성과 인권이 공권력에 의해 존중되고 수호될 때 비로소 달성되는 것"임을 인지하고 있었지만, 사회운동의 시작은 "감히 천주교 주교를 연행해?"라는 분노였을 뿐이다. 그러나 그렇게 시작한 사회운동이 어느덧 그를 힘없고 억울한 인혁당 가족들 곁으로 이끌었다.

1974년 10월 중순쯤 서울교구청 사무국장으로 있던 안상인 신부를 만나러 가기 위해 사목국이 있는 복도로 들어서자 복도 한쪽에 앉아 있던 초라한 부인들이 다가왔다. 그의 로만칼라를 보고 신부란 걸 안 부인들이 그에게 서명을 받기 위해서였다. 그 부인들이 내미는 서명지에는 김수환 추기경·함석헌 선생·윤보선 전 대통령·김형중 신부의 서명이 있었다. 그는 서명자들의 이름을 보고 망설이지 않고 서명을 했다. 얼마 뒤, 그들이 인혁당 재건위 사건으로 구속된 우홍선·이수병·김용원의 부인이라는 걸 알았다.

인혁당 사건에 대해 관심을 갖게 된 문정현 신부는 인혁당 관련 수감자들에게 인권이 전혀 지켜지지 않고, 가족들마저 정보부에 끌려가 고초를 당하고 있다는 것을 알게 되었다. 더욱이 인혁당 연루자들은 빨갱이로 몰려 친척·친지들에게조차 기피인물이 되어 있었다. 문정현 신부는 인혁당 가족들과 관계를 맺으며 종로5가 한국기독교교회협의회(KNCC)의 목사들이 진행하는 목요기도회에도 참석했다. 그때 문익환 목사를 비롯해서 문동환·박형규·김상근·인명진·권오경·이우정 등 기독교 성직자들과 신자들을 알게 되었다. 그는 한 주도 거르지 않고 목요기도회에 참석했다. 함세웅 신부·원주교구 신부들·전주교구의 지정환 신부도 가끔 함께 참석했다.

목요기도회를 통해 사회의식이 성장한 그는 전주에서 월요기도회를 만들었다. 김영신·김봉희·김용태·박종상·박종근 신부 등의 천주교 사제들과 화산교회 신삼석 목사·성광교회 김경섭 목사·남문교회 은명기 목사·난산교회 강희남 목사가 모여 전주 가톨릭센터에서 매월 첫째, 셋째 월요일에 기도회를 열었다. 목요기도회에는 여러 성직자들과 인혁당, 민청학련 학생 가족들이 함께했다. 그런데 그곳에서조차 인혁당 가족들은 외면을 당하고 있었다. 특히 민청학련 가족들조차 인혁당 가족과 거리를 두었다. 자신들마저 공산주의자로 낙인찍힐까 두려웠던 것이다. 그때나 지금이나 한국사회에서 빨갱이라는 딱지가 붙는 것은 본인뿐만 아니라 온 가족이 천형을 받는 것과 같았다. 그런 상황에서 인혁당 가족을 외면하는 사람들을 무조건 비난할 수도 없었다.

인혁당 사건은 박정희 정권이 장기 집권을 노리고 유명한 인사들을 반공법으로 몰아붙일 경우 반발이 심해질 것을 우려해 일부러 평범한 사람들을 반공법으로 몰아 공안정국을 만들려고 조작한 사건이었다. 인혁당 연루자들은 민청학련 사건에서도 가장 힘이 없는 사람들이었다. 인혁당 가족들은 자신들을 스스로 지켜 낼 힘이 없었다. 그는 비열한 독재 권력에 대한 분노보다 자신들을 방어할 힘조차 없는 인혁당 가족들에 대한 연민으로 마음이 아팠다. 그래서 약자를 볼모로 자신의 권력을 유지하려는 유신정권을 용납할 수 없었다. 문정현 신부가 인혁당 연루자들의 석방운동을 벌이기 시작하자 정보부는 그를 지목해 미행·도청·가택 수색 등 감시를 했다. 그러나 그는 인혁당 연루자들의 석방운동을 중단할 수 없었다. 그는 밖으로부터의 공격이 거세질수록 오히려 마음이 더 강해지는 걸 느꼈다.

1975년 2월 15일 정부는 긴급조치14호 위반자 중 인혁당 관련자와 반공법 위반자를 제외한 149명을 석방했다. 지학순 주교도 석방되었다. 그리고 두 달 뒤인 1975년 4월 8일 대법원에서 인혁당 관련자 8명에 대한 상고심 재판이 열렸다. 그날 문정현 신부는 영국 BBC의 기자와 국제엠네스티에서 파견된 변호사와 함께 검찰총장을 만나기로 되어 있었다. 인혁당 가족들의 부탁으로 통역을 해주기로 했기 때문이다. BBC 피디와 국제엠네스티 변호사는 검찰총장에게 재판 과정에 문제가 있지는 않은지, 앞으로 어떻게 할 것인지를 물었다. 검찰총장은 관행적인 대답만 했다.

인터뷰를 마치고 인혁당 재판이 열리는 법정으로 가려고 건물 안으로 들어가자 복도에 울부짖는 소리가 가득했다. 재판부가 이미 인혁당 피고인들에게 사형 등 원심형량을 확정하는 주문을 읽고는 곧바로 퇴정해 버린 뒤였다. 재판부는 대법원 재판에서는 피고인이 없는 상태에서도 형량을 확정할 수 있다는 것을 악용했다. 인혁당 가족들은 "인혁당은 조작이다. 사법부는 꼭두각시다."라고 절규하고 있었다. 문정현 신부 역시 울분으로 몸을 가눌 수조차 없었다.

그날 저녁 명동성당에서는 인혁당 재판 결과를 규탄하는 기도회가 열렸다. 김대중 전 대통령을 비롯한 여러 재야인사들과 많은 사람들이 기도회에 참석했다. 문정현 신부는 기도회가 끝나고 서울 응암동성당 함세웅 신부 사제관에서 잠을 잤다. 그런데 다음 날 이른 아침, 사제관으로 인혁당 피고인들에 대한 사형이 집행되었다는 전화가 걸려 왔다. 전화를 받은 함세웅 신부는 말을 잇지 못했다. 기독교방송국에 확인전화를 한 뒤 바로 서울구치소로 달려갔다. 구치소에는 이미 경찰들이 배치되어 있고 하재완 씨 부인 이영교 씨를 비롯한 가족들이 아스팔트에 주저앉아 땅을 치며 울고 있었다. 시신을 실은 장의차는 이미 고속도로를 빠져나간 뒤였다. 그때부터 마지막 남은 송상진 씨 시신이라도 경찰에게 빼앗기지 않기 위해 제임스 시노트 신부, 윤보선 씨 아내인 공덕귀 씨와 여러 기독교 인사들이 경찰과 대치했다. 자동차 키 박스에 껌을 집어넣고, 신문을 뭉쳐 자동차 배기통에 집어넣는 등 온몸으로 저항했다. 가족과 함께 장의차 앞에 드러눕기도 했다.

그날 오후 늦게 크레인이 나타나 장의차를 묶었다. 문정현 신부는 크레인 위로 올라가 "인혁당 사건은 조작이다. 재판을 하자마자 다음 날 사형을 집행하는 것은 용납할 수 없다."라고 외쳤다. 경찰들은 크레인 위에서 그를 끌어내리려 했고 그 와중에 그는 크레인 위에서 떨어져 다리를 다치고 말았다. 그리고 끝내 송상진 씨의 시신은 벽제화장터로 끌려가 화장을 당했다. 경찰이 그렇게 급하게 송상진 씨 시신을 화장한 것은 몸에 드러나 있을 고문의 흔적을 지우기 위해서였다. 그리고 그날 다친 다리 때문에 문정현 신부는 장애 5급 판정을 받게 되었다.

4
"우리 아들, 순교자 되어야 해."

숨겨진 것은 드러나기 마련이고 감추어진 것은 알려지기 마련이다. 그러므로 너희가 어두운 데에서 한 말을 사람들이 모두 밝은 데에서 들을 것이다. 너희가 골방에서 귀에 대고 속삭인 말은 지붕 위에서 선포될 것이다.

나의 벗인 너희에게 말한다. 육신은 죽여도 그 이상 아무것도 못하는 자들을 두려워하지 마라. 누구를 두려워해야 할지 너희에게 알려 주겠다. 육신을 죽인 다음 지옥에 던지는 권한을 가지신 분을 두려워하여라. 그렇다, 내가 너희에게 말한다. 바로 그분을 두려워하여라. 참새 다섯 마리가 두 닢에 팔리지 않느냐? 그러나 그 가운데 한 마리도 하느님께서 잊지 않으신다. 더구나 하느님께서는 너희의 머리카락까지 다 세어 두셨다. 두려워하지 마라. 너희는 수많은 참새보다 더 귀하다.

루카 12, 2-7

독재정권에 대한 항거가 거세질수록 유신정권의 공포정치는 날로 더 심해져 갔다. 박정희정권에 반대하고 인권운동을 했던 시노트 신부와 조지 오글 목사에 대한 추방 명령과 그 뒤로 이어진 외국인 선교사 추방 사태는 그 일환이었다. 문정현 신부는 유신정권에 항거하며 김지하 석방운동에도 적극적으로 참여했다.

1976년은 민주화운동의 침체기였다. 대학교수 5백여 명이 재임용 과정에서 탈락하면서 권력의 통제가 대학까지 뻗쳤다. 그럴수록 민주화에 대한 염원도 더 커졌다. 그동안 김지하 구명을 위해 연대했던 천주교와 개신교에서 각자 3·1절을 준비하고 있었다. 개신교에서는 문익환 목사의 주도로 윤보선·함석헌·정일형·문동환·이문영·서남동·안병무·이해동·김대중·이우정이 3·1구국선언문을 준비하고, 천주교에서는 함세웅 신부를 비롯한 사제들이 김지하와 인혁당 인사들의 구출을 위한 명동성당 기도회를 조직하고 있었다. 서로 계획을 알게 된 천주교와 개신교는 함께 뜻을 모아 1976년 3월 1일 저녁 6시에 3·1절 기념미사를 거행했다. 미사 강론은 김승훈 신부가 하고, 2부 구국기도회에서 문정현 신부가 김지하 시인 어머니의 호소문을 낭독한 뒤 문동환 목사가 설교를 했다. 이우정 교수는 3·1민주구국선언문을 낭독했다. 그런데 유신정권은 3·1절미사가 국가전복 및 내란을 기도한 사건이라며 '3·1절 명동사건'이라는 이름까지 붙여 관련자들을 긴급조치9호 위반으로 구속했다. 문정현·신현봉 신부는 성명서 작성에 관여하지 않았는데도 구속이 되었다. 중앙정보부가 3·1절 종교행사를 개신교와 천주교의 성직자들을 묶어 탄압하기 위한 빌미로 삼았던 것이다.

문정현 신부는 3·1민주구국선언 뒤 전주로 돌아와 해성학교 기숙사에 있다가 연행되었다. 연행된 곳은 남산의 서울시경 안가였다. '한성무역'이라는 간판을 단 2층 양옥에서 조사를 받는 닷새 동안 경찰은 그에게 온갖 협박과 회유를 하며 잠조차 재우지 않았다. 주로 인혁당 사건, 김지하 석방운동에 대해 집중조사를 받았다. 조사가 끝난 뒤 다시 중정 6국으로 끌려갔다. 그러나 그는 겁에 질려 위축되지 않았다. 외부의 억압이나 탄압이 심하면 심할수록 오히려 더 강해졌다.

중정6국에 끌려와 밤샘 조사를 받던 중이었다. 갑자기 군복을 입은 덩치 큰 사람들이 10여 명 들어와 그를 둘러싸더니 반말로 툭툭거리며 "개 패듯이 패 버려? 그러면 시끄럽겠지?" 하고 엄포를 놓았다. 문정현 신부는 꿈쩍하지 않고 노려보였다. 한참 자기들끼리 욕지거리를 하고 나더니 한 사람만 남아 회유를 시작했다.

"신부님, 저 새끼들 막돼먹은 놈들이에요. 저러면 안 되는 건데, 사실은 내 장인어른이 성당 사목회장이에요. 신부님을 보니 마음이 아픕니다."

그의 말은 불에 기름을 부은 격이었다. 문정현 신부는 그를 향해 "뭐야? 여기서 사목회장 소리가 왜 나와? 너 장인 팔아서 뭐할 거야!" 하고 호통을 쳐서 내쫓았다. 그는 본모습을 숨기고 남을 떠보는 태도를 특히 경멸했다. 속과 겉이 다른 이들을 대하면 진짜 속마음을 건드려 드러내야 직성이 풀렸다.

정부와 검찰은 '3·1절 명동성당 민주구국선언 사건'이라는 것을 조작해 놓고는 그동안 있었던 여러 집회나 각 종교의 기도회를 엮어 사건을 크게 부풀렸다. 문정현 신부는 1976년 2월 16일 전주에서 천주교 전주교구사제단 주최 기도회에서 김지하를 언급하고 유인물을 나눠 준 일 때문에, 신현봉 신부는 1월 23일 원주성당에서 한 강론 내용과 '민족의 긍지를 찾기 위한 원주선언'에서 독재정권을 비판한 것 때문에 긴급조치9호 위반으로 기소되었다.

결국 그는 구금되었다. 서대문 구치소 5사 3방이었다. 1.75평짜리 독방이었고, 양쪽 방은 모두 재소자가 없는 공방 상태였다. 교도관이 3교대로 24시간 감시했다. 책은 들어올 수 있었지만 검열이 철저했다. 가장 지독한 것은 편지를 쓰는 시간이 아니면 필기도구가 용납되지 않는 것이었다. 3월 2일 연행된 이후 두 달 동안 면회도 허락하지 않았다. 가족과 면회를 한 것은 첫 재판 전이었다.

5월 3일 사제서품을 받은 문규현 신부가 어머니와 함께 특별면회를 왔다. 그는 어머니가 수의를 입은 자신을 보고 까무러치지는 않을지, 울지는 않을지 걱정이었다. 변호사 접견실에 들어서기 전, 어머니 앞에서 눈물을 흘리지 않으려고 마음을 가다듬었다. 그런데 막상 면회실에 들어가니 어머니가 먼저 환하게 웃으며 그를 끌어안았다. 그리고 등을 탁탁 두드리며 말했다.

"우리 신부, 김대건 신부님 되어야 해."

그 말은 "우리 아들, 순교해야 돼."와 같은 말이었다. 문정현 신부는 순간 눈시울이 뜨거워졌다. 그러나 그의 어머니는 눈물 한 방울 흘리지 않았다. 어려서부터 순교자전을 자주 읽던 외할아버지의 영향 때문인지, 순교자 집안의 후손인 어머니로부터 순교정신을 물려받은 것인지 문정현 신부는 순교의 삶을 자연스럽게 받아들이고 있었다. 수없이 연행이 되고 구속이 되면서도 정보부나 경찰의 회유와 강압에 무릎을 꿇지 않았던 것은 강고한 성격을 타고난 기질 탓이겠지만 바로 그런 순교정신이 깊이 박혀 있었기 때문이기도 하다. 그렇지만 감옥에 있는 아들을 면회 온 어머니의 첫마디가 "순교해야 돼."일 거라고는 생각도 못했다. 그는 어머니의 그 말을 가슴에 새겼다.

어머니와 회포를 나눈 문정현 신부는 서품을 받아 사제가 된 문규현 신부에게 첫 강복을 청했다. 문규현 신부에게 강복을 받은 그는 동생을 부둥켜안고 물었다.

"사제의 길은 험난한데 이런 꼴을 보고도 신부할 테여?"

문규현 신부는 "아, 형님 내가 그전에 말했잖습니까? 형님 보고 가요? 나는 내 갈 길 가는 거요. 이제 동지 하나 생겼잖아요."라고 대답했다. 문정현 신부는 그날 같은 길을 갈 도반을 얻었다. 문규현 신부는 사제가 되자마자 형의 옥바라지를 하면서 문정현 신부를 대신해 전주 월요기도회를 이끌었다. 그러면서 농민운동, 노동운동으로 지평을 넓혀 갔다.

문정현 신부는 어머니와 동생을 면회하고 마음이 홀가분해진 뒤에야 김재덕 주교에게 편지를 쓸 수 있었다. 자신은 감옥에 있는 게 전혀 수치스럽지 않고 자신들을 심판하는 사람들이 부끄러울 날이 올 것이며, 자신은 비록 감옥에 있지만 주교와 일치하고 있다고.

서대문 구치소에는 정치범들이 많았다. 나병식, 최열, 예수회 소속의 김명식 수사는 그와 가까운 곳에 있었고 좀 떨어진 독방에 김지하가 있었다. 김지하는 그가 수감되자 징역살이하는 요령, 냉수마찰하는 법을 적은 쪽지를 전해 주었다. 또 재판 진행 과정에 대한 충고도 보내 주었다. 그런데 그가 서대문 구치소에서 만난 사람들 중 가장 오랫동안 기억한 사람은 같은 민주화 동지가 아니라 사형수들이었다. 부산 시체토막사건 관련자였던 요셉과 알베르토, 그레고리라는 세 명의 사형수. 사형수라 활동이 자유로웠던 그들은 그의 방에 다가와 자신들의 이야기를 털어 놓고, 빨래를 대신 해주겠다 하거나 강복을 청하기도 했다. 문정현 신부는 그들에게 가끔 사식을 전해 주었다. 그런데 1976년 12월 27일, 교도소가 평소와 달리 너무 조용하다는 생각이 들었다. 뭔가 이상한 기분을 달래며 원래 하던 대로 사형수들 앞으로 사식을 보냈는데 되돌아왔다. 그리고 간수로부터 사형이 집행되었다는 소식을 들었다. 죄를 지은 사람들이었지만 사형집행 소식은 큰 아픔으로 다가왔다. 그는 자신이 겪은 수많은 사건들의 날짜를 제대로 기억하지 못한다. 그러나 그들의 사형집행일만큼은 똑똑히 기억하고 있다. 그에게 세 명의 사형수는 범죄자이기 전에 예수가 사랑했던 구원받아야 할 이 땅의 사람으로 다가왔던 것이다.

3·1구국선언 재판은 1976년 5월 4일 1심 1차 공판이 열린 뒤, 8월 28일까지 15회에 걸쳐 진행되었다. 공판 때마다 변호인단과 재판부 사이에서는 실랑이가 이어졌다. 변호인단으로는 하경철·황인철·이돈명·유현석 씨 등 27명의 변호사가 참여했다. 재판부는 공개재판의 원칙을 제대로 지키지 않았다. 그리고 검찰 측 증인은 모두 채택하면서 변호인들이 신청한 증인은 하나도 채택하지 않았다.

항소심은 11월 13일부터 12월 29일에 걸쳐 열렸다. 재판을 받을 때마다 문정현 신부는 자신과 신현봉 신부를 빼고는 모두 박학다식하고 논리정연하다고 느꼈다. 사실 두 사람을 빼고는 오랫동안 민주화운동을 이끌어 온 사람들이었다. 김대중 전 대통령은 재판의 경험이 많은 데다 달변이었다. 문익환·문동환·서남동 목사와 안병무·이문영 교수는 저명한 신학자로서 진술 때마다 적절한 신학적 비유로 정권에 일갈했다. 가장 고령이었던 윤반웅 목사도 검사를 향해 "유신정권은 미친개다. 때려잡아야 한다."고 외칠 정도로 신념이 강했다. 문정현 신부도 재판정에 나가기 전 공소장을 미리 보며 진술 준비를 했지만 다른 이들의 진술을 듣고 나면 자신만 할 말을 제대로 못한 것 같아 아쉬웠다. 김수환 추기경도 재판이 끝난 뒤, 다른 사람들은 똑똑한데 우리 신부들은 그러지 못하다고 불평할 정도였다. 그가 가지고 있는 장점은 겁이 없다는 것 뿐이었다. 검사가 진술 태도가 불손하다고 하자 대뜸 "그럼 검사를 주교로 모실까?" 하고 큰소리로 나무랐다. 2심 재판 때는 김지하 어머니를 증인으로 받아 주지 않는 재판부를 향해 법대를 뛰어넘어가 소동을 일으켰다. 함세웅 신부가 말렸지만 재판정에서 "유신정권 물러나라!"며 고래고래 소리를 쳤다. 그 뒤 어쩌다 김대중 전 대통령을 만나면 자신이 법정에서 난리를 피운 바람에 5년 선고받을 걸 곱빼기로 10년 받았다고 농담을 했다.

"재판이 끝나고 감방에 돌아오면 혼자서 하, 이렇게 얘기했어야 하는데, 저렇게 얘기했어야 하는데, 하고 후회를 했어. 함석헌 선생이나 윤보선 내외 앞에서 좀 더 제대로 말했으면, 좀 더 근사하게 말했으면 얼마나 좋았을까 하는 생각에 내 자신이 어리석게 느껴졌지. 실력도 없는 것이 성질만 나빠 가지고. 지금도 그때 생각하면 얼굴이 화끈 달아올라."

1977년 3월 22일 대법원 판결에서 김대중·문익환·윤보선·함석헌은 징역 5년에 자격정지 5년을, 문정현 신부를 비롯한 나머지 사람들은 징역 3년에 자격정지 3년을 선고받았다.

5
베드로의 눈물

시몬 베드로가 예수님께 "주님, 어디로 가십니까?" 하고 물었다. 예수님
께서는 그에게, "내가 가는 곳에 네가 지금은 따라올 수 없다. 그러나 나
중에는 따라오게 될 것이다." 하고 대답하셨다. 베드로가 다시 "주님, 어찌
하여 지금은 주님을 따라갈 수 없습니까? 주님을 위해서라면 저는 목숨까
지 내놓겠습니다." 하자, 예수님께서 대답하셨다. "나를 위하여 목숨을 내
놓겠다는 말이냐? 내가 진실로 진실로 너에게 말한다. 닭이 울기 전에 너
는 세 번이나 나를 모른다고 할 것이다."

요한 13, 36-38

1976년 12월 29일 2심 재판이 끝난 뒤 김해교도소로 이감되었다. 그
가 수감된 방은 0.5평쯤 되었다. 너비는 팔을 반 정도 벌리면 닿을 수 있
는 정도였고, 길이는 누우면 다리 밑으로 식기를 놓을 수 있는 정도밖
에 안 되었다. 변기 쪽 벽에 난 창문은 합판으로 막아서 겨우 공기만 빠
져나갈 수 있고, 복도 쪽으로는 교도관이 감시할 수 있는 구멍만 있었
다. 게다가 24시간 내내 30와트짜리 전구가 켜져 있는 징벌방이었다. 추
우면 실내온도가 영하로 내려가는 데다 이불 밑으로는 습기가 차서 물
이 흥건해 인혁당 사형집행 날 다친 다리의 통증이 점점 심해졌다. 겨울
이 지나자 변기에서 구더기가 올라왔다. 관에 갇힌 것 같은 생활은 반
년 동안 이어졌다. 감옥생활은 사제에게 보장된 안락한 삶이 허용되지

않는 고통스러운 시간이었고, 또한 그를 더 낮은 곳으로 끌어내리는 구원의 시간이기도 했다.

"교도소장이 이틀에 한 번씩 당당한 위세로 나타나 문을 열고 말을 하는 거야. 여기서는 지위고하를 막론하고 교도소 규율을 지켜야 한다. 그러면 내가 여보쇼, 누가 교도소의 규칙을 안 지킨다, 지킨다 했소? 내가 언제 지위가 높다 낮다 했소? 지위가 어떻든 간에 죄도 없는 사람을 가둬도 되는 거야? 소장이라는 권위로 여기 있는 사람들을 위로는 못 줄망정 어디서 권위를 세워? 하고 소리치니까 그때부터 나를 조심스레 대하더라고.

근데 미결수로 있을 때는 머리를 그냥 두더니 형이 확정되고 나서는 보안과 주임이 몇 번씩이나 왔다 갔다 하더라고. 그러더니 '신부님, 나와주십시오. 재소자는 삭발을 해야 합니다. 용서하십시오.' 하는 거야. 그래서 내가 '그래? 그럼 뭣이 문제여. 머리 깎자.' 했지. 내가 왜 이 사람들을 괴롭히나 하는 생각에서 그랬어. 그러나 삭발을 한다는 건 비장한 일이지. 교도소에서 삭발을 하다니, 사제의 권위고 뭐고 다 머리카락이랑 같이 빠져나가는 것 같더라고. 눈물이 솟구쳤어. 그건 분노의 눈물이었지. 그래도 꾸욱 참고 있는데 이발을 하는 사람도 발발 떨더라고. 머리를 깎고 목욕실에 들어가서 머리를 감고 나서 거울을 보니 그땐 웃음이 나오데. '그래, 시원하다.' 하고 터덜터덜 방으로 들어왔지."

그는 감옥에 갇힌 몸이 되어 사제라는 높고 편안한 자리에서 그렇게 한 발씩 내려오고 있었다.

"교도소에서는 미사를 드릴 수가 없고 성무일도(매일 정해진 시간에 바치는 교회의 공적 공통 기도)도 할 수가 없으니까, 성경을 많이 읽었지. 그때 문익환 목사가 신구약 성서 공동번역 작업을 마치고 감옥에 들어왔는데 그게 출판이 되었지. 와, 반갑데. 가톨릭에는 구약이 없었거든. 선종환 신부님이 구약을 번역하셨지만 별책으로만 나와 있었어. 우리말로 신구약 통권이 나온 건 그때가 처음이었어. 창세기부터 묵시록까지 다섯 번은 읽었어. 영어로도 다섯 번 읽었지. 오전 한 시간은 한글 성서를, 오후에는 영어 성서를 보았어.

그 다음에 참 재미있게 읽은 책은 우리 고전 판소리. 성서를 읽는 사람 입장에서 보면 꼭 예언서를 읽는 것 같았어. 하도 재미있어서 교도관 불러서 '당신 이거 봤어?' 하고 몇 대목 읽어 주면 그 사람들도 깔깔 웃고 그랬지. 그때『딸깍발이』라는 수필집을 읽었는데, 문장이 주어 동사로 짧고 간단하게 이루어져 있는데도 그렇게 재미있더라고. 글을 이렇게도 쓰는구나 하는 생각이 들었어.

거기서 책을 한 400권 읽었는데, 한 권 읽으면 파리를 한 마리 잡아서 봉투에 넣었지. 그거 세는 재미도 있었어. 재미있는 건 순교사화를 금지하더라고. 천주교 역사인데 왜 안 주냐고 싸워도 결국 끝까지 안 줬어. 그런데『해방신학』은 들여다 주는 거야. 성염 씨가 번역하고 분도출판사에서 나온 건데, 열 번은 읽었지. 교도관이 왜 책을 안 내놓느냐고 물을 정도였어. 내가 너무 전문적인 서적이라서 한 시간에 두서너 장 볼까 말까, 시간이 걸린다고 능청을 떨면 교도관이 '신부님 보는 책은 다 어렵데요.' 하고 넘어가더라고. 그리고 공의회 문헌은 성서 다음으로 참 많이 읽었지. 공의회 문헌 가운데서 법정에서 인용할 것도 또 읽고. 공의회 문헌은 읽으면 읽을수록 교회는 이 세상 속에 있다, 세상 속에서 등불 역할을 한다는 의식을 갖게 했지. 세상에서 함께하는 거라는 의식이 저절로 들었어. 지팡이를 뺏겨서 운동은 전혀 할 수 없었어. 아픈 다리 때문에 그때 무척 고생을 했지. 겨울에는 움직일 수 없을 정도로 고통이 심했어."

처음으로 마주한 나약한 모습

1977년 여름, 지학순 주교가 면회를 다녀간 뒤 문정현 신부는 징벌방에서 나와 4평짜리 넓은 방으로 옮겨졌다. 그리고 다시 한 달 정도 지난 뒤 김수환 추기경이 방문했다. 추기경은 "문 신부 석방에 관한 얘긴데, 밖에서 지학순 주교, 함석헌 선생 이런 분들이 알아서 문구를 만들 것이니까 각서를 써 주고 석방을 받도록 하지?" 했다. 그러나 그는 "추기경님, 한 사제의 양심에 맡겨 주십시오."라며 거절했다. 추기경은 얼굴이 굳어져 인사도 없이 나가 버렸다.

그는 한동안 그 자리에 앉아 추기경 말을 들었어야 하는 것은 아닌지 고민에 빠졌다. 그리고 얼마 지나지 않은 12월 25일, 함세웅 신부가 형집행정지로 석방이 되었다는 소식이 들렸다. 그리고 며칠 뒤 이우정 교수·박형규 목사·김승훈 신부가 그를 찾아와 말했다.

"신부님이 무엇 때문에 징역살이를 하세요? 민청학련 사람들과 인혁당 사람들 석방하는 거 아닙니까? 신부님 공소장도 그 내용이고요. 신부님, 뭐 큰 거 아닙니다. '나는 국법을 지킨다'는 각서만 쓰면 됩니다."

듣고 보니 틀린 말이 아니었다. 그는 김지하와 민청학련, 인혁당 관계자를 석방하는 조건으로 각서를 썼다. 그러나 방으로 들어오자마자 정신이 번쩍 들면서 후회가 몰려왔다. 곧바로 교도소 보안과장을 불러달라며 "각서 무효!" 하고 소리를 질렀지만 소용이 없었다.

그로부터 며칠 뒤인 1977년 12월 31일, 그는 교도관 손에 이끌려 승용차에 실렸고 어이없이 출소를 했다. 문정현 신부는 출소하자마자 교구청으로 갔다. 동료 사제들을 만난 뒤 성당으로 가서 조배를 하고 김재덕 주교를 만나러 갔다. 그런데 김 주교는 그를 반겨 주는 대신 무섭게 물었다.

"자네 각서 썼나?"

그는 그 자리에 무릎을 꿇고 대성통곡을 했다. 주교는 더는 아무 말도 하지 않고 자신의 방으로 들어가 버리고 말았다. 순간 자신의 선택이 베드로가 예수를 세 번이나 부인했던 것과 같다는 생각이 들었다. 정작 교회는 예수를 세 번이나 부인하고도 교회의 반석이 된 베드로를 성인으로 추앙하지만, 그는 평소에도 베드로의 나약한 행위가 잘 용납되지 않았던 터였다. 그때까지 그는 어떤 선택을 앞두고 머뭇거리거나 뒤로 물러서는 일이 없었다. 그런 자신이 각서를 쓰고 감옥에서 나온 것이다. 그것은 베드로의 배신과 같았다. 김수환 추기경이 찾아왔을 때는 사제의 양심 운운해 놓고는 스스로 각서를 쓰고 나왔으니 추기경한테도 얼굴을 들 수 없을 것 같았다. 그는 나중에야 김수환 추기경이 자신을 찾아오기 전, 김재덕 주교와 미리 전화통화를 했다는 것을 알았다. 그때 김재덕 주교는 김수환 추기경에게 "우리 문 신부는 그럴 신부 아니야. 끝까지 지키다 올 거야."라고 말했다고 했다. 그렇게 자신을 믿고 지지해 준 김재덕 주교를 비롯한 여러 사람들에게 보답을 하지 못했다는 생각으로 괴로웠다.

처음으로 나약한 자신의 모습과 마주한 순간이었다. 그때까지 그는 나약하고 흔들리는 내면을 마주한 적이 없었다. 어떤 경우에도 결코 불의와 타협하지 않았고, 어떤 위협도 두려워하지 않는 순교자 정신으로 살아 감옥생활도 견뎌 냈다. 그것이 그의 자부심이었을 것이다. 자신의 나약함을 마주하는 것은 수치스러운 일이었다. 그는 오랫동안 자신의 선택을 후회하고 부끄러워했다. 그러나 그 시간이 있었기 때문에 그는 자기 안에 있는 나약함을 인정하게 되었고 그 뒤 더 철저하게 비타협적인 삶을 살았다.

예수는 겟세마니에서 기도할 때 죽음의 시간이 당신을 비켜 가게 해 달라고 기도했다. 예수는 그 죽음의 잔이 거두어지기를 바랐지만 결국 자신을 하느님에게 맡겼다. 예수는 두려워하지 않은 게 아니라 두려움마저 하느님에게 맡겼던 것이다. 그렇게 자신의 나약함과 두려움을 숨기지 않았던 예수는 자신을 사랑한다면서도 잠의 유혹을 이겨 내지 못한 베드로에게, 두려움에 자신을 부인하고 만 그 베드로에게 교회를 맡겼다. 문정현 신부가 민주화운동에서 농민, 노동자, 삶의 자리를 빼앗긴 철거민들의 현장으로 나아가게 된 것 역시 그때 흘렸던 '베드로의 눈물' 때문이었다. 그리고 그 '베드로의 눈물'은 세상의 약하고 보잘것없는 이, 억울하게 희생된 이들을 위해 흘릴 수많은 눈물의 시작이었다.

그들이 아침을 먹은 다음에 예수님께서 시몬 베드로에게 물으셨다. "요한의 아들 시몬아, 너는 이들이 나를 사랑하는 것보다 더 나를 사랑하느냐?" 베드로가 "예, 주님! 제가 주님을 사랑하는 줄을 주님께서 아십니다." 하고 대답하자, 예수님께서 그에게 말씀하셨다. "내 어린 양들을 돌보아라." 예수님께서 다시 두 번째로 베드로에게 물으셨다. "요한의 아들 시몬아, 너는 나를 사랑하느냐?" 베드로가 "예, 주님! 제가 주님을 사랑하는 줄을 주님께서 아십니다." 하고 대답하자 예수님께서 그에게 말씀하셨다. "내 양들을 돌보아라." 예수님께서 세 번째로 베드로에게 물으셨다. "요한의 아들 시몬아, 너는 나를 사랑하느냐?" 베드로는 예수님께서 세 번이나 "나를 사랑하느냐?" 하고 물으시므로 슬퍼하며 대답하였다. "주님, 주님께서는 모든 것을 아십니다. 제가 주님을 사랑하는 줄을 주님께서는 알고 계십니다." 그러자 예수님께서 베드로에게 말씀하셨다. "내 양들을 돌보아라."

요한 21, 15-18

어떠한 협박에도 타협은 없다

석방이 된 뒤 감옥에 남은 사람은 김대중 전 대통령뿐이었다. 3·1구국선언 사건으로 함께 구속되었던 이들이 모두 석방이 되었다. 교도소에서 나온 뒤 교구 밖에서는 석방 환영미사를 하고 분주하게 오갔지만 전주교구에서는 환영미사조차 해주지 않았다. 그만큼 김재덕 주교의 뜻이 강고했다.

그는 출소하자마자 파티마성당(현 효자동성당)의 첫 주임신부로 부임했다. 정보부와 경찰은 성당 주변을 24시간 감시했다. 또 여러 통로로 그를 회유하려 했다. 1970년대 말에는 '종교 새마을운동'이라는 이름으로 사찰, 교회의 길과 집을 고쳐 주었다. 지은 지 얼마 되지 않은 효자동성당의 마당과 길은 포장이 안 돼서 비가 오면 성당 안까지 온통 흙바닥이 되어 신자들이 불편해했다. 어느 날 전북 부지사가 성당 앞길을 포장해 주겠다고 했다. 문정현 신부는 자신은 관하고 내통하지 않는다며 단호하게 거절했는데 어느 날 보니 성당 마당에 시멘트가 쌓여 있었다. 그는 바로 시청으로 전화를 해 호통을 쳤다.

"나는 부도덕한 정권에 도움을 받기 싫으니 당장 가져가!"

시멘트는 다음 날 곧바로 치워졌지만 비가 올 때마다 불편을 감수해야 했던 교우들은 그를 원망했다. 또 한 번은 정보부원이 찾아와 봉투를 내밀었다. 백만 원쯤 되는 큰돈이었다. 그는 그 돈을 빼앗아 바닥에 내던지며 소리를 쳤다.

"너, 사람을 어떻게 보고 이걸 가지고 와?"

그때 마침 어머니가 들어오다가 사무실 바닥에 깔린 돈을 보고 기겁을 하며 말했다.

"이게 무슨 일이여? 참말로 나쁜 사람들이네, 우리 신부를 돈으로 매수하려고 해?"

그와 어머니는 바닥에 깔린 돈을 주워 밖에 있던 정보부원에게 돌려보냈다.

2000년 문화방송에서 「길 위의 신부」를 촬영할 때 연출진이 한 경찰을 인터뷰한 적이 있다. 그 경찰이 말했다.

"문정현 신부에게는 유화책이 통하지 않았다. 그러나 우리의 입장을 이해하는 마음도 있어 우리의 목이 달아나게는 하지 않았다. 신부님의 흠을 잡으려고 수없이 문을 따고 방을 수색하고 서랍을 뒤졌지만 통장이 나오질 않았다."

1990년 윤석양 이병의 양심선언으로 드러난 국군 보안사의 민간인 사찰 문건에도 '문정현' 항목에는 이렇게 씌어 있었다.

"외고집으로 타협할 줄 모르며 매사에 도전적 반항적이나 신도로부터 존경받고 있으며 금전에 관심이 없고 저돌적 성격으로 깡패 신부라 불린다."

그는 사제로 사는 동안 금전이나 어떤 협박에도 타협을 하지 않았다. 전북 장수 장계성당에 있을 때였다. 안기부나 경찰에서는 해마다 3·1절만 되면 그를 감시했다. 1985년 3월 1일에도 미사를 끝내고 낚시를 하러 방죽으로 가고 있는데 경찰 오토바이와 순찰차가 그의 차를 가로막았다. 그러고는 정보과 형사들이 그를 납치해 강제로 차에 태웠다. 발버둥치는 그를 억지로 태우고는 88고속도로로 나갔다. 그가 탄 승용차에는 안기부 계장과 전북서 경찰 등이 타고 앞뒤로 승용차가 호송하듯 따라붙었다. 1979년 말 감옥에서 나온 뒤 연례행사처럼 벌어지는 일이었지만 그때마다 그는 있는 힘을 다해 그들의 손아귀에서 벗어나려고 발버둥을 쳤다. 그는 경찰이 팔짱을 끼고 있는데도 손을 뻗어 차 시트, 천장, 문짝을 다 쥐어뜯고 옆으로 누워 유리창과 차문을 발로 찼다. 그렇게 포항까지 가고 나니 발버둥을 치던 자신이나 그를 말리던 경찰이나 다 기진맥진했다.

차가 도착한 곳은 백암온천이었다. 그는 경찰들에게 "너희는 똥도 안 싸고 오줌도 안 싸냐? 화장실 좀 가자." 하고 말했다. 그러자 경찰들은 인적 없는 곳에다 차를 세웠다. 그는 볼일을 본 뒤 자기 손에 들어갈 만한 돌을 주워 차를 타는 척하며 차 앞 유리를 깨 버렸다. 유리가 주르르 쏟아져 내렸다. 그 길로 뒤 창유리마저 깨 버렸다. 그러고는 차 위로 올라가 마구 발을 구르자 지붕이 양철통처럼 폭폭 꺼지기 시작했다. 그러고도 성이 안 찬 그는 차에서 내려와서는 백미러까지 발로 차서 뒤로 젖혀놓았다.

경찰과 안기부 직원들은 어안이 벙벙해 바라만 보고 있다가 그가 타자 차를 돌렸다. 아직 겨울 기운이 남아 있는 3월 초에 앞뒤 창이 없는 차를 타고 달리니 이만저만 추운 게 아니었다. 날이 저물자 형사들은 몸을 떨면서 계속 욕지거리를 해댔다. 그렇게 장계로 되돌아오는 길에 번 암지서에 서더니 경찰들이 내려 전화를 걸고 뭔가 의논을 하는 것 같았다. 그는 그사이 뒤에 따라오던 안기부 차마저 작살을 내야겠다는 생각에 화장실을 간다고 내려 돌을 주워서는 안기부 차 유리창을 깨고 지붕으로 올라가 발을 구르며 소리쳤다.

"안기부 너희가 더 나빠. 너희도 이제부터 고생해 봐."

경찰과 안기부 사람들은 질린 표정으로 멍하니 바라만 보고 있었다. 그들은 늦은 밤이 되어서야 그를 장계성당에 짐짝처럼 내려놓고 가 버렸다. 분노가 치민 그는 성당 주변에서 커다란 돌을 구해 차에 싣고 장계 지서로 갔다. 그를 끌고 갔던 경찰과 안기부 직원들이 거기 모여 있었다. 그는 싣고 간 커다란 돌로 현관의 대형 유리창을 깨 버렸다. 정보과 형사들이 우르르 나와 잡으려 했지만 누군가 '그냥 놔두라'고 하는 소리가 들렸다.

그는 다시 그 돌을 차에 싣고 전주 경찰국으로 갔다. 그리고 그 돌로 정문을 깨뜨리고 경찰국장실로 들어가 "안기부, 경찰청장, 너희가 시킨 거니까 박정일 주교한테 사과해!"라고 고래고래 소리를 쳤다. 그 자리에서 단식을 선언한 그는 그길로 전주교구청으로 가 농성을 시작했다. 그 뒤 열흘 남짓 만에 사과를 받아 낸 박 주교의 요구로 단식을 중단했지만, 여전히 분이 풀리지 않았다.

1978년 8월 23일, 문정현 신부는 아버지를 여의었다. 문규현 신부가 있던 고산성당에 딸린 텃밭에서 성당을 위해 농사를 짓고 있던 아버지는 그날도 하루 종일 땡볕에서 김장거리 심을 준비를 했다. 마침 그날 저녁에는 중앙성당에서 시국미사가 있어 거기에 참석할 요량으로 다른 날보다 무리를 해 일을 하고는 성당을 나섰다가 버스정류장에서 쓰러졌다. 다행히 거기 있던 신자의 도움으로 고산성당 식복사로 있던 그의 이모와 연락이 닿아 전주 성모병원으로 옮겼지만 운명하고 말았다. 문정현 신부는 그제야 아버지가 협심증을 앓고 있었다는 사실을 알았다.

아버지는 두 아들의 사회운동을 순교자 정신으로 이해하고 지지했다. 문정현 신부가 순창본당에 부임한 지 얼마 되지 않았을 때였다. 문정현 신부는 부모님을 초대하고 싶어 여비를 인편으로 보내 한번 다녀가시라는 연락을 전했다. 그런데 아버지는 돈을 다시 돌려보내며 말했다.

"사제는 집안 일 생각하지 말고 본당에서 신자들 생각해야 하는 거다. 마음은 고맙지만 당치 않다."

하나도 틀린 말이 아니었지만 못내 섭섭하고 아쉬웠다. 1978년 7월 5일 사제단의 시위로 경찰에 연행되어 있을 때는 연령회 회장과 함께 '문정현 구출작전'까지 계획했던 분이었다. 엄하지만 신앙인으로서, 한 가정의 가장으로서 흔들림 없이 자신을 지켜 준 아버지의 임종을 지키지 못했다는 슬픔에 가슴이 미어졌다. 그러나 아버지를 잃은 슬픔에 빠져 있을 수만은 없었다. 유신정권의 탄압이 점점 더 가혹해졌기 때문이다.

1979년 민주세력은 원로들을 중심으로 '3·1절 60주년에 즈음한 민주구국선언'을 발표하고, 정의구현사제단은 '민주·민족·민생의 복음을 선포한다'고 선언했다. 그 뒤로 종교인들이나 민주인사들에 대한 연금·연행·구금·납치·조사·구속이 이어졌다. 4월 16일에는 중앙정보부에서 '크리스천 아카데미 사건'을 발표하면서 관련자 7명을 반공법 위반으로 구속했다.

그 무렵 전주 경찰국장이 성당사무실과 사무장을 통해 문정현 신부에게 전화를 해서 의논할 일이 있으니 만나자고 재촉했다. 7월 26일 그는 스스로 경찰국장실로 들어갔다. 그리고 그 자리에서 구속이 되었다. 경찰은 그를 형집행정지 상태에서 억지로 연행하면 여러 가지 부작용이 일어날 것을 우려해 제 발로 경찰서로 오도록 유인한 것이었다. 김재덕 주교는 문정현 신부가 다시 수감되자 효자동성당에 다른 사제를 새로 발령 내는 대신 자신의 동창인 김영일 신부에게 성당 일을 맡기고 외부에다가는 "파티마성당 신부는 여전히 문정현 신부다."라고 말했다. 김재덕 주교는 문정현 신부에게 그만큼 큰 지지와 믿음을 보내고 있었다.

오원춘 사건

문정현 신부가 재구속이 된 이유는 유신정권의 중간 권력자들이 천주교회에 재갈을 물리기 위해 조작한 '오원춘 사건' 때문이었다. 오원춘 사건은 경찰이 안동교구 가톨릭농민회 청기 분회장인 오원춘을 납치해 울릉도에 유기하면서 비롯됐다.

1978년 경북 영양군청은 농민들에게 감자 씨앗 '시마바라'를 권장했다. 농민들은 관에서 권장하는 그 종자를 다 사서 심었지만 종자 자체가 불량품이었는지 대부분 싹이 나오지 않아 폐농하고 말았다. 가톨릭농민회 회원이었던 오원춘은 그해 10월 '청기면 감자피해보상대책위원회'를 구성했다. 안동교구 사제들, 가톨릭농민회와 함께 당국에 피해보상을 요구했고 1979년 봄, 34개 농가의 피해보상을 받아 냈다.

이 피해보상 사례가 농민회 소식지 『파종』에 실려 전국에 알려지자 경찰은 소식지를 빼돌렸다. 1979년 5월 5일 오원춘은 영양 버스정류장에서 납치당해 이유 없는 폭행을 당한 뒤 울릉도에 버려졌다가 보름 만에 돌아왔다. 그리고 며칠 뒤 영양성당 정희욱 신부에게 납치 사실을 고백했다. 정 신부는 두봉 주교에게 이 사실을 보고했고, 두봉 주교는 당시 안동교구 사목국장이던 정호경 신부에게 이 사건을 조사하게 했다. 안동교구 신부들은 6월 27일 대책회의를 구성하고 조사과정에서 과장이나 허위사실이 드러나면 즉시 중단하고 오원춘의 인격이 훼손되거나 본인이 원하지 않으면 사건을 드러내지 않기로 결의했다. 사제단의 뜻을 전해 들은 오원춘은 자신의 사건이 알려져 위협과 곤욕을 당하더라도 다시는 이런 고통을 당하는 형제들이 나오지 않게 하겠다며 양심선언에 동의를 했다.

안동교구 정의평화위원회·가톨릭농민회 안동교구연합회·안동교구 사제단은 2차에 걸쳐 오원춘 사건을 꼼꼼히 조사하고 7월 17일 결과를 발표했다. 그때부터 경찰은 오원춘을 빼돌리려고 혈안이 되었다. 가톨릭교회를 중심으로 오원춘 사건이 점점 알려지자 경찰은 끝내 7월 21일 현장검증을 빌미로 오원춘을 빼돌려 자신의 주장이 허위라고 자백하게 만들었다. 또 오원춘이 여자와 불미스러운 관계를 맺고 있다는 식의 소문을 퍼뜨렸다.

경찰은 7월 25일 교구청과 성당을 포위하고 조사를 빌미로 안동교구 가톨릭농민회 권종대 회장과 정재돈 총무, 정호경 신부를 연행했다. 천주교에서는 8월 6일 안동의 목성동성당에서 김수환 추기경, 김재덕 전 주교구 주교가 직접 나서 '교권 및 신앙자유 수호를 위한 기도회'를 열었다. 김수환 추기경은 정부가 나서서 진실을 왜곡하고 주교관에 경찰이 난입하여 신부를 강제로 끌고 가는 것은 국민의 기본권을 제한하고 종교를 탄압하는 것이라며 강력하게 항의했다. 그 뒤 기도회는 다른 교구로 번져 나갔다.

그러나 경찰은 오원춘·정 신부·정 총무를 허위사실을 유포했다며 긴급조치 위반으로 구속하고 유강하 신부를 수배했다. 8월 10일, 국내 대부분의 언론에는 오원춘 사건은 오로지 오원춘 개인이 조작했으며 정 신부와 정 총무는 이 사실을 확인하지도 않고 유인물을 인쇄·배부하여 허위사실을 날조·유포한 것이라는 기사가 실렸다. 당국은 이들의 구속이 당연한 것이라고 주장하며 농민들이 죽창까지 들고 시위를 벌였다는 '진짜' 허위사실을 유포했다.

정의구현사제단과 김정남, 그리고 유현석·황인철 변호사 등은 오원춘 사건의 진실을 드러내기 위해 무진 애를 썼다. 재판이 진행되는 중 사제단과 변호사들은 오원춘이 술집여성과 불미스러운 관계를 맺었다는 시간에 다른 일을 하고 있었다는 증거를 발견해 제시했지만 웬일인지 오원춘은 검사의 눈치를 보며 계속 진술을 번복했다. 그 뒤, 오원춘은 다시 안동교구 두봉 주교의 신임장을 가져간 이건호 변호사에게 자신이 납치된 것이 틀림없다고 말했다가, 9월 4일 공판에서는 검찰의 기소 내용이 사실이라고 했다.

재판을 끝내고 서울로 돌아오는 기차에서 울화를 못 이긴 황인철 변호사는 엉엉 울었고 이돈명·유현석·조준희·홍성우·이건호 변호사도 함께 분노의 눈물을 삼켰다. 더 서글픈 일은 그때 정부의 편에 선 주교들이 있었다는 것이다. 경찰은 오원춘 사건의 진실이 전국적으로 확대되는 것을 차단하기 위해 문정현·함세웅 신부에 대해 형집행정지를 취소하고 구속 수감했다. 오원춘 사건으로 억울하게 재수감이 되었지만 첫 번째 구속 당시보다는 쉽게 단념이 되고 느긋해지기까지 했다. 전주교도소에 있던 그는 일주일 만에 홍성교도소로 이감되었다.

홍성교도소에 있던 10월 26일, 화장실 창문을 통해서 누군가가 충격적인 소식을 전해 주었다.

"신부님, 신부님, 박정희가 죽었어요. 중앙정보부장이 박정희를 죽였어요."

그는 유신이 종지부를 찍는다는 생각에 희열을 느끼면서도 공포심이 밀려들었다. 철창문이 열릴 때마다 '이번에는 나를 데려가려고 오는 건가?' 하는 생각에 두려웠다. 좁은 방을 돌며 쉼 없이 묵주기도를 했다. 사제가 된 뒤 그때만큼 간절하게 기도한 적이 없었을 것이다. 그 기도는 자신의 목숨을 살려 달라는 기도가 아니었다. 그는 "내가 끌려가 죽어도 비굴하지 않게, 당당하게 죽게 해주십시오. 저를 지켜 주십시오. 저를 일으켜 주십시오." 하고 애타게 기도했다. 감옥생활이 그때만큼 길고 지루하게 느껴진 적이 없었다.

긴장의 시간이 지나고 1979년 12월 8일 석방이 되었다. 김재덕 주교는 80년 새해가 되자 그를 곧바로 전주 중앙성당으로 발령 내렸다. 전주 중앙성당은 주교좌성당이다. 감옥에서 갓 나온 문정현 신부를 그곳으로 발령한다는 것은 주교 자신이 반독재민주화운동을 지지한다는 것을 외부로 표명하는 일이었다. 김재덕 주교는 1976년 5월 갓 사제서품을 받은 문규현 신부를 석 달 뒤 고산본당 주임신부로 바로 발령 낸 적이 있다. 보통은 사제서품을 받고 2년 이상이 되어야 주임신부가 되는데 그 원칙을 깬 것이다.

12·12사태 이후 전두환이 실질적인 권한을 잡았다. 문정현 신부가 중앙성당으로 부임받자마자 보안대에서 접근을 하기 시작했다. 문 신부가 주교 물망에 올랐다는 헛소문을 퍼뜨리기도 했다. 특히 35사단 사단장은 교우라는 핑계로 교구청까지 들락날락거렸다. 그러나 문 신부는 그들의 접근을 끝까지 거부했고 미사 때마다 정치에 군인들이 나서면 안 된다고 말했다. 미사 중에 정보부 사람들이 눈에 띄면 미사를 멈추고 내쫓아 버렸다. 신자들 중에는 그의 그런 행동에 겁을 먹는 사람이 있었지만 적극적으로 지지하는 사람도 있었다.

1980년이 되자 세상이 바뀔지 모른다는 불안감이 든 공화당 쪽 사람들이나 동교동 쪽 사람들도 그를 찾아오기 시작했다. 김대중 전 대통령의 생일에 초대를 받기도 했다. 사제관이 문전성시를 이룰 정도로 많은 사람들이 찾아올 때는 스스로 대단한 사람이라도 된 것 같은 착각이 들었을 테지만 그는 결코 정치와 타협하지 않았다.

1980년 5월, 광주에서 민중항쟁이 일어났다는 소문이 돌기 시작할 무렵 훗날 부산 미문화원 방화사건의 주역이 된 김현장이 「전두환 광주 살육 작전」이란 문건을 만들어서 그를 찾아왔다. 문정현 신부는 그 문건을 교구청으로 가지고 가 주교와 다른 사제들에게 보여 주었다. 전주교구는 정의평화위원회 상임위원회를 소집하고 광주항쟁에 대한 대책을 세웠다. 전주교구에서는 김재덕 주교가 광주항쟁을 올바로 알리는 데 앞장섰다. 문정현 신부 역시 '전두환 광주 살육 작전'을 적극적으로 알리기 시작했다. 특히 독일에서 외신기자들의 의해 제작된 광주항쟁 영상을 성당에서 공개적으로 상영했다. 그리고 이듬해 사순절에는 성당 앞에다가 흰 바탕에 검은 글씨로 "사람아, 흙이니 흙으로 돌아갈 것이다."(창세기 3, 19)라고 쓴 현수막을 걸었다. 정보기관에서는 현수막을 떼라고 압력을 넣었지만 아랑곳하지 않았다.

"문 신부, 앞으로도 꼭 그렇게 살아."

1981년 4월, 문정현 신부는 보안대를 통해 김재덕 주교가 건강 문제로 스스로 사임했다는 소식을 전해 들었다. 1973년 5대 교구장으로 임명된 뒤 8년 만이었다. 그는 곧바로 당시 교구장을 보필하는 총대리(總代理)신부였던 김환철 신부를 찾아갔다. 자초지종을 묻는 그에게 김환철 신부는 금시초문이라고 잡아뗐지만 이미 알고 있었다는 느낌을 받았다. 김재덕 주교의 건강이 좋지 않다는 것은 그도 알고 있었다. 김 주교는 한국전쟁 때 전주교구 3대 교구장이었던 김현배 신부를 비롯해 4명의 신부와 함께 인민군에 끌려가 모진 고문을 당한 뒤 구사일생으로 살아난 경험이 있다. 그 후유증으로 간이 나빠진 김 주교는 점심시간마다 교구청 침실로 올라가 쉬다 내려왔다. 문정현 신부는 그 긴박한 시기에도 쉬는 시간을 챙기는 주교의 모습이 못마땅해 자주 불평을 했다. 그런데 주교가 건강 때문에 은퇴를 한다니 마음이 무거웠다.

물론 김 주교의 사임에는 건강문제만 있었던 것은 아니다. 김 주교와 외국어 비서로 있던 배영근 신부가 끝까지 사임 이유에 대해 침묵해 정확한 배경은 아직까지도 드러나지 않았지만 그 무렵 교황청에서조차 김 주교를 못마땅해한다는 소문이 돌았다. 전두환 정권이 들어선 뒤 주교회의가 열릴 때마다 보수적인 대구교구 서정길 주교와 언쟁이 잦았던 것도 그런 소문을 뒷받침했다. 김 주교의 사표는 바로 받아들여졌다. 그런데 김 주교가 사임하고 1982년 6월 박정일 주교가 오기 전까지 1년 넘게 총대리 김환철 신부가 직무대행을 했다. 후임 주교 문제를 두고 주교회의 내에서 보수적인 성향의 주교와 진보적인 주교들 간의 논쟁이 꽤 심했음을 간접적으로 드러내 주는 일이다.

김재덕 주교는 교회의 예언자적 소명을 강조하고 사회정의 구현에 앞장섰다. 전주교구 사제들이 수없이 연행·투옥되고 피습까지 되는 상황에서도 결코 불의와 타협하지 않았다.

1978년 7월 6일 박종상 신부 구타·유기 사건이 일어났다. 경찰은 전날에 있었던 시위에 대해서 조사할 게 있다며 출두명령을 내리고 효자동성당으로 들이닥쳤다. 문정현 신부는 문을 열지 않은 채 가까이 있는 신부들한테 도움을 청했다. 박종상 신부가 가장 먼저 달려오고, 문규현·리수현 신부도 잇따라 도착했다. 박 신부는 그의 방으로 들어와 방 창문을 뜯어내려는 경찰들을 막다가 사복경찰 손에 잡혀 창틀 너머로 끌려 나갔다. 문정현 신부도 결국 연행되어 나왔다. 경찰들 손에 잡혀 있던 박 신부가 문정현 신부를 보고는 경찰들 손을 뿌리치고 달려왔다. 그러다 다시 경찰에 잡힌 박 신부는 심한 구타를 당한 뒤 그와 함께 문규현 신부가 이미 타고 있던 호송차에 실렸다. 그런데 그들을 태운 호송차가 성당을 떠나 용머리고개 못 미쳐 효자동 삼거리에 다다랐을 때, 경찰은 차를 멈추더니 박 신부를 길가에 내버리고 차를 출발시켰다. 경찰은 얼마 가지 않아 다시 차를 세우고 문규현 신부까지 억지로 떠밀어 내리게 했다. 규현 신부는 지나가던 대학생의 도움으로 차를 잡아 박 신부에게로 가서 그를 성모병원에 입원시켰다.

'박 신부 구타·유기 사건'이 알려지면서 전주교구 사제들과 수도자들, 신자들까지 다 일어나 진상조사와 경찰서장 파면, 정보부 사과를 요구했다. 7월 10일, 중앙성당에서는 정의와 평화를 위한 미사를 봉헌하고 거리시위를 했다. 그런데 기동타격대는 특수장비까지 동원해 시위대를 막고는 다시 강덕행 신부를 폭행하고 수녀들의 두건을 벗겼다. 전주교구 사제단은 단식농성에 들어갔다. 결국 7월 18일 정부의 치안책임자가 신부 구타와 유기 사건에 대한 공개사과를 하고, 사제들에 대한 감시와 미행을 중지하겠다는 약속을 했다. 또 폭행사건 관련자들을 조사해 처벌하기로 했다.

경찰에 사과와 책임자 처벌을 요구하며 전주교구 사제단이 무기한 단식농성을 한 것은 교회 안에서는 꽤 큰 사건이었는데도『가톨릭신문』에서는 기사를 싣지 않았다. 화가 난 김재덕 주교는 사제단 결의로 전주교구 전체가『가톨릭신문』을 거부하게 했다. 전주교구에서는 박정일 주교가 부임하고 나서도『가톨릭신문』을 오랫동안 보지 않았다. 문정현 신부는 그렇게 확실한 신념을 갖고 있던 김재덕 주교와도 자주 부딪쳤다. 불같은 성격에다 젊고 의협심이 강했던 그는 자신의 신념과 상관없이 교회의 입장을 먼저 고려하는 김 주교의 모습이 답답했다.

"삼양사 테니스 대회 때처럼 김재덕 주교님은 교구나 사제들의 입장을 무척 아끼고 조심스럽게 대처하는 편이었지. 그런데 나는 내 마음대로 앞서서 나가 싸우고 싶었던 거지. 주교님하고 좀 같이 나가고 싶은데 움직이지 않으시면 불만을 표현하고 반발을 했지. 지금 생각하면 내가 철이 없었어. 그때 나는 내가 하는 일은 다 옳고 주교님이 이것저것 고려해 움직이는 건 너무 몸을 사리는 걸로 이해했지. 아닌 것은 단호하게 '아니오.'라고 하고 '예.' 할 것은 '예.' 하라고 강요를 했어. 과격한 행동이었지. 그러나 주교님의 신념을 의심한 적은 없었어. 주교님은 늘 무엇이 옳고 그른지 정확히 꿰뚫었고 흔들림 없이 그 신념을 지켰으니까. 다만 내가 의협심 넘치던 젊은 시절에 주교님의 신중한 태도를 제대로 이해하지 못했던 거지. 주교님은 꼬장꼬장한 선비 타입이었어. 돌아가실 때까지 지조를 지킨 분이야. 은퇴하신 뒤에는 교구 행정에 절대 개입하지 않았어."

문정현 신부가 병석에 누운 김재덕 주교를 찾아갔을 때 주교는 그의 손을 잡고 말했다.

"문 신부, 수고 많았어. 전교 많이 했어. 앞으로도 꼭 그렇게 살아."

그 말은 김재덕 주교가 그에게 남긴 유언이 되었다. 그리고 문정현 신부가 어떤 순간에도 타협하지 않고 억압받는 이들 곁에 남아 있게 한 힘이 되었다. 그는 독재정권과 싸울 때부터 농민, 노동자, 국가권력 때문에 고통받는 이들 곁에서 수도 없이 단식농성을 했다. 그러나 자신의 의지와는 상관없이 목적을 달성하지 못한 채 그만두어야 할 때가 더 많았다. 그때마다 그는 '베드로의 눈물'을 떠올렸다. 그러나 목숨을 건 단식농성을 접어야 했던 것은 그때처럼 진실을 고수하는 힘이 미약해서가 아니었다. 코뿔소의 외뿔처럼 혼자서 갈 수가 없었던 것이다. 힘이 없어 억울한 일을 당하는 이들과 함께하기 위하여, 옳은 일을 하고 억압받는 이들 곁에 함께 있기 위하여 단식을 접을 수밖에 없었다. 그렇게 스스로 나약한 이가 될 수 있었던 것은 아마도 김재덕 주교 앞에서 무릎을 꿇고 흘린 '베드로의 눈물' 덕분일 것이다.

교회 내에서는 문정현 신부가 교회 밖 활동에만 적극적이고 교회 내적인 부분, 교회의 반역사성, 반민주성과 맞서는 데는 소홀했다고 비판하기도 했다. 그러나 그는 교회가 딛고 서 있는 현실에 맞서 발언하는 것이야말로 바로 교회의 반역사성에 맞서는 일이라고 생각했다. 유신정권과 80년대의 군사독재정권과 맞서는 것이 곧 교회의 반역사성과 관련된 일이었다. 문정현 신부의 아버지 신부인 김후상 신부가 수도자 같은 삶을 살면서도 문정현·규현 형제 신부의 행동을 지지하고 격려한 것이나 김재덕 주교가 보이지 않게 그를 지지한 것도 같은 맥락이었다.

오송회 사건

1982년 전두환 정권은 공안조작사건을 발표한다. '오송회 사건'이다. 사건의 발단은 오장환 시집 『병든 서울』이었다. 군산제일고등학교 국어교사였던 이광웅 시인은 선배 신석정 시인 집에 있던 그 시집을 동료 교사들과 나눠 보기 위해 몇 권을 더 복사했다. 그런데 박정석 선생이 갖고 있던 복사본을 서울대에 다니던 한 제자가 빌려 가서 버스에 두고 내렸다. 그 시집을 버스 안내양이 발견해 경찰에 갖다 주자, 경찰은 전북대 철학과 한 교수에게 시집의 내용에 대해 감수를 구했다. 그 교수는 '인민의 이름으로 씩씩한 새 나라를 세우려 힘쓰는 이들' 등의 구절을 지적하며, 지식인 고정간첩이 복사해 뿌린 것 같다고 진단했다. 경찰은 시집 겉장을 싼 종이가 인문계고교 국어시험 문제인 것을 단서로 석 달 이상을 추적해 1982년 11월 2일 이광웅 시인을 비롯해 독서모임을 꾸린 교사들을 비밀리에 연행했다.

대공 경찰은 43일 동안 교사들에게 북한의 연계 여부, 광주항쟁 중심인물인 윤한봉과의 관계를 추궁하며 통닭고문, 전기고문, 물고문 등으로 위협한 끝에 '오송회'라는 반국가단체를 조작해 발표했다. 사실 오송회라는 이름도 당국에서 지어 준 것이다. 1982년 4월 19일 교사 다섯 명이 학교 뒷산 소나무 아래서 4·19혁명이 국가기념일에서 제외된 것을 한탄하며 막걸리를 마시고 4·19와 5·18 희생자를 위해 잠깐 묵념을 한 것을 가지고 이름을 붙인 것이다. 그런데 그 교사들이 문규현 신부와 야학을 하면서 노동자 쉼터를 계획하던 사람들이라 어느새 문규현 신부는 오송회 지도신부가 되어 있었다.

문정현 신부는 서울의 천주교 정의평화위원회에 오송회 사건의 전말을 전하고 변호인단을 구성해 달라고 요청한 뒤 자신도 이 사건에 대해 알리기 시작했다. 그는 우선 중앙성당에다 현수막을 걸기로 했다. 안기부에 있는 사람 하나가 다가오더니 무슨 의도에서인지 넌지시 말했다.

"신부님 현수막을 걸려면 빨간 바탕에 쓰십시오, 정보계통이 예민하게 받아들입니다."

그는 모르는 척 그 말대로 빨간색 바탕에 검은 글씨로 "오송회는 조작이다."라고 써서 중앙성당 입구에 걸었다. 중앙성당은 전주시를 관통하는 가장 큰 도로 옆에 있는데다 주변에는 전주에서 가장 큰 재래시장과 외곽으로 나가는 버스정류장이 모여 있어서 늘 사람이 북적거렸다. 그런 까닭에 대형 현수막은 사람들의 이목을 끌었고 여론을 형성할 수 있었다.

아니나 다를까, 곧 안기부에서 왜 현수막을 빨간색으로 걸었느냐고 따져 물었다. 그는 "아니, 우체국이랑 소방서 가면 다 빨강이던데 그게 무슨 상관이야?" 하고 받아쳤다. 그런데 1983년 전두환이 전북도청으로 시찰을 나오게 되자 안기부 쪽에서 현수막을 대통령이 지나갈 때만이라도 떼어 달라고 사정을 했다. 그는 들은 척도 하지 않았는데 날짜가 임박하자 급해진 안기부 쪽에서 협상을 해왔다. 현수막을 내려 주면 오송회 사건을 8월 15일 안으로 풀겠다는 것이었다. 그는 사목회 임원인 오종원·차규복과 같이 안기부 전북지부로 갔다. 안기부 실장은 각서를 써 주겠다고 했지만 그는 "너 믿는다. 인격적으로 믿는다. 약속은 꼭 지켜라." 하고는 현수막을 잠시 내리기로 했다.

그러나 8월 15일이 지나도 오송회 구속자들은 풀려나오질 않았다. 속았다는 생각에 안기부 지부장에게 계속 전화를 했으나 이런저런 핑계로 전화를 받지 않았다. 부아가 치민 그는 승용차를 타고 안기부로 들어갔다. 정문에서부터 곧장 차를 몰아 현관에 세웠다. 안기부 직원들은 하도 당당하게 들어오니까 지부장하고 약속이 되어 있는 줄만 알고 인사까지 하며 안내했다. 지부장 방에 들어가자마자 그가 따져 물었다.

"당신 8월 15일까지 오송회 풀기로 약속했어 안 했어?"

그러자 그는 "아, 신부님 어떻게 제가 그런 약속을 합니까?" 하며 얼버무리려 했다.

"뭐? 정말로 약속 안 했어?"

세 번을 더 묻고 나서 그는 책상을 뒤엎고 화분을 내던지며 항의했다. 직원들이 들어와 말리자 지부장은 "이건 문정현 신부와 내 개인 일이다."라며 직원들을 내보냈다. 그러나 그렇게 한바탕 분풀이를 하는 것 말고는 더 이상 할 수 있는 일이 없었다. 그 일이 있은 뒤로 안기부 전북지부는 정문에서 현관까지 직선으로 나 있던 길에 담을 지그재그로 쌓아 한 번에 들어가지 못하게 공사를 했다. 소 잃고 외양간 고친 셈이다.

1심에서 선고유예로 9명 모두 석방됐던 오송회 사건 관련자들은 2심 재판 때 모두 법정구속을 당했고, '조작사건'이라는 재심 판결이 나온 2008년 11월 25일까지 오랜 세월 고통을 겪어야 했다. 문정현 신부는 독재정권의 유지를 위해 생기는 억울한 희생자들을 만날 때마다 앞장서 싸웠다. 그러나 약한 이들 편에 서서 싸우는 일은 이기는 날보다 지는 날이 더 많았다. 그래도 그 싸움을 멈출 수 없었다.

중앙성당에서 5·18 민중항쟁과 전두환 정권을 맞은 문정현 신부는 노동운동·청년운동과도 인연을 맺게 된다. 그리고 장계·창인동·금마·오룡동 성당까지 성당 주임신부를 맡으면서도 농민·노동자·장애인·청년들과 함께 끝나지 않는 싸움을 이어 갔다. 조성만의 죽음을 계기로 통일운동에도 발을 들여 놓았고, 오룡동을 끝으로 본당신부 일을 그만둔 뒤에는 아예 길 위로 나섰다. 군산 미군기지 문제와 효순이·미선이의 억울한 죽음에서 비롯된 불평등한소파개정운동·국가보안법 철폐운동·이라크전쟁 및 파병 반대 유랑·매향리·대추리·용산·군산 옥봉리까지 그의 선택은 늘 가장 억압받고 고통받는 이들이었다.

분노가 아니라 '사랑'이 먼저다

흔히들 그를 분노의 신부라고 말한다. 그러나 그것만으로는 그의 삶을 말할 수 없다. 어느새 고희를 넘긴 그의 이름 앞에는 여전히 깡패 신부, 길 위의 신부라는 별명이 따라붙지만 그의 분노가 어디서부터 비롯된 것인지는 잘 드러난 적이 없었다. 그의 분노가 시작되는 곳에는 언제나 약하고 힘없는 이들의 애끓는 고통의 삶과 그들을 짓밟는 권력의 폭력이 있었다. 문정현에게는 불의에 대한 분노보다 불의에 희생당한 이들에 대한 사랑이 언제나 가장 먼저였다.

문정현 신부가 사제의 길을 가게 된 것은 아버지 어머니의 신앙 덕분이었다. 그래서 그는 자신의 신앙의 뿌리가 신학교가 아니라 어머니라고 서슴없이 말한다. 그의 어머니는 그가 해성고등학교 교목으로 부임했을 때부터 식복사로 그의 사제생활을 도왔다. 효자동성당, 장계성당에서는 사제인 그보다 더 많은 이들을 환대했다. 서품식·생일·대축일·명절 때마다 잔치를 열어 사람들을 초대했다. 성당 텃밭에서 기른 채소들을 손님들에게 들려 보내는 일도 잊지 않았다.

그의 어머니는 감옥에서 처음 본 아들에게 눈물바람 하나 없이 의연하게 "우리 아들, 김대건 신부님 되어야 해." 하는 말로 격려했다. 그가 출소한 뒤에는 침대 맡에 김대건 신부의 작은 상(像)을 머리맡에 놓아주었다. 그리고 문규현 신부가 임수경과 방북한 일로 구속되었을 때도 수갑을 찬 문규현 신부 곁에 앉아 똑같이 말했다. "우리 신부, 김대건 안드레아 신부 되어야 해."

그의 어머니는 두 아들이 사제의 길을 걸으며 겪는 고통을 가까이 지켜보면서도 의연했다. 여느 부모들처럼 자식을 위한 묵주기도를 멈춘 적이 없지만 다른 부모들과 기도 내용은 달랐다. 자식의 복을 비는 기도가 아니라 당당하게 서서 옳은 일을 하게 해달라는 기도였다. 그런데 문정현 신부는 그런 어머니의 임종도 지키지 못했다. 어머니가 임종하던 2004년 5월 1일에도 그는 여전히 길 위에 있었던 것이다. 그 안타까움을 『경향신문』에 기고한 사모곡에서 이렇게 고백했다.

엄마, 제가 고등학교 3년, 대학 6년, 유학 2년을 배웠어도 엄마한테 배운 것만 남아 그대로만 살게 되었습니다. 저에게 신앙의 삶을 가르쳐 주신 분이 바로 엄마이십니다. 그리고 평생 제 곁에서 지켜 주셨습니다. 엄마, 엄마는 아직도 저와 함께 살아 계십니다. 바라보시는 엄마의 눈매가 두렵기도 합니다.

『경향신문』 2004. 5. 7

그는 신앙심이 깊은 부모님으로부터 많은 영향을 받았다. 김대건 같은 순교자가 되기를 바라던 어머니, 순교성인들 이야기를 들려주던 외할아버지, 자신의 유일한 재산인 집마저 교회에 내놓은 아버지. 그들에게 문정현이 사제가 된다는 것은 사제가 누리는 특권을 얻는 것과 동시에 순교의 길을 가는 영광스러운 길이었다. 문정현 역시 어린 시절부터 기꺼이 순교의 길을 가겠다고 다짐했다.

초등학생 시절부터 순교자가 되겠다는 열망을 가졌다고 하면 자칫 문정현이 어린 시절부터 성인 반열에 오를 위대한 인물이었다는 식의 영웅신화를 만들려는 것으로 오해를 살지도 모른다. 그러나 순교자의 삶이란 그리스도인으로 살고자 하는 이들의 순수한 열망이다. 그는 독실한 천주교 집안에서 자연스럽게 순교 신앙을 받아들였다. 사제의 길에 들어선 뒤, 선택의 기로에 있을 때 그는 항상 예수가 간 길을 선택했다. 예수를 따른다는 것은 자기 목숨을 두려워하지 않는 것이었다.

예수님께서 제자들과 함께 군중을 가까이 부르시고 그들에게 말씀하셨다. "누구든지 내 뒤를 따르려면 자신을 버리고 제 십자가를 지고 나를 따라야 한다. 정녕 자기 목숨을 구하려는 사람은 목숨을 잃을 것이고, 나와 복음 때문에 목숨을 잃는 사람은 목숨을 구할 것이다. 사람이 온 세상을 얻고도 제 목숨을 잃으면 무슨 소용이 있느냐? 사람이 제 목숨을 무엇과 바꿀 수 있겠느냐? 절개 없고 죄 많은 이 세대에서 누구든지 나와 내 말을 부끄럽게 여기면, 사람의 아들도 아버지의 영광에 싸여 거룩한 천사들과 함께 올 때에 그를 부끄럽게 여길 것이다."

마르코 8, 34-38

그는 사제로서, 또 그리스도를 따르는 사람으로서 순간순간 지금 여기에서 복음을 살았다. 그는 세상의 소금이 되기를, 빛이 되기를 주저하지 않았다. 세상의 빛과 소금이 되고자 하는 열망은 자신이 살고 있는 세상의 어둠에 대한 인식 없이는 불가능한 일이다. 지금 이 세상의 어둠이 어디에서 비롯되는지, 그 어둠을 거둬 낼 수 있는 빛이 절실한 이들이 누구인지를 깨닫는 순간, 그리스도인은 자신이 세상의 등불이 되어야 한다는 것을 받아들이게 된다. 세상의 빛과 소금이 되는 것은 그리스도인의 당연한 열망이고 의무이다. 그러나 신앙을 가진 많은 이들이 평범함과 겸손이라는 이름 뒤에 숨어 그리스도인으로의 열망을 접고 현실과 타협했다. 사제든, 수도자든, 혹은 평신도든, 그 열망을 가슴에 품고 산다는 것은 그 순간마다 순교를 각오한 삶이어야 한다. 그 길은 결코 쉽고 편한 길이 될 수 없다. 그 길에 들어서는 순간, 자신들의 삶은 등경 위에 올려놓은 등불이 되고 일거수일투족이 사람들의 시선을 받을 수밖에 없기 때문이다.

그러나 예수의 길을 따르는 그리스도인이 된다는 것은 기쁘고 행복한 일이기도 하다. 예수의 길은 혼자서는 갈 수 없는 길이다. 가난하고 보잘것없는 이들, 간음한 여인과 사마리아인, 나병 환자들과 앞이 보이지 않거나 걸을 수 없는 장애인, 과부와 고아, 죄인들과 함께 걷는 길이기 때문이다. 그들에게 마음과 정신과 몸을 여는 순간 그들은 그리스도인의 이웃이고 그리스도인 자신이 된다. 그리스도인의 길을 간다는 것은 사랑으로 충만한 길을 간다는 것이다. 앞서 간 순교자들이 참그리스도인의 길을 간 까닭은 바로 그 길에 사랑이 있었기 때문이다.

문정현 신부 역시 마찬가지였다. 어떤 이들은 그를 보며 돈키호테 같은 허황된 이상주의자라고 조롱하거나 소영웅주의자라고 비난했고, 어떤 이들은 빨갱이, 깡패라며 힐난했다. 그가 통일운동을 할 때는 민족주의자라고 규정하고, 효순이·미선이 사건과 매향리 싸움에 앞장설 때는 반미주의자라고 했을 것이다. 기아특수강 노동자들과 함께 해고자복직 투쟁과 군산 미군기지 싸움을 벌일 때는 목적을 위해 폭력을 꺼리지 않는 과격한 운동권이라고 규정했을 것이다. 그러나 그는 어떤 사상, 어떤 정파에 기울거나 자신을 가둔 적이 없었다. 그는 정치적인 목적이 앞서는 집회만이 아니라 노동자·농민·철거민들의 인권과 생명, 평화를 위한 것이라면 어떤 일에든 몸을 사리지 않고 앞장섰다. 그렇게 권력과 불의에 맞서는 것이 예수를 따르는 길이라 여겼고 그 길 앞에 주저한 적이 없었다. 입버릇대로 그는 늘 "한순간도 유보 없이, 망설임 없이, 곧바로" 예수의 길에 섰다. 노동자·농민·철거민들을 위해 수도 없이 단식을 했다. 죽음을 건 단식이지만 고민 끝에 시작한 적이 없었다. 수배 노동자가 연행이 되었다는 말에 성당을 나서서 곧장 경찰서 앞에서 단식기도를 시작하거나, 구속된 아들 걱정에 눈물짓는 노인을 보다 무작정 서울로 올라가 청와대 앞에서 단식을 시작하는 식이었다. 그러니 단식기도를 위한 준비 단식 따위는 해본 적이 없다. 덕분에 함께 일하는 활동가들이 갑자기 뒤치다꺼리할 일이 끊이지 않는 후유증이 생기긴 했지만, 그는 자신의 몸을 사리는 법이 없었다.

그는 자신이 열 살 나이에 순진하게 했던 말대로 "유대철 베드로 같은 순교자"가 될 각오를 하며 칠십 평생을 살았다. 그것이 예수가 말한 계명을 지키는 길이었기 때문이다. 내 몸과 마음과 정신을 다해 내 이웃을 사랑하는 길이 바로 예수가 바란 길이었다. 감옥에 있는 동안 열번이나 읽었던 제2차 바티칸 공의회 문건에서도 이웃 사랑에 대해 강조하고 있다.

공의회는 실제적이고 긴급한 결론으로 인간에 대한 존중을 강조한다. 각 사람은 이웃을 한 사람도 예외 없이 '또 하나의 자신'으로 여겨야 하고 무엇보다도 이웃의 생활과, 그 생활을 품위 있게 영위하는 데에 필요한 수단들을 보살펴야 한다. 가난한 라자로를 조금도 돌보지 않았던 부자를 본받아서는 안 된다.

특히 현대에서는 우리 자신이 그 누구에게도 이웃이 되어 주고 누구를 만나든지 적극적으로 봉사하여야 할 의무가 있다. 모든 사람에게 버림받은 노인, 불의하게 천대받는 이주노동자, 피난민, 불법혼인에서 태어난 부모의 죄 때문에 억울하게 고생하는 사생아. "너희가 여기 있는 형제 중에 가장 보잘것없는 사람 하나에게 해준 것이 바로 나에게 해준 것이다."(마태 25, 40)라고 하신 주님의 말씀을 상기시키며 우리 양심을 재촉하는 굶주린 사람들, 이런 이들을 만날 때마다 우리는 그들을 도와줄 의무가 있다.

현대세계의 사목헌장, 27항.

우리는 참그리스도인으로 살고 싶다는 열망조차 순수하게 볼 수 없는 시대를 살고 있다. 짠맛을 잃은 교회, 세상의 등불임을 잊은 교회가 수두룩한 지금, 문정현 신부는 그 짠맛과 빛을 잃지 않기 위해 발버둥을 치고 있는 소수의 그리스도인이며 사제이다.

"너희는 세상의 소금이다. 그러나 소금이 제 맛을 잃으면 무엇으로 다시 짜게 할 수 있겠느냐? 아무 쓸모가 없으니 밖에 버려져 사람들에게 짓밟힐 따름이다. 너희는 세상의 빛이다. 산 위에 자리 잡은 고을은 감추어질 수 없다. 등불은 켜서 함지 속이 아니라 등경 위에 놓는다. 그렇게 하여 집 안에 있는 모든 사람을 비춘다. 이와 같이 너희의 빛이 사람들 앞을 비추어 그들이 너희의 착한 행실을 보고 하늘에 계신 너희 아버지를 찬양하게 하여라."

마태 5, 13-16

"콩나물 기르는 통 있잖아. 물을 부으면 물이 싹 빠지지만 콩나물은 자라잖아. 물이 다 빠져나가고 아무것도 남은 게 없는 것처럼 보이지만 그 속에서 새싹이 자라나는 거야. 신부님의 치열한 삶이 다 잊혔다고 느끼지만 언젠가는 삶의 기폭제로 나올 거야. 당장 드러나지 않는다고 해서 이제 끝났다고 하면 안 되지. 언젠가는 반드시 드러나."

2부
농민과 함께한 삶

1

우리처럼 하나가 되게 해주십시오

　1985년 문정현 신부는 전주 중앙성당에서 전북 장수군 계내면 장계
리에 있는 장계성당으로 부임했다. 장계성당은 한국전쟁 때 외국에서
들어온 구호물자로 지은 곳으로, 당시 신자가 2천 명 가까이 되는 제법
큰 성당이었다. 소속된 공소는 7개로 1800년대 천주교 박해를 피해 이
주해 온 신자들의 마을이 많았다. 전통적인 농촌 본당이다 보니 신자들
은 대부분이 농민들이었다. 장계성당에서 그는 농민의 현실과 마주치게
되었다. 미사에 참석하는 신자들은 구릿빛 얼굴에 살 한 점 없고, 몸은
오직 근육과 뼈뿐이었다. 눈 뜨면 밭에 나가고 때 되면 밥 먹고 또 뙤약
볕에 나가서 자기 손이 보이지 않을 때까지 일을 해야 하는 것이 농민의
삶이었다. 그는 영성체를 받으러 나온 농민들의 손을 볼 때마다 가슴이
저미듯 아팠다. 손톱은 다 닳고 갈라지고, 다쳐도 제때 치료를 하지 못
해 엄지손가락이 없거나 중지가 비뚤어지고 없는 이들도 많았다. 그러

나 농부들에게는 자부심과 당당함이 있었다.

"농사는 창조적인 일이잖아. 봄에 죽어 있는 것 같은 씨앗을 심어서 키워 가을에 그 결실을 거둔다는 건 자부심 갖기 충분한 일이지. 농사는 하느님의 신비야. 그래서 그때 농민들한테는 당당함이 있었다고."

농민회장 송남수와 동지가 되어

장계성당에는 1979년부터 가톨릭농민회 활동을 하는 이들이 11명 정도 있었다. 1976년 함평 고구마 피해보상운동과 78·79년의 노풍 벼 피해보상운동, 오원춘 사건 등을 거치며 농촌 문제에 눈을 뜬 사람들이었다. 문정현 신부 역시 중앙성당에 있을 때부터 농촌 문제에 관심이 많았던 터라 신자들과 서로 마음이 맞았다. 그는 장계성당의 사목회 회원들과 함께 1985년 소값 피해보상운동, 1988년 천마 벼 피해보상운동, 부당조세 시정운동 등을 하면서 형제애를 쌓아 갔다. 그는 장계성당 신자들과 자신의 관계를 "역경과 고통을 함께 이겨 냈기 때문에 피로 맺은 관계"라고 말했다. 문정현 신부와 함께 가톨릭농민회 활동을 한 송남수 농민회장은 그를 인정 많고 따뜻한 사제로 기억했다.

"그전엔 말로만 들었지 뭐. 운동권 신부라고. 그런데 처음부터 운동권 속내를 드러내지는 않았어. 그냥 인정 많은 신부님이었지. 신자들만 오면 사제관에 데려가서 밥 주고, 술 주고. 밤중에 전주 갔다 오시다가 휴게소에서 들러서 어묵 사 가지고 오시고, 라면 한 박스씩 사다가 같이 끓여 먹고. 얼마나 맛있었는지 몰라. 한번은 개다리에다 인삼을 넣어서 삶아 주시기까지 했지. 그런데 그러면 생색을 또 얼마나 내시는지, 허허허. 그러다 서서히 발톱을 드러내신 거야. 성격이야 뭐 불같고, 관하고 싸울 때 유보가 없지. 그런데 희한한 건 운전을 하다가 다른 차들이 운전을 잘 못하면 우리네는 막 뭐라고 하잖아? 그런데 신부님은 안 그래. 내가 '신부님은 욕할 줄 몰라요?' 하니까 '내가 욕하면 저 사람들이 들어?' 그러시더라고."

그가 장계성당에 부임한 뒤 신자들과 쉽게 어울리도록 도움을 준 분은 어머니였다. 식복사로 같은 성당에 함께 있게 된 그의 어머니는 성당에 딸린 밭에다 도라지·더덕·고추·호박 따위를 심고 가꾸면서 언제 어디서 손님이 찾아오든 밥을 지어 대접했다. 농민회가 시위를 끝내고 허기져 돌아올 때마다 수십 명의 밥을 해냈다. 그러다 보니 본당 신자들은 주임신부가 없어도 사제관으로 가 주임신부 어머니한테 스스럼없이 "밥 좀 주세요." 할 정도였다. 문정현 신부는 장계성당 시절을 가장 행복했던 시간으로 기억한다.

"천천면 쪽에는 물이 맑고 깨끗한 개울이 있었어. 한여름에는 주일 오후에 어린이미사가 끝나면 누군가가 먼저 '천렵 가자!' 하고 소리를 쳐. 그러면 투망이나 낚시도구를 가지고 다들 냇가로 나가는 거야. 그러면 어머니는 냄비랑 양념을 가지고 오셔서 불만 피우면 매운탕을 끓일 수 있게 해주셨지. 고기를 잡으면 잡는 대로, 못 잡으면 못 잡는 대로 냇가에 앉아서 소박한 성찬을 즐기며 술도 마시고 그랬지. 싸울 때 같이 싸우고, 놀 때도 같이 놀고. 그야말로 혼연일체였어."

송남수 회장과 문정현 신부가 가장 기억에 남는 일로 꼽는 것은 소를 잡은 일이다. 두 사람은 그때 일을 주고받으며 얼굴이 환해졌다.

"농민회 투쟁자금이 너무 없어서 소를 잡아서 팔기로 했어. 그런데 원래 그게 불법이니까 성당에서 밀도살을 한 거지."

"아니 신부님, 잡은 거는 성당 마당에서 한 게 아니에요. 둑 밑에 움막같이 해놓고 거기 사람을 시켜 가지고 잡고 껍질을 벗겼지. 그걸 네 다리로 쪼개서 성당에다 부려 놨는데, 우리가 해체 작업을 못했지. 할 수 있을 거 같았는데, 막상 칼 들고 달려들어 보니까 못하겠는 거야. 그래서 사람을 불렀지. 소 잡는 일이 원래 아무나 하는 게 아니야."

"거기다, 고기 장사를 하려고 보니까 좋은 부위라는 게 얼마 안 되더라고. 전주로 고기를 팔러 다니고 그래서 돈은 좀 건졌는데……. 소머리는 이미 끄슬러 있으니 안 팔리고, 결국 우리끼리 해결했지. 밤새도록 어머니가 큰 솥에다 끓여서……. 아마 이튿날이 주일이었지? 그래서 성당에서 나눠 먹었지. 지금 생각해도 즐거운 시절이었어."

송남수 농민회장은 뜻이 잘 맞는 동지였다. 문정현 신부는 송 회장의 뚝심과 지도력을 눈여겨보았다.

"송남수는 초등학교도 제대로 못 나온 분이었지. 하지만 머리가 좋았어. 얘기를 하면 조리에 맞고 논리적이었지. 공부한 사람도 아닌데 리더십이 있고 흠잡을 데 없이 농민회 일을 잘했어. 옆에서 그냥 도와주기만 하면 되는 분이었지. 그때 성명서를 쓴다는 건 배운 사람도 막막한 일인데, 송남수는 어떤 문제가 생기면 원인도 잘 알고, 그 원인이 어떻게 농민들의 삶을 힘들게 하는지를 잘 알아서 성명서를 참 잘 썼어. 성당에서 내는 성명서를 흠잡을 데 없이 썼지. 물론 교사였던 김인봉 선생도 도움을 많이 주었지."

송 회장은 나중에 전국 가톨릭농민회 회장으로 활동했고, 2002년에는 장수군 농민회의 지지로 군의원에도 출마했다.

"천주교에 나오기 전에는 농촌 문제를 잘 몰랐어요. 시골에서 땅에 묶여 살면 그런 문제를 못 느껴요. 그런데 성당에 나와서 보니 우리 농민의 삶이 상대적으로 비교가 되더라고. 농민들의 삶이 너무나 소외받는다는 생각을 하게 됐죠. 거기서 출발해서 오원춘 사건 때 농민회 활동을 했는데 쉽지만은 않았죠. 갈등이 많지……. 없을 수가 없어요. 현실과 운동 사이에는 괴리가 너무나 크니까. 그걸 극복하기 위한 노력을 한다는 건 웬만해서는 견디기 어렵죠. 중간에 농민회 활동을 포기하는 사람은 다들 현실과 이상의 괴리 때문에 포기하죠. 그런 걸 책임과 의지로 버텨 낸 거예요."

신앙과 생활이 하나였던 장계성당

문정현 신부가 장계성당에서 농민들과 함께 혼연일체가 될 수 있었던 것은 장계성당에서 이미 활동하고 있었던 가톨릭농민회의 송 회장과 신자들, 김인봉 선생 같은 뜻 맞는 이들이 많았기 때문이다.

문 신부가 장계성당에서 겪은 가장 큰 싸움은 소싸움이었다. 전두환 정권은 1981년부터 농어촌 소득증대를 위한 '전두환식 생활운동'이라며 축산산업을 장려했다. 81년부터 84년에 걸쳐서는 캐나다와 뉴질랜드에서 값싼 소를 수입해 전국 농가에 팔았다. 농민들은 농협 빚을 내소를 샀다. 그런데 그중에는 병들거나 늙은 소들이 섞여 있었다. 게다가 소가 갑자기 늘어나는 바람에 소 값이 폭락해 농민들의 피해가 컸다. 정부는 그 와중에도 1982년부터 약 90만 마리 분의 외국산 쇠고기를 수입해 축산농가의 생존권을 위협했다. 1985년이 되자 농민들은 '외국 농축산물 수입반대 및 소값 피해보상운동'을 벌이기 시작했다. 그해 7월 1일 경남 고성 두호 분회의 첫 소몰이 시위를 시작으로 전국적으로 소몰이 싸움이 일어났다. 전북농민회에서도 소몰이 싸움에 적극 동참해 진안과 임실, 부안 일대로 번져 나갔다.

당시 전주교구 교육국장으로 있던 문규현 신부와 교구 농민회 지도신부이면서 고산본당 주임신부였던 박병준 신부는 고산과 완주의 소몰이 싸움을 적극적으로 지원했다. 7월 19일 고산에서 소싸움이 벌어졌을 때 경찰은 경운기와 소를 앞세운 농민 시위대에 당황해 제대로 진압을 하지 못했다. 그러나 7월 26일 진안 소싸움 때는 미리 무주, 장계에서 진안으로 가는 길목과 골짜기마다 덤프트럭을 세워 두었다. 또 경운기 이동을 막기 위해 타이어 공기를 빼놓고 체인을 훼손하는 등 강경하게 대처했다. 농민들은 농민들대로 시위 사흘 전부터 소와 경운기를 집회 장소 인근 산으로 옮기며 치밀하게 준비를 했다. 장계성당 농민회도 밤에 몰래 진안 어은동·동구점·소토실 마을에다 소를 숨겨 놓고 새벽에 군청으로 가려고 했다. 그런데 경찰이 계획을 알아채고 길목마다 덤프차로 막았다. 장계농민회는 할 수 없이 소를 끌고 산을 넘어서 군청으로 갔다. 소를 끄는 시위대에 앞장선 사람들이 할머니, 아주머니들이니 경찰도 함부로 못했다. 그러다 진곡리 정자나무에서 경찰과 시위대가 대치를 시작했다. 지친 소들은 아스팔트 위에 똥을 쌌고, 농민들은 그 똥을 전경들한테 던졌다. 경찰은 소가 흥분할까 봐 최루탄을 쏘지도 못했다. 결국 농민들이 경찰을 뚫고 진안군청 앞까지 갔지만 농민들이 끝내 연행되는 사건이 일어났다. 문정현은 신자들이 연행되자 그날 저녁미사를 드리며 요한복음 17장을 읽기 시작했다.

(…) 저는 이들을 위하여 빕니다. 세상을 위해서가 아니라 아버지께서 저에게 주신 이들을 위하여 빕니다. 이들은 아버지의 사람들이기 때문입니다. (…) 이 사람들을 통하여 제가 영광스럽게 되었습니다. 저는 더 이상 세상에 있지 않지만 이들은 세상에 있습니다. 저는 아버지께 갑니다. 거룩하신 아버지, 아버지께서 저에게 주신 이름으로 이들을 지키시어, 이들도 우리처럼 하나가 되게 해주십시오.

문정현은 이 구절에서 울음을 터뜨리고 말았다. 그리고 17장을 읽어 내려가는 내내 울음을 토해 냈고 성당은 온통 울음바다가 되었다.

(…) 저는 이들에게 아버지의 말씀을 주었는데, 세상은 이들을 미워하였습니다. 제가 세상에 속하지 않은 것처럼 이들도 세상에 속하지 않기 때문입니다. 이들을 세상에서 데려가시라고 비는 것이 아니라, 이들을 악에서 지켜 주십사고 빕니다. 제가 세상에 속하지 않은 것처럼 이들도 세상에 속하지 않습니다. 이들을 진리로 거룩하게 해주십시오.

문정현은 미사가 끝나자마자 경찰서로 들어가 단식농성을 시작했다. 그리고 사흘 뒤 연행자들이 훈방되었다. 그렇게 농민들의 소몰이투쟁은 점차 확산되어 갔다. 초기 투쟁은 가톨릭농민회 중심으로 시작되었지만 곧바로 기독교농민회도 적극적으로 참여하면서 군 단위 투쟁에 참여한

인원만 천여 명에 이르렀다.

소싸움 말고 장계성당이 중심이 되어 벌인 가장 큰 싸움은 가톨릭농민회 장계분회에서 연 '무진장(무주·진안·장수) 농민회 단합대회'였다. 1986년 8월 8일 가톨릭농민회 장계분회는 '권인숙 양에 대한 부천서 성고문 사건'을 알리는 유인물을 만들어 장계장터에서 뿌렸다. 그런데 유인물을 돌리던 김종영 장계 분회장이 경찰 지서장한테 욕을 얻어먹고 머리채까지 잡혀 끌려가는 소동이 일어났다.

분노한 농민회 회원들은 12일 장계성당 부근의 아카시아 숲에서 단합대회를 한 뒤 장계 시내로 진입했다. 플래카드를 들고 꽹과리를 치며 우체국, 면사무소 따위의 기관을 돌며 지신밟기를 하고 지서로 갔다. 지서 앞에서 송남수 회장이 핸드마이크를 잡고 "지서장은 나와서 사과해라. 사과 안 하면 주저앉겠다."고 요구를 했지만 지서장은 나오질 않았다. 몇 시간을 그렇게 버티다가 농민회 회원들은 자신들이 서장을 찾아보겠다며 풍물패를 앞세우고 지서 안으로 진입했다. 농민들은 방마다 살살이 뒤지면서 옥상까지 올라가서 풍물을 치고 한바탕 놀았다. 그러고는 새마을기를 내리고 대신 가톨릭농민회기를 세운 뒤 만세삼창을 하고 내려와서 성당에서 밤을 새웠다. 성당 부인회에서는 뒷마당에서 밥을 해 내왔다. 그렇게 이틀을 되풀이하자 전주에서 경찰기동대까지 동원해 성당을 에워쌌다. 경찰과 농민회원들은 성당 바로 앞 도로에서 온종일 밀고 당기며 힘겨루기를 했다.

밤이 되자 마침내 기동대가 최루탄을 터뜨리며 성당 안으로 들어왔다. 농민회 회원들과 경찰들이 엎치락뒤치락하는 사이 문정현 신부는 기동대에게서 무전기 4대를 빼앗았다. 다음 날, 그 좁은 지역에서 최루탄까지 터지고 시위가 격해지자 지역개발위원 같은 유지들이 모여 회의를 열고 농민회 대표들에게 면담 요청을 했다. 지역유지들은 장계 사람들끼리 시위하는 건 인정하겠지만 외부 사람들까지 와 있는 것은 곤란하다며 내보내라고 했다. 그러자 송남수 회장이 "좋다. 장계농민회 사람만 하겠다. 그러니 당신들도 장계 경찰들만 남고 전주에서 보낸 기동대며 경찰들은 다 내보내라."고 요구했다. 그렇게 해서 전주에서 온 경찰들이 나가고 경찰서장이 성당에 들어와서 사과를 했다.

농민회 회원들은 사거리에서 시위를 한 뒤 성당으로 돌아와 해단식을 했다. 해단식에 서장과 군수도 같이 참여했는데 시위대가 농민회 만세삼창을 하자 얼떨결에 서장, 군수도 같이 따라하는 우스운 일도 있었다. 그런데 그날 문정현 신부가 경찰에게 빼앗았던 무전기를 되돌려 주려는데 무전기가 보이질 않았다. 한밤중에 임실까지 가서 찾아보았지만 끝내 나오질 않았다. 그때 누군가가 장계성당 내 병원 화장실에 버렸다고 말했다. 경찰은 새벽 1시에 분뇨차와 소방차를 동원해 분뇨를 다 퍼낸 뒤 모내기할 때 신는 장화를 신고 화장실에 들어가 샅샅이 뒤졌지만 끝내 무전기는 나오지 않았다. 경찰은 결국 무전기의 아이피(IP) 주소를 싹 바꿔야 했다.

"그때 내가 무전기, 카메라 같은 걸 악착같이 빼앗아서 숨긴 건 시위를 할 때 그 사진이 증거자료가 되기 때문이었어. 그땐 채증을 당하면 어찌할 바가 없어. 그러니 나는 '저것이 적이다.' 하고 생각했지. 경찰을 막는 건 둘째 치고 일단 사진기를 빼앗아야겠다 하면 어떤 방법을 써서라도 뺏고 말았지. 경찰 쪽으로 누굴 만나러 가는 것처럼 슬쩍 가다가 사진기를 착 채서 끈을 내 손에다 감아 버리고 말지. 경찰은 도로 빼앗으려고 난리지. 그때 경찰과 싸우는 바람에 지금도 연골, 팔마디, 어깨, 심지어는 손가락 마디마디까지 다 아파. 내가 얼마나 악명이 높았는지 전라북도 경찰들은 나한테 접근을 안 해. 그런데 나중에 소파개정국민행동 집회를 할 때는 서울 경찰들이 날 모르고 있다가 카메라, 무전기, 캠코더를 많이 뺏겼어. 경찰과 싸울 때는 젖 먹던 힘으로 맞섰어. 내 스스로 경찰의 부당한 공권력이 용납이 안 됐고, 농민·노동자·학생 같은 힘없는 이들이 경찰한테 당하는 걸 보면 참을 수가 없었지. 한 치의 유보도 없이 싸웠어."

장계성당에 있으면서 그는 진정으로 민중들 속으로 들어갈 수 있었다. 농민들의 고통스러운 삶을 곁에서 보고 함께 싸우면서 민중들에 대한 깊은 믿음과 우정이 싹텄다. 또 교회의 혜택을 제대로 받지 못하면서도 오랫동안 신앙심을 지켜 온 농민들에게 한없는 존경심을 느꼈다.

"장계성당 소싸움을 생각하면 놀랍지. 농민운동의 역사도 짧았는데……. 그렇지만 농민들이 늘 당하고만 살았는데 믿을 만한 사제들이 앞장서니까 신자들도 믿고 따라온 거지. 그때 내가 느낀 것은 한국 천주교회가 공소라는 것에 너무 소홀했다는 거야. 공소가 한국 천주교회의 모태잖아. 사실 한국전쟁 이후에 성당이 도시 중심으로 건립돼서 시골 공소에는 신부들이 기껏해야 1년에 두세 번씩 가는데도 신심을 가진 사람들이 스스로 공동체를 이뤄 가고 신앙생활을 해온 거지. 근데 그때 농민회 활동을 하면서 보니 신자들의 신앙심이 엄청난 공권력과 맞서는 힘이 되어 나오더라고. 순교적인 각오도 하고……. 그런 공소에 대해 교회가 너무 소홀했던 것이 지금도 안타까워. 그이들은 이미 70년대 말

함평 고구마 사건, 노풍 벼 사건을 겪으면서 투쟁을 해야만 자신들의 권리를 찾을 수 있다는 걸 깨닫고 있었다고 봐야지.

가톨릭농민회 회원들은 교육이 아니라 자신들의 산 체험으로 무엇이 옳고 그른가를 알게 되었고 옳은 것을 위해서는 투신을 해야 한다는 불같은 신념이 있었어. 지금도 농민들의 삶은 힘든데, 어쩌면 그때보다 더 힘든데 그때의 그 열정이 안 살아나. 그건 우리 교회의 눈이 흐려진 거라고 볼 수 있지. 항상 세상의 고통을 외면하지 말아야 하는데 세상의 고통을 보는 눈이 흐려진 거야. 다른 데를 쳐다보는 거겠지. 사실 교회는 지구 전체에 멸망의 위기가 온다고 해도 그 느낌을 갖지 못할 거야. 눈이 흐려져서. 아니 안 느끼지. 느끼는 사람만 절박할 뿐이야.

종교인들도 그때와 같지 않아. 신부들도 마찬가지야. 그때는 구체적인 생활을 놓고 함께 참여했는데 지금은 그렇지 못해. 교회가 세상에서 제 역할을 못하는 거지. 그야말로 시대를 제대로 읽지 못하는 거야. 예수님도 시대를 제대로 읽으라고 하셨잖아. 그리고 제2차 바티칸 공의회 '기쁨과 희망' 문건에도 농촌, 농민 문제에 대한 언급이 있어. 공의회 문건에도 분명하게 '정의와 평등의 요구를 충족시키려면 엄청난 경제적 불평등을 더 빨리 제거하게 위해 줄기차게 노력해야 한다'고 나와 있어. 그러기 위해서는 '농민들이 생산과 판매를 증대시키고 필요한 개량과 혁신을 도입하고 정당한 소득을 얻어서 농민들이 하등국민 상태에 머물러 있지 않도록 도와주어야 한다'고 지적하고 있지. 그런데 교회나 사회가 다 물질주의에 빠져 있는 데다 교회의 위계질서가 세상에서 교회가 제 역할을 하는 데 걸림돌이 될 때도 많지. 어쨌든 장계성당에서는 싸울 때 같이 싸우고 놀 때도 같이 놀고, 혼연일체였어. 내가 뭘 계획해서 한 게 아니라 본당생활과 농민회의 과제를 성취하는 것이 그냥 하나였어. 성당 주임신부를 여러 번 했지만 장계성당 같은 곳은 없었어. 특이한 곳이었지. 장계성당 신자들뿐만 아니라 신자 아닌 사람들에게도 장계성당은 자기들끼리 천당 가는 차원을 넘어서 농민들이 억울하게 빼앗기고 이유 없이 당하는 것까지 싸워 주는, 우리 사회에 꼭 있어야 하는 교회로 부각이 되었어."

김인봉 선생의 회고 — 콩나물 이론

그가 장계성당을 떠난 뒤에도 송남수 농민회장을 비롯한 가톨릭농민회 회원들은 계속해서 농민운동을 해나갔지만 많은 어려움을 겪었다. 장계성당의 공동체도 예전만큼 활발하지 못했다. 그는 늘 그 점을 안타까워했다. 그러나 장계성당에서 농민회를 조직하는 일에 함께했던 김인봉 선생은 문 신부가 장계성당에서 신자들과 이루었던 공동체 정신이 언젠가는 다시 되살아날 거라고 말했다. 그는 문정현 신부를 운동권 신부 이전에 훌륭한 민중교육자로 기억하고 있었다.

"문 신부님을 만난 건 장계성당에서야. 신부님이나 나나 둘 다 촌놈이지만 농촌을 잘 몰랐어. 신부님은 장계성당에서 농민문제에 비로소 적극적으로 뛰어들게 된 거고, 나도 신부님과 공소 방문을 하면서 농촌에 관심을 가졌지. 신부님이 농민회 활동을 알리기 위해 매주 공소 방문을 하셨는데 그때마다 내가 쫓아다녔어. 신부님은 참 대단했어. 전국적으로 활동할 땐데도 주일미사뿐 아니라 평일미사도 빼먹은 적이 없어. 아무리 바빠도 강론을 허투루 넘어가질 않았는데, 5분짜리 강론도 감동적이었지. 그때가 내게도 신앙생활의 절정기였어. 책에서 나오는 게 아니라 삶에서 나오는 강론, 이중섭의 「황소」처럼 아주 힘 있는 데다 영혼과 가치관을 바꾸는 강론이라 감동을 주었어.

나는 신부님이 진짜 교육자라고 생각해. 신부님은 오늘날까지 내가 이렇게 활동을 하게 해준 분이지. 성급한 칭찬, 조급한 채찍 없이 내가 결단하고 선택할 수 있게 지켜보셨지. 사실 나쁜 말로 하면 내가 이렇게 살게 한 원흉인데 말이야, 허허.

그 시절엔 누구나 그렇게 치열하게 살았다고 할 수 있지만 신부님은 군중심리에 따라 산 게 아니라 주로 개척을 해나간 분이야. 그때는 어려울 때니까 신부님한테 하소연을 많이 했어. 억울하다, 어떻게 해야 하나? 그러면 신부님은 답을 안 줬어. 오히려 되물었지. 문제가 해결되는 데 시간이 걸려도 스스로 해결하도록 도와주셨어. 알았어, 내가 해결해 줄게. 그런 방식이 절대 아니었어. 마을에 어떤 문제가 있어도 신부님이 해결사로 등장하거나 하지 않았어. 내가 전교조를 만들고 교사운동을 하게 된 것도 마찬가지지. 전북에 있는 YMCA교사회에서 장계성당을 찾아와서 같이 일할 사람이 있냐고 물었는데도 신부님은 '여기 김인봉이 있다.' 그렇게 말씀을 안 하셨어. 열이면 열 사람 그렇게 할 게 뻔하잖아? 그런데 신부님은 그러지 않으셨고, 내가 우연히 그 사람들과 만나 여기까지 오게 된 거지. 내가 활동하는 걸 보고도 신부님은 칭찬이나 비판을 하지 않았어.

1987년 전교협(전국교사협의회) 무진장 회장을 하면서 농민회는 정리하게 됐어. 그때까지는 계속 농민회 일을 함께하면서 농민회 성명서를 제작하고 등사를 학교에서 했는데 그것이 밖으로 새나간 거야. '장계고등학교 김인봉이 농민회에 들락거린다.' '너 그만두지 않으면 너를 도와준 소사 아저씨를 치겠다.' 그래서 그만뒀지. 항상 약한 고리를 치잖아. 그래서 나 못 하겠다 했는데 신부님은 뭐 가타부타 말이 없는 거야. 사실 어떻게 보면 자상한 면이 부족하지, 허허.

내가 그때 신부님과 매주 공소에 갔다고 했잖아? 그런데 가끔 못 갈 때가 있게 마련이잖아. '신부님 오늘은 제가 못 가겠어요.' 하면 '내가 언제 오라고 했어?' 그러셔. 그러면 엄청 무안했지. 그런데 지나고 보니 그게 나한테 힘이 됐어. 나만큼 따라다닌 사람도 없는데 따뜻한 말 한마디 안 하는 양반이야. 어떤 사람은 그게 섭섭해서 떠나기도 하지만 나는 안 그랬어. 내가 공소에 쫓아다닌 건 나를 위해서였거든. 신부님을 도와드리기 위해 간 게 아니라 나를 위해서 내가 알아서 간 거니까 다음에 또 가게 된 거지. 그래서 신부님이 위대한 교육자라는 거야. '민중신학이란 이런 거다.' 하면서 가르치려 하셨으면 나는 안 했지.

신부님은 예전에 함께 싸웠던 동지들이 다 흩어지고, 농민들도 예전과 다르다고 하시지만 내게는 그때의 그 경험이 잠재되어 있어. 신부님과 함께했던 장계 주민 마음속에도 그 치열한 삶이, 정신이 잠재되어 있다고 봐. 좀 다른 말이라고 생각할지도 모르지만 전북에서 진보정당 지지가 가장 높은 곳이 장수야. 2005·2006년도 조사에서도, 국민승리21때부터 죽. 우리 고향은 또 빨치산이 많았던 곳이고, 그만큼 어려움도 많이 겪었고 우리 어머니를 보더라도 다 억세게 살아왔지. 그런 씨앗들이 숨어 있다가 문 신부님을 만나면서 생존권투쟁으로 이어진 거지. 1950년대 좌익들이 뿌렸던 진보에 대한 열망이 80년대에 드러났다고.

30년 동안 지역에 숨어 있었어. 나 역시 신부님이 아니면 농민회 활동을 못했을 것이고 지금 공모제 교장으로 있으면서 무료급식, 학교 운영비 폐지를 이뤄 내지도 못했을 거야. 그게 다 지역의 도움 없이는 못하는 일이거든. 신부님을 통해서 그런 걸 배운 거지.

자화자찬 같지만 우리 장계에 앞으로 가는 지도자, 옳은 일에 동조하는 사람들이 많았지. 신부님이 장계에서 활동할 때 하셨던 말이 있어. 그땐 신부님이 깊은 생각 없이 하신 말이지만 내게는 중요하게 남아 있어. 콩나물 이론! 콩나물 기르는 통 있잖아. 물을 부으면 물이 싹 빠지지만 콩나물은 자라잖아. 물이 다 빠져나가고 아무것도 남은 게 없는 것처럼 보이지만 그 속에서 새싹이 자라나는 거야. 신부님의 치열한 삶이 다 잊혔다고 느끼지만 언젠가는 삶의 기폭제로 나올 거야. 당장 드러나지 않는다고 해서 이제 끝났다고 하면 안 되지. 언젠가는 반드시 드러나. 요즘 젊은 사람들은 열매나 싹이 금방금방 나와야 한다고 생각해. 그래서 요즘 애들은 피자 같은 패스트푸드지. 그러나 우리는 콩나물 이론으로 살았어.

신부님의 삶, 우리가 해온 일이 헛것이 아니야. 그 속에서 씨앗이 되는 거야. 문 신부님과 같이 하며 농민회 지도자가 된 송남수 회장, YMCA교사회를 시작으로 전교조 활동을 하고 공모제 교장이 된 김인봉이 사라지면 또 그 변화의 열망이 가라앉을 수도 있지만 또 누군가에게서는 드러날 거야. 죽은 것이 아니지. 살아 있는 거야. 난 크게 걱정 안 해. 망하면 새로운 세상으로 가는 거지. 이현주 목사도 말했잖아? 빨리 망하게 도와주소서,라고.

가톨릭은 당파적이고 가진 자라고 할 수 있어. 그러나 문 신부님은 그렇지 않아. 문 신부님이 장계에 계실 때였어. 한 가난한 신자가 구멍가게를 차렸어. 어느 날 나더러 같이 가자고 하더라고. 거기서 과자를 사서 같이 먹었어. 그런데 나중에 주인 모르게 이불 밑에다 봉투를 살짝 놓고 나오시는 거야. 나중에 알고 보니 그게 흔한 일이더라고. 지금은 돈도 없으면서 계속 그렇게 하신대. 나는 철학적인 사람 별로 안 좋아해. 난 구체적인 게 좋아. 추상적이고 사변적인 거 안 좋아해. 난, 두루두루 존경받는 사람 좋아해."

문정현 신부를 민중교육자로, 신학자로 기억하던 김인봉 선생은 장수중학교 공모제 교장으로 임명돼 교육개혁에 힘을 쏟다가 2010년 간암으로 운명했다. 문정현 신부는 그렇게 동지들을 떠나보낼 때마다 외로움을 느꼈다.

2

하느님이 준 선물 '작은 자매의 집'

제자들 가운데 누가 가장 큰 사람이냐 하는 문제로 그들 사이에 논쟁이 일어났다. 예수님께서는 그들 마음속의 생각을 아시고 어린이 하나를 데려다가 곁에 세우신 다음, 그들에게 이르셨다. 누구든지 이 어린이를 내 이름으로 받아들이면 나를 받아들이는 것이다. 그리고 나를 받아들이는 사람은 나를 보내신 분을 받아들이는 것이다. 너희 가운데에서 가장 작은 사람이야말로 가장 큰 사람이다.

루카 9, 46-48

문정현 신부에게 장계성당은 여러 가지로 큰 의미를 지닌다. 장계성당에 와서 비로소 기층민중인 농민들과 직접 만났을 뿐 아니라 그에게 가족이 되어 준 지적장애아들을 만났기 때문이다. 장계성당에서 가톨릭농민회를 조직하기 위해 군내 공소를 찾아다닐 때였다. 그때는 어느 마을을 가든 한낮에 마을에 들어가면 모두 논으로 밭으로 일하러 나가고요했다. 그날 방문한 마을도 그랬다. 낮잠 자던 개가 방문객들을 보고 기지개를 켜며 일어날 정도로 조용했다. 그런데 어디선가 이상한 소리가 들렸다. 사람 소리 같기도 하고 짐승 소리 같기도 했다. 소리 나는 곳을 따라가 보니 여자아이가 감나무에 묶여 있었다. 얼굴은 밥풀로 범벅이 되어 있고 밥그릇은 마당에 뒹굴고 있었다. 그는 그 자리에서 가슴이 내려앉았다.

"이런 장애아들을 방치한 채 무슨 사목을 하며 농민운동을 한다고 돌아다니는가 싶었지. 성당으로 돌아온 뒤에도 그 아이의 모습이 자꾸 떠올랐어. 안 그래도 그때 성당 창고를 치우게 되었는데, 문득 그 아이를 데려다 키워야겠다는 생각이 들었어. 그래서 곧장 목수를 불러 방 두 개, 화장실, 주방을 만들기 시작했지. 그리고 그 아이 부모를 찾아가서 내가 아이를 데려가 키우겠다고 말했어. 그런데 여자아이를 데려와 키우겠다고 하니까 우리 어머니가 걱정을 하는 거야. 데리고 온 다음에 우선 씻기기부터 해야겠다는 생각에서 큰 함지박에 따뜻한 물을 받아 목욕을 시키려고 했지. 그런데 어머니가 질색을 하시는 거야. 아무리 장애라 해도 여자아이라는 게 걸렸던 거 같아. 허허."

성당에서 지적장애아를 돌본다는 소문이 나자 부모들이 아이를 맡기러 오거나 성당 문 앞에다 말없이 아이를 두고 가는 일도 생겼다. 아이들이 금세 13명으로 늘었다. 아이들이 많아지자 사제인 그가 개인적으로 할 일은 아니라는 생각이 들었다. 그래서 그는 박정일 주교를 찾아가 교구차원으로 일을 하고 싶다고 말했다. 교구에서 허락을 받은 뒤 아이들이 머무를 집을 다시 크게 고쳐 1986년 4월 16일 '작은 자매의 집' 축성식을 했다. 이름을 작은 자매의 집이라고 지은 것은 그 무렵 주목받던 샤를 드 푸코 신부의 영성 때문이었다.

샤를 드 푸코는 어린 시절 부모를 일찍 여읜 뒤, 방황 속에서 시간을 보냈다. 그러다 육군사관학교 장교로 북아프리카 반란군 진압에 참여하기도 했다. 그 뒤 모로코 여행 중 그리스도교 신자가 아닌 이슬람 신자들의 신앙을 통해 하느님을 체험하고 회심했다. 그는 예수가 가난하고 미천한 노동자로 살았던 것처럼 예수의 길을 따르기로 한다. 그래서 사하라 사막의 타만라셋이라는 유목민들 마을에 정착해 살며 이슬람 신자들과 살았다. 그는 예수처럼 살기 위해 수도복을 입지 않았고, 초대교회의 모습처럼 작고 단순한 공동체를 이루고 살았다.

문정현 신부는 샤를 드 푸코의 영성에 깊이 동화되거나 하지는 않았지만 가난하고 보잘것없는 이들과 함께 작은 공동체를 이루며 사는 작은 형제 수도회의 정신이 마음에 들었다. 세상 속에 살며 세상과 맞서 싸우는 문정현 신부와 사막의 성자로 관상(觀想)의 삶을 산 푸코 신부의 삶은 얼핏 다른 길을 간 것처럼 보이지만 두 신부의 삶은 다르지 않았다. 푸코 신부는 세속을 피해 사막으로 간 것이 아니라 세상 속에서 가장 가난한 이들을 찾아간 것이었다. 푸코 신부는 나자렛의 가난한 목수로 살아갔던 예수의 삶을 그대로 따라 살고 싶어 했다. 푸코 신부와 문 신부는 예수의 삶 속에서 자신의 길을 찾았던 것이다.

정식으로 작은 자매의 집을 시작한 뒤에는 중앙성당 부녀회나 단체들이 후원을 해주어 경제적으로 부족함이 없었다. 주방 일은 처음에는 어머니가 도맡았지만 아이들이 점점 많아지면서 자원봉사자들의 도움을 받기 시작했다. 그런데 아이들이 점점 늘어나자 부담이 되기 시작했다. 아이들의 교육이나 생활 등 여러 부분에 전문적인 조언이 필요했다. 그는 광주에서 엠마우스 복지관을 하는 천노엘 신부를 찾아가 도움말을 듣기로 했다. 천 신부는 장애인들이 수용시설에서 사는 것보다 지역사회에서 비장애인들과 함께 살아가는 것이 가장 바람직하다는 취지에서 직접 그룹 홈을 만들어 활동을 하고 있었다. 그는 천 신부에게 자신이 하려는 지적장애인 시설에 대해 설명한 뒤 조언을 구했다. 그러자 천 신부는 장애인들을 사회복지시설에 수용하는 일에 관해서라면 자신과 할 얘기가 없다고 냉랭하게 말했다. 처음에는 천 신부의 태도가 너무 지나치다는 생각이 들어 화가 났지만 곰곰이 생각하니 천 신부 말이 옳았다. 문제는 당장 가족에게서 버려지는 지적장애인들을 방치할 수밖에 없는 현실이었다. 그는 작은 자매의 집을 그대로 하되, 아이들이 50명을 넘지 않는다는 원칙을 세웠다.

아이들이 20명, 30명으로 늘어나자 집이 너무 좁았다. 작은 자매의 집을 장계성당에서 독립시키고 집을 넓혀야겠다고 생각했다. 여기저기 터를 알아보던 중 전주교구 총대리신부가 익산 해바라기 농장 터를 소개했다. 해바라기 농장에 있던 사무실을 개조해 작은 자매의 집을 옮겼다. 박정일 주교는 1988년에 그가 작은 자매의 집 활동을 쉽게 할 수 있도록 익산 창인동성당으로 발령을 내주었다. 그 뒤, 작은 자매의 집은 창인동성당 신심단체들의 도움을 받아 건물을 새로 짓고 남녀 아이들을 분리할 수 있게 되었다. 1992년부터는 사회복지법인이 되어 정부 지원금을 받게 되었다. 시에서는 수용인원을 120명으로 늘리자고 했지만 그는 50명을 넘지 않는다는 원칙을 지켰다. 우연히 만난 지적장애아를 도와야겠다는 생각에 시작한 일이 커졌지만 그는 작은 자매의 집이 자신의 사업이라고 생각하지 않았다.

"작은 자매의 집을 하면서 아이들에게 애정이 깊어지고 나중에는 작은 자매의 집에 애착을 갖게 됐지. 그렇지만 항상 자매의 집, 본당, 사회 활동이 함께 가는 거라고 생각했어. 만약 내가 작은 자매의 집에 몰두했다면 잘못 빠졌을지도 몰라. 내가 성격상 무엇이든 한번 빠지면 정신없이 빠져들잖아? 아마 사회복지사업한다고 좋은 소리 들으면서 저돌적으로 방방곡곡 다니며 도와달라고 하고 그랬을 거야. 명분도 좋고, 인기도 끌 수 있었을 거고. 그러면 아마 꽃동네처럼 감당할 수 없을 만큼 커지게 됐을지도 몰라. 내가 사회운동이나 본당신부로서의 역할을 놓지 않은 게 잘한 거지.

사람들은 내가 작은 자매의 집 아이들을 돌본다고 생각했을지 모르지만 사실 아이들이 나를 얼마나 보살폈는지 몰라. 내 차가 집에 있으면 아이들 마음이 편안해진대. 차가 없으면 내가 어디에 가 있는지 그때부터 관심사가 되는 거지. 내가 가는 곳이면 저희도 가고 싶어 하고……. 장애인이라고 받기만 하는 게 아니야. 그 아이들이 내게 더 큰 것을 주었지. 큰 사랑을 받았어. 사실 나는 아이들만도 못해……."

거리에서 시위를 하다 분노에 차 돌아왔을 때, 국가와 자본의 폭력에 희생되는 민중들과 함께하다 절망하고 있을 때, 그를 다시 하느님의 길로 나서게 했던 것은 작은 자매의 집 아이들이었다. 그 아이들과 미사를 올리고 예수님의 몸인 영성체를 나눠 먹고 나면 다시 민중들 속으로 들어갈 힘이 생겼다. 그러나 늘 밖으로 도는 탓에 아이들을 제대로 돌보지 못한다는 미안함이 한켠에 있었다. 오룡동성당을 끝으로 더 이상 성당을 맡지 않게 되면서 예전보다 작은 자매의 집에 전념할 수 있는 환경이 주어졌지만 군산 미군기지 문제, 소파개정국민행동, 효순이·미선이 사건, 매향리 폭격장 문제로 늘 거리로 나가야 했다.

"그래도 어딜 갔다가도 밤늦게라도 집에 오려고 애를 썼지. 새벽에 미사를 올린 뒤에 아이들하고 아침밥을 먹을 때가 가장 행복했으니까. 그 아이들이 내 에너지의 원천이었어. 힘들 때 그 아이들한테 위로받을 때마다 생각했지. 아, 내게 이 아이들을 보낸 것이 하느님의 배려구나."

사랑하지만 놓아야 하는

그런데 2005년 대추리에 들어가 살게 되면서 작은 자매의 집에는 주일에만 들르게 되었다. 오랫동안 함께한 수녀들과 사회복지사들이 잘 운영하고 있었지만 아이들을 볼 때마다 자신이 최선을 다하지 못한다는 생각이 들기 시작했다. 아이들이 다가와 볼을 비비고 어리광을 피우며 좋아하는 걸 보면 마냥 좋다가도 걱정과 미안한 마음이 들기 시작했다. 또 2003년 꽃동네 운영비리가 알려진 이후 보건복지부 법령이 바뀌고 장애인 수용시설에 대한 전문적인 요구들이 많아졌다. 물론 자신이 의지를 갖고 전문적인 공부를 더 해 작은 자매의 집을 더 잘 꾸려 나갈 수도 있었다. 그러나 그는 사회사목 역시 중요한 역할이라고 생각하고 있었다. 그는 고심한 끝에 작은 자매의 집을 사회복지를 전공한 후배 신부에게 넘겨주어야겠다고 결심했다.

2007년 2월 대추리를 떠나 익산으로 돌아온 문정현 신부는 이병호 주교에게 편지를 보내 작은 자매의 집을 그만두고 은퇴하겠다는 뜻을 밝혔다. 막상 은퇴 허락 전화를 받고 나니 아이들과 헤어질 생각에 억장이 무너질 것 같았다. 그는 작은 자매의 집을 정리하는 6개월 동안 사제관 2층 방에서 아이들이 학교에 가고 오는 것을 보며 눈물을 흘렸다. 마당에서 뛰어노는 아이들을 볼 때마다 '저 아이들을 어떻게 두고 가지?' 하는 생각에 눈물이 쏟아져 내렸다. 그의 등에 업히는 것을 좋아해 다른 아이들의 시샘을 받았던 태현이를 비롯해 순이, 성찬례, 영근과 안토니오, 미옥이, 경환이, 그리고 하늘나라로 간 덕만, 진이, 상현이가 눈에 밟혔다.

은퇴미사를 하는 날, 제단에서 내려와 아이들을 한 명씩 안아 주면서 그는 눈물을 참지 못했다. 신부님과 마지막 미사를 드렸다는 걸 모르는 아이들은 여전히 그에게 어리광을 피우고, 신부님과 헤어진다는 걸 이해한 아이들은 그와 함께 울었다. 그렇게 아이들을 떠나 온 뒤 그는 작은 자매의 집에 간 적이 없다. 그것이 새로운 책임자에 대한 예의라고 생각했다. 한번은 함께 사는 평화바람 식구가 그를 태우고 익산으로 가는 길에 빠른 길로 가려고 작은 자매의 집 앞을 지나갔다. 그는 작은 자매의 집을 보는 순간 눈물이 쏟아져 참을 수가 없었다. 운전하던 식구에게 애꿎게 불뚝성을 내고 말았다.

2010년 「가을의 신부, 길 위의 신부」 공연 때 아이들이 와서 '아빠'를 찾았다. 그는 아이들을 바라보며 하염없이 눈물을 흘렸다. 아직도 자신을 잊지 않고 아빠라고 불러 주는 아이들은 눈에 넣어도 아프지 않은 자식이나 마찬가지였다. 그러나 그는 그 아이들을 눈에만 담고 다시 보냈다. 2011년은 작은 자매의 집을 만든 지 25주년이 되는 해이다. 그러나 그는 그곳으로 발길을 하지 않았다.

작은 자매의 집, 2004

노동자의 집을 통해 각 사업장의 파업과 노동자들의 현실에 가까이 다가가면서부터
생각이 달라졌다. 무엇보다 10대 후반에서 20대 초반의 어린 노동자들이 라면으로
끼니를 때우며 노조를 만들기 위해 헌신하는 것을 보면서 점점 그들에게 동화되어
갔다. 그가 아코디언을 배우고 연주하게 된 것은 그 노동자들과 어울리려는 마음에서였다.

3부
노동자와 함께 거리로

1

노동자의 집

    문정현 신부가 노동 문제에 대해 깊이 관여하게 된 것은 1988년 창인
동성당에 부임하고부터다. 창인동성당에는 그가 부임하기 전부터 '노동
자의 집'이 있었다. 노동자의 집은 1979년부터 가톨릭노동청년회 조직
활동가 이철순의 제안으로 만들어졌다. 서울에서 익산으로 내려와 태
창메리야쓰를 비롯한 민주노조 활동을 지원하던 이철순은 전북에도 노
동자의 집이 필요하다는 생각에서 당시 교구장인 박정일 주교에게 네덜
란드의 '세베모'라는 교회 지원 단체에 프로젝트를 받자고 제안했다. 박
정일 주교의 승인이 내려지자 세베모에서는 노동자의 집에 대한 재정지
원을 승낙하면서 점차적으로 교구 자체의 재정지원을 늘려 자립해야
한다는 원칙을 제시했다. 이를 계기로 1983년 천주교 전주교구 노동자
의 집이 개설되었고, 이듬해 12월에는 창인동성당, 1985년에는 전주 전
동성당, 1986년에는 군산 오룡동성당에서 노동자의 집이 문을 열었다.

"창인동 본당신부로 부임하기 전부터 노동자의 집에 자주 드나들었지. 장계성당에 있던 1987년 익산의 후레아패션 노조 파업투쟁에 친구인 리수현 신부가 관여하면서 노동운동을 가까이 접했고 그 뒤 노동사목에 관심을 가졌지."

후레아패션은 익산 수출자유지역에 1978년에 들어선 독일 기업이었다. 익산은 1970년 1월 마산과 더불어 수출자유지역으로 지정된 뒤, 1974년에 29만 평 규모의 공단이 조성되었다. 수출자유지역에는 외국 기업에 대한 관세 혜택이 주어지고, 노동조합 설립이 법적으로 금지돼 외국 기업이 대거 입주했다. 후레아패션은 전북 내에서 꽤 규모가 큰 의류공장이었지만 노동조건은 형편없었다. 초임 일당이 2700원으로 최저였고, 주야 2교대로 혹사를 당하고 있었다.

1986년 4월 후레아패션 노동자들은 회사 쪽에 16.5%의 임금 인상을 요구하며 힘겨루기를 하고 있었다. 그런데 어용노조 위원장이 독단으로 회사와 12.5%의 인상안에 타협하고 잠적해 버렸다. 후레아패션 노동자들은 이 타결이 무효임을 선언하고 파업에 돌입했고 회사 쪽은 기습적으로 휴업공고를 낸 뒤 12명을 해고했다. 노동자들은 16.5%의 임금 인상, 최저생계비 보장, 부당해고 철회를 내걸고 파업에 돌입했다. 그때 독어를 할 줄 알았던 리수현 신부가 독일 총리에게 후레아패션의 노동탄압 사건에 대해 편지를 써 보내며 노동자들을 도왔고 문정현 신부도 노동운동에 대해 관심을 갖게 되었다.

문정현 신부가 노동자들의 삶 속으로 더 가까워지는 가장 큰 계기는 창인동성당에서 익산 노동자의 집 실무자로 온 오두희와 만나고부터다. 문정현 신부와 오두희의 만남은 전북지역의 노동운동을 시작으로 군산 미군기지 싸움·소파 개정운동·반전평화운동·대추리·용산 남일당까지 단단한 동지 관계로 이어졌다. 그는 오두희라는 활동가를 만남으로써 노동사목운동에 더 투신할 수 있었고, 예수의 사람들과 더 가까워질 수 있었다.

그가 창인동성당으로 갔을 무렵, 전북에서는 국제정비·아세아 스와니·성일통상·태양전구·쌍방울·한성·경성고무 따위의 크고 작은 사업장에서 노조 결성과 어용노조 반대 민주화운동이 일어나고 있었기 때문에 노동자의 집으로 노동자들이 몰려들었다. 노동자들은 처음에는 새로 부임한 그에게 쉽게 신뢰를 보이지 않았다. 그 역시 아직 핍박당하는 노동자들에 대한 이해가 미흡했다. 장계성당에서 가톨릭농민회 활동을 하며 민중들과 함께했지만 그때만 해도 그는 사목자로서 농민들 앞에 서고 신자인 농민들은 그를 따르는 모습이었다. 또 장계성당에서 만난 농민들은 거의 다 천주교 신자들이었기 때문에 소통하기가 훨씬 수월했다. 그러나 노동자의 집에서 만나는 사람들은 아직 어린 젊은이들이 대부분이었고 천주교 신자도 아니었다. 게다가 운동권 신부로 소문난 그를 별로 신뢰하지 않고, 오히려 처음에는 고깝게 바라보며 거리를 두었다. 그 때문에 그는 자주 기분이 상했고 때로 모욕감도 느꼈다. '나는 나름대로 정의구현사제단 활동을 하며 농민이나 노동자 편에 서 있는 신부'라는 자부심과 고집이 있던 때라 노동자들이 자신의 말을 잘 안 듣는다는 생각이 들면 화부터 냈다.

그런데 노동자의 집을 통해 각 사업장의 파업과 노동자들의 현실에 가까이 다가가면서부터 생각이 달라졌다. 무엇보다 10대 후반에서 20대 초반의 어린 노동자들이 라면으로 끼니를 때우며 노조를 만들기 위해 헌신하는 것을 보면서 점점 그들에게 동화되어 갔다. 그가 아코디언을 배우고 연주하게 된 것은 그 노동자들과 어울리려는 마음에서였다. 노동자들이 자주 부르는 행진곡풍의 노동가요를 아코디언으로 멋지게 연주하면 함께 어울리기 좋고 시위현장에서 격려도 해줄 수 있을 것 같았다. 그러나 그저 꿈일 뿐이었다.

"노동자들이 모여 있을 때 내가 아코디언을 메고 연주를 해주겠다고 하면 사람들이 잔뜩 기대를 했지. 그런데 연주는 제대로 안 되고 그저 삑삑거리기만 하면 젊은이들은 슬쩍 자리를 비우거나 자기들끼리 떠들어 대. 그러면 머쓱해져서 그만두어야 했지."

그 무렵 그가 할 수 있는 최선의 길은 노동자들이 거리에서 시위를 할 때 방패막이가 되어 경찰과 맞서는 것 정도였다.

시위가 한창이던 그 무렵, 익산 시내 고물상마다 2홉들이 소주병이 동이 났다는 소문이 돌았다. 며칠 뒤 있을 시위 때 쓰려고 노동자들이 소주병을 다 수거했기 때문이라는 것이었다. 정말로 밤마다 사제관과 가까이 있던 노동자의 집에서 밤새도록 소주병 부딪치는 소리, 베 찢는 소리가 났다. 화염병을 만드는 것이다. 그는 화염병 때문에 사람들이 다칠 걸 생각하니 걱정이 되어 잠을 이룰 수 없었다. 참다못해 인터폰으로 혼을 내며 말렸지만 노동자들은 아랑곳하지 않았다. 다음 날 시위가 열리는 현장에 간 그의 눈에 가장 먼저 들어온 것은 경찰에게 밀리다가 심하게 맞고 잡혀가는 노동자들이었다.

"시위가 있는 날이면 나는 항상 오토바이를 타고 시위가 열리기로 한 곳을 한 번씩 둘러보고 왔지. 시위 때마다 어린 노동자들이 많이 다치니까 걱정이 됐거든. 시위가 시작되고 어린 애들이 경찰한테 맞고 터지는 걸 보면 그걸 지켜보던 내가 나도 모르게 '화염병 더 없냐? 성당에서 실어 와. 그것밖에 안 남았어?' 그런다고. 간밤만 해도 화염병을 만들면 안 된다고 야단치던 사람이 노동자들이 밀리고 잡히고 깨지는 걸 보면 정말 살기 위해 화염병을 찾게 되고, 왜 이렇게 화염병을 쬐끔 만들었냐고 오히려 소리를 지르고……. 정말 마음이 왔다 갔다 했지."

그는 시위현장에서 어린 노동자들이 화염병을 던지다가 화상을 입는 모습을 많이 보았다. 노동자들은 병원에 가지 않고 상처에서 구더기가 나올 때까지 미련스럽게 견뎠다. 어려서부터 아파도 병원에 가지 못하고 참는 게 몸에 배어 있었던 것이다. 그러면서도 그들은 자신과 동료들의 권익을 위해서는 몸을 사리지 않았다. 그는 어린 노동자들을 통해 정의와 사랑을 보았다. 노동자의 현실을 바로 곁에서 보게 된 그가 노동자 편에 서는 것은 당연한 일이었다. 또 노동자들은 시위현장에서 자신들과 똑같이 경찰과 맞서는 문정현 신부를 보며, "아, 저 사람은 우리 편이다. 최소한 양다리를 걸치는 사람은 아니다." 하고 인정하기 시작했다. 그가 노동자들 편에 서서 공권력과 싸웠던 힘의 원천은 공권력에 대한 분노보다는 약한 이들에 대한 연민이었다. 또 어린 노동자들을 통해 다시 깨달은 정의와 진실에 대한 믿음이었다.

창인동성당은 노동자의 집이 있는 성당이었지만, 사목회 구성원은 기업의 관리직, 중소기업 대표를 비롯한 중산층이 많았다. 사목위원들은 성당 주임신부이면서도 노동자의 편만 드는 그를 썩 달가워하지 않았다. 사목회의 때나 개인적으로 만났을 때 노동자 얘기를 꺼내는 것을 조심스러워했다. 그러나 그는 노동자의 집 책임신부이면서 동시에 창인동성당의 주임신부이니 사목회 임원이나 교우들과도 어울려야 했다. 어쩌다 성당에 다니는 교수, 회사 관리자, 의사, 사업가 같은 유지들의 초대를 받으면 노동자의 집 실무자들과 가게 될 때도 있었다. 그런데 노동자의 집 실무자나 노동자들 역시 사목회 임원이나 유지들에 대한 적대감이 커서 그들이 한마디라도 잘못하면 직설적으로 쏘아 대고 대들었다. 노동자들의 처지에서 보면 그들은 부를 누리기만 하고 가난한 이들의 삶을 이해하지 못하는 사람들이었다. 그래서 식사 자리는 늘 불편해졌고 그로서는 좌불안석이었다. 사목회 임원들은 밥을 먹는 자리에서 노동자들을 배우지 못하고 버르장머리 없는 사람들이라고 비난하고 무시할 때가 있었다. 그때마다 그는 주임신부로서 균형을 잡으려고 노력했지만 끝내 서로 언성을 높이게 되는 경우도 종종 있었다. 그러다 아예 성당에 발길을 끊는 신자들도 있었다. 특히 전주 노동자의 집 책임자였던 박복실은 괄괄한 성격이고 정의감이 강한 편이라 사목회원들과 자주 부딪쳤다. 그때마다 그는 박복실을 꾸중했지만 속으로는 그의 행동이 이해가 되고 몹시 안쓰러웠다.

잊을 수 없는 젊은 노동운동가 박복실

박복실은 문정현 신부가 가장 잊지 못하는 노동자이다. 그가 박복실을 처음 만난 것은 1982년 태창메리야쓰 민주노조탄압 사건 때였다. 태창메리야쓰에 민주노조가 생긴 것은 1981년 JOC 회원인 박복실이 위원장에 뽑히면서다. 민주노조는 회사 쪽의 부당노동행위에 적극적으로 대처해 나가고 있었다. 그런데 1982년 4월 3일 부산 미문화원 방화사건으로 최기식 신부가 연행되자, 태창 쪽에서 JOC를 불순세력이라고 몰아가면서 "창인동성당 김영신 신부도 이에 동조하는 세력이며, JOC도 도시산업선교회 계열이다. JOC가 들어오면 회사가 망한다."라는 헛소문을 퍼뜨렸다.

그해 5월 29일 태창 노조의 새 위원장 선거에서 민주노조의 문진주가 당선됐다. 그러자 회사와 반노조 세력은 대의원대회를 방해하고, 위원장과 대의원들을 폭행했다. 8월 3일 태창 쪽은 끝내 민주노조 조합원들을 강제해고했다. 그때부터 태창 노동자들의 싸움이 시작되었다. 해고노동자들 중에는 JOC 회원이 많았다. 회사 쪽과 정보기관은 합세해 이들을 용공으로 몰며 흑색선전을 했다. 당시 전주교구 정의평화위원회 위원이었던 문정현 신부는 이 사건에 대해 진상조사를 했다. 정의평화위원회에서는 태창메리야쓰 사건은 단순히 한 회사에서 자행한 노동자 탄압 사건이 아니라 전두환 정권이 집권을 공고히 다지기 위해 조직적으로 민주노동운동을 탄압한 것이라고 규정했다.

태창 해고노동자들은 다른 공장에 들어갔지만, JOC 회원이고 블랙리스트에 올랐다는 사실이 밝혀지면서 또다시 해고되었다. 소기화·박복실·문진주·김덕순·박종순·김선옥 6명의 해고자는 1983년 7월 7일 '태창은 해고자를 모두 즉각 복직시키라'고 주장하며 무기한 단식에 들어갔다. 전주교구 사제단은 창인동성당에서 '부당해고자를 위한 기도회'를 열고 전주교구 각 성당마다 '태창 해고노동자 복직, 노조 탄압 중지'라는 플래카드를 내걸었다. 전주교구 전체가 한마음으로 노동자의 탄압에 항의하고 노동자들의 아픔에 함께한 것이다. 또 7월 26일에는 문정현 신부가 주임으로 있던 중앙성당에서 '인권 회복을 위한 전국 기도회'를 열어 태창·오송회·부산 미문화원 사건에 대해 보고했다. 기도회에는 전주교구 사제들뿐 아니라 광주·원주·서울·인천·안동 교구의 사제들과 신자 천여 명이 모였다. 민통련 의장 이부영·문익환 목사·이창복·김근태·윤순녀·박순희·이영순 등 여성 노동운동가들을 비롯한 재야운동가들도 참석했다.

그가 태창메리야쓰 노조 지부장이었던 박복실을 만난 것은 가톨릭센터 사목국장 방에서 단식농성을 하고 있던 1983년 여름이었다. 그러나 그때는 적극적으로 돕지는 못하고 뒤에서 간접적으로 후원하는 입장이었다. 그러다 1988년 익산 창인동성당으로 옮겨와 전주교구 노동자의 집 책임자가 되면서 자주 만나게 되었다.

박복실은 의욕과 욕심이 많아 누구한테든 지려고 하지 않고 똑 부러지는 젊은이였다. 키가 크고 씩씩하고 명랑하면서도 마음은 여리고 인심이 좋았다. 태창에서 해고된 뒤, 광전자·원일택시·군산경성고무 등지에 입사했지만 블랙리스트에 올라 무려 일곱 차례나 해고되었다. 그러다 1987년부터 전주 노동자의 집에서 일을 하기 시작했다. 박복실이 세를 살던 집은 연탄을 때는 비좁은 부엌에 겨우 두 사람 정도 누울 수 있는 방 하나가 전부였다. 부엌살림은 냄비 몇 개, 밥 그릇 몇 개가 전부였고 라면이 주식이나 마찬가지였다. 그는 박복실이 위암에 걸린 까닭이 그런 고난한 삶 때문이라고 생각했다.

박복실이 요양하는 동안 전주교구 이병호 주교가 병문안을 간 적이 있었다. 주교는 통증으로 고통스러워하는 박복실을 보고 진통제라도 먹으라고 권했다. 그러자 박복실은 "예수님께서도 진통제를 먹고 돌아가셨나요?"라고 되물었다고 한다. 박복실이 투병하고 있을 때 함께 일하는 동지들이 연 '복실이를 위한 밤'에서 아픈 몸으로도 「동지가」를 부르고 "노동자 만세!"를 외쳤다. 많은 이들이 그가 투병을 마치고 현장으로 돌아오길 바랐으나 1992년 끝내 세상을 떠나고 말았다. 그는 박복실의 기일마다 함께했던 동지들과 추모미사를 갖는다. 또 자신의 방에 박복실의 영정사진을 걸어 놓고 있다.

"복실이의 그 뿌연 영정사진을 볼 때마다 가슴이 아파. 복실이를 위한 밤 때 내가 복실이를 업고 춤을 췄는데 그렇게 덩치가 좋던 아이가 얼마나 야위었는지 가볍더라고. 그때 기억을 잊을 수가 없네."

선명한 사진 한 장 남기지 못한 한 젊은 노동운동가의 삶과 죽음은 그가 길 위에서 내려오지 않는 또 하나의 이유가 되었다.

2

노동자와 동지가 되다

1989년부터 전북지역에서도 노동자 탄압 분쇄와 전국노동조합협의
회(전노협) 건설을 위해 날마다 시위가 있었다. 시위를 나갈 때마다 노동
자들은 성당 마당에 모여 경찰이 최루탄을 쏘며 밀고 들어올 때를 대비
한 연습을 했다. 그는 그것이 아무것도 가진 것 없는 노동자들이 공권력
에 맞서 싸우기 위한 불가피한 일이라고 생각했다. 그런데 사목위원 몇
사람이 와서 점잖은 말투로 "신부님, 노동자의 권익을 위해 데모하는 건
좋지만, 총검술을 성당 마당에서 하시면 되겠습니까?" 하고 물었다. 그
는 "그럼 노동자들은 만날 경찰들한테 당하라는 말이냐?" 하며 도리어
호통을 쳤다.

창인동성당은 익산 시내 인북로라는 큰길가에 있어서 주변에 관공서
들이 가깝고 특히 경찰서와는 5분도 안 걸리는 거리에 있었다. 게다가
익산에서 일어나는 노동자들의 집회는 언제나 창인동 노동자의 집에서
시작해 그곳에서 끝나 성당은 늘 경찰의 사찰 대상이었다. 그때 창인동
성당은 노동자투쟁의 메카였고, 그는 노동자의 아버지였다.

익산에서 시위가 벌어지면 삼남극장 골목과 중앙시장 사거리에서 경
찰과 맞붙는 일이 잦았다. 시위대가 한곳에 몰려 있을 때 최루탄이 터
지면 꼼짝없이 눈물 콧물을 흘리는 수밖에 없었다. 저마다 최루탄을 피
하려고 뛰다 보면 돌멩이에 맞아 다치고 자동차에 부딪혀 코가 깨지는
일이 흔했다. 또 신발이 벗겨져도 내팽개치고 달아나야 했던 통에 거리

는 쑥대밭이 되었다.

1991년 박창수 의문사 진상규명 대회가 전국에서 일어날 때 익산에서도 시위가 계획됐다. 박창수 의문사 진상규명 대회는 그해 5월 6일 새벽 한진중공업의 박창수 노조위원장이 안양병원 마당에서 주검으로 발견되면서 시작되었다. 박 위원장은 죽기 전날 경찰에 연행되었다가 이마에 세로 6cm의 상처가 나서 안양병원으로 이송돼 입원해 있다가 주검으로 발견되었다. 그런데 안기부가 사망경위를 발표하면서 몇 번씩 번복을 해 그의 죽음은 의문투성이가 되었다. 게다가 검찰은 유족과 합의한 부검을 독단적으로 해버리고 결과도 밝히질 않았다. 그러자 '박창수 의문사 진상규명'을 요구하는 투쟁이 안양을 시작으로 전국으로 확산되었다.

문정현 신부는 시위에 가기 전, 최루탄을 막는 데 좋다는 물안경을 샀다. 또 농민들이 농약을 칠 때 쓰는 마스크도 구하고 치약도 챙겨 넣었다. 시위가 시작된 뒤, 경찰에 밀리고 밀려 시장 골목에 시위대 몇 명이 몰려 있게 되자 그는 노동자들을 격려하기 위해 시위대 앞으로 나와 서서 외쳤다. "여러분! 전경들이 와도 도망가지 마세요. 최루탄이 무서우면 나처럼 하세요." 그러면서 준비해 간 물안경을 쓰고 치약을 꺼내 눈과 코밑에 바르고 마스크를 썼다. "이러면 최루탄 냄새를 조금이라도 견딜 수 있습니다." 그의 이야기가 재미있었던지 시장 골목의 상인들이 우르르 몰려들었다. 그러자 경찰은 갑자기 시위대가 커진 줄 알고 최루탄을 쏘아 대고 상인들은 놀라서 흩어졌다. 그는 물안경을 쓴 채 최루탄을 쏘는 경찰에게 다가가 한 경찰 간부의 허리춤을 붙잡고 항의했다. 그러자 부하들이 달려들어 그를 길바닥에 내동댕이쳤다. 경찰은 아스팔트 바닥에 나동그라진 그의 몸 위에 최루가루를 흠뻑 뿌렸다. 그리고 그의 몸을 아무렇지도 않게 넘어가 버렸다.

"그때 나만 그런 게 아니라 오두희도 내 옆에 있었어. 사과탄이 터져 오두희 얼굴이 최루탄 범벅이 됐는데도, 지나가던 사람이 정신을 잃은 나만 알아보고는 들쳐 업고 병원에 데리고 갔어. 오두희는 그냥 그대로 방치되어 있었던 거지. 그 생각만 하면 미안해. 신부라는 이유로 나는 늘 최악의 경우는 피할 수 있었으니까."

그는 노동자의 집 지도신부로 있으면서 사제의 자세에 대해서도 새롭게 인식하게 되었다. 사제는 지도자가 아니라 노동자의 협력자여야 한다는 것을 깨달은 것이다. 그는 다른 사제처럼 권력을 휘두르기보다 노동자들을 통해 배운 것을 겸허히 인정하는 드문 사제였다. 노동자들과 함께하면서 다른 어떤 이론보다 노동자들이 자신의 삶에서 터득한 지혜가 노동운동의 바탕이라는 것을 인정하게 되었다. 노동자들은 운동의 방향이나 방법을 정할 때 자신들이 직접 현장과 거리에서 싸우며 얻어 낸 경험을 토대로 논의하고 결정했다. 그것이 바로 민주적인 토론 방식이었다. 그는 그 방식을 성당 사목에 적용했다. 사목회원들의 용기나 의욕을 꺾기보다는 그들의 말에 귀를 기울이고 여러 사람이 충분히 논의하게 한 뒤, 거기서 도출된 결론을 가지고 본당을 이끌어 가는 방법을 배운 것이다. 1992년 창인동성당을 떠난 뒤에도 노동자의 집 지도신부를 맡게 되는 후배 신부들에게 "사목자의 몫은 무조건 가르치고 끌어가는 것이 아니다. 실무자들이 어떤 방식으로 행동을 결정하고 어떤 방법으로 계획을 꾸려 가는지 그 과정을 지켜보면서, 정말로 민주적인 절차에 의해 결정이 되었다면 기꺼이 동참해야 한다."고 조언했다.

노동사목의 합법성을 설파하다

1987년 울산에서 시작된 노동자 대투쟁은 88, 89년 전노협 건설의
불길로 이어지며 전국으로 퍼져 갔다. 전북에서도 1988년 본격적인 임
금인상 대투쟁을 시작으로 이듬해 전북지역노동조합연합회(전북노련)를
결성하기에 이르렀다.

전북에서 가장 먼저 투쟁을 시작한 곳은 택시노조였다. 택시노동자
들은 정보가 빠르고 감각이 뛰어났다. 익산뿐 아니라 전주에서도 택시
가 먼저 앞장섰고, 그 뒤로 제조업이 따라가서 민주노조 운동이 활기를
띠었다. 노동자의 집에서는 노조 상담을 해주고 현장에서 노조가 만들
어지면 지원활동을 했다. 그래서 전주·익산·군산의 노동자의 집은 전
노협의 지역조직인 전북노련으로 가는 과정의 중심에 있었다. 바로 그
시기에 문정현 신부는 전주교구에 있는 노동자의 집 세 곳의 책임신부
였고 전주교구 노동사목위원회의 위원장을 4년 동안 맡았다. 노동자의
집은 정보기관이나 기업체 등 반노조 세력의 표적이었고, 그는 노동자
의 집을 지키는 울타리 구실을 해내야 했다.

노동자의 집처럼 가톨릭 정신에 따라 노동운동을 하는 가톨릭노동
사목은 서울·부산·인천·부천·대구·전주·구미·광주·성남·안산의
교구마다 한두 곳이 있었다. 각 지역 노동사목은 1987년부터 민주노총
출범 때까지 노동운동에서 중요한 몫을 해왔다. 노동사목에는 자신의
삶을 온전히 노동운동에 투신한 활동가들이 많았다. 특히 1970년대부
터 민주노조 운동을 해온 여성 활동가들인 박순희·정인숙·이총각·조
금분이 지역 노동사목 책임실무자로 일했다. 전주교구 노동사목인 노동

자의 집에는 박순희·오두희 같은 활동가들이 있었다. 그들이 전국 가톨릭노동사목의 연대에 큰 구실을 한 덕분에 문정현 신부도 자연스레 전국 가톨릭노동운동에 관심을 가질 수밖에 없었다. 노동사목은 전노협 결성에도 큰 역할을 했다.

자연히 보수적인 교회 인사들은 노동사목을 못마땅해 했고 주교들도 무척 버거워했다. 노동사목은 현장 중심의 활동을 바탕으로 진보적인 노동운동을 했기 때문이다. 노동사목은 JOC와는 활동이 구분되었다. JOC는 70년대 말 80년대 초까지 현장에서 활발히 활동하며 민주노조 운동을 지원하고 노동사목의 모태가 되었지만, 회원들 중심의 교회 내 노동자운동을 지향했다. JOC는 주교단의 공인단체이지만 노동사목은 천주교신자인 노동운동가들이 자발적으로 만든 것이라 주교단의 공인을 받지 않았다. 그러다 보니 주교단은 교회 내의 공인과 비공인이라는 기준을 내세우며 가톨릭노동사목을 교회 안에서 배제하려 했고, 심지어 가톨릭이라는 단어를 빼라고 주문하기도 했다. 특히 서울교구·대구교구·수원교구에서는 교구 이름으로 노동사목 활동을 하지 못했다. 그러나 인천교구·부산교구·전주교구에서는 산하 노동사목으로 인정받아 상대적으로 활발하게 활동할 수 있었다.

한번은 익산 영등동성당 사목회 임원들이 노동자의 집을 폐쇄해야 한다는 뜻을 자기네 주임신부에게 전했다. 안복진 주임신부는 익산지구 지구회의에 이 사안을 안건으로 내놓았다. 노동자의 집을 없애려면 익산지구 지구회의에서 결정해 교구의 승인을 받아야 했기 때문이다. 그러나 그때 지구장이 바로 문정현 신부였다. 그는 지구회의에 참여해 임원들에게 말했다.

"여러분, 생각해 보시오. 박정일 주교님은 운동권을 지지하는 분이 아닙니다. 그런데 참 아이러니하게도 창인동성당 구내에 노동자의 집을 승인한 분이 박 주교님입니다. 노동자의 집은 교황 레오 13세의 「새로운 사태」의 정신을 바탕으로 외국의 원조를 받아서 만들어진 것입니다. 「새로운 사태」는 세계사로나 교회사로나 기념비적인 문건입니다. 산업혁명을 겪은 뒤 사회나 교회에서 노동자들을 위한 정책이 제대로 없을 때 발표된 「새로운 사태」는 지구촌 노사관계에서 표준양식처럼 되었습니다. 바로 그 헌장을 기념하기 위해 만든 것이 노동자의 집입니다. 노동자의 집은 창인동성당이 아니라 하더라도 익산 어디에든 만들어졌을 것입니다. 이를 없애는 결의를 한다는 것이 올바른 신앙행위라고 생각합니까?"

문정현 신부는 지역유지나 자본가들이 주로 모인 사목회가 노동자의 집을 불온시하는 것에 대해 교황이 만든 회칙을 제시하면서 노동자의 집이 교회 내에서도 합법적인 활동이라는 것을 강조하였다. 결국 노동자의 집은 그대로 남게 되었다.

노동운동가 박순희의 회고 ─ 다혈질 신부 문정현

원풍모방에서 노동운동을 시작한 박순희는 자신과 오랫동안 동지관계를 맺어 온 문정현 신부를 이렇게 기억했다.

"신부님은 재판정에서 처음 봤어. 1975년 3·1절 사건으로 구속돼서 재판받으실 때. 나는 그때 JOC 활동을 하면서 원풍모방 전신인 한국모방에 들어가 노조운동을 하고 있었는데 천주교 주교, 신부님들이 정의를 위해 앞장서는 것에 눈이 번쩍 띄었지.

문정현 신부님 재판받을 때 법정에 한 번도 안 빠지고 방청을 했어. 첫인상은 카리스마가 있다고 느꼈지. 눈초리가 예사롭지 않았고, 곱슬 머리에 시커먼 얼굴이 참 인상적이었어. 법정에서 문 신부님이 발언하는 걸 듣다 보면 우리 노동자들에게 기가 막힌 힘이 됐지. 나 같은 경우는 신앙심으로 노동운동을 시작한 거였으니까 문 신부님 같은 분은 거의 하느님으로 보였어. 그러나 교구가 달라 함께하지 못하다가 전주 중앙성당에 계실 때 알게 됐지.

서울에서 바르게 노동조합 활동을 한다는 민주노조는 다 박살나고 감옥 갔는데 전주 쪽에서는 태창메리야쓰를 기점으로 민주노조운동이 시작된 거야. 멋모르고 막차를 탄 셈이지. 내가 전주에 내려가니까 이미 일이 뻥 터져 있는 거야. 태창 노조 간부를 만나 교육을 하게 되었는데 그때 오두희는 이미 노동자의 집에 와서 일을 하고 있었고, 전주 중앙성당에는 문 신부님이 계시고 이리 주현동성당에는 리수현 신부님이 계셨으니 든든하고 일을 열심히 할 수 있겠다고 생각했지. 그때부터 무슨 일 있으면 중앙성당으로 갔어. 그때는 농민회 활동이 활발했을 때였잖아. 농민들이 주로 중앙성당에서 기도회를 했지. 그때 태창메리야쓰가 구체적으로 일을 시작하게 되었고, 단식투쟁도 교구청에 들어가서 하고 그랬는데 그때부터 신부님이 도와준 거지.

기억나는 일은 1983년 7월에 태창메리야쓰 문제로 중앙성당에서 기도회를 했을 때야. 그때는 시위라는 것이 원천적으로 봉쇄되고 서울에서도 투쟁을 하는 데가 없었어. 전북에서 기도회를 연다니까 서울에서까지 재야운동가들이 많이 왔어. 그런데 청년학생들이 기도회만으로는 성에 안 차니까 기도회가 끝난 뒤 피켓을 만들어서 거리행진을 시도한 거야. 그런데 문 신부님께서는 가두행진은 시기상조라는 입장이어서 청년학생들과 갈등이 생겼어. 젊은이들이 다칠 걸 걱정한 신부님들이 자신들이 앞장서겠다고 했는데, 젊은이들이 반발을 한 거지. 결국 경찰과 대치를 하게 되니까 젊은이들이 유치원의 놀이기구랑 문 같은 걸 떼어다 바리케이드까지 만들고 신부님께 대들고 그랬어.

나는 어떻게든 신부님과 젊은이들 사이에서 중재역할을 하려고 했는데 다 먹히질 않는 거야. 결국 사제관으로 간 신부님이 화가 나서 재떨이를 던지고, 문규현 신부님은 우리를 달래고……. 신부님은 어렵게 만든 기도회를 젊은이들이 혈기에 망치는 것 같아서 걱정을 하셨던 거지만 어떻게 보면 그때까지도 신부님은 노동자들에 대한 깊은 이해가 없었다고 할 수 있지. 그 뒤로는 그저 오가면서 보다가 세풍합판에서 노조를 조직할 때 다시 만났어. 학생 출신들이 현장에 들어가 노조를 조직하고 그럴 때니까 회사가 빨갱이 조직을 만들 수 없다며 탄압을 했어. 그러니까 노동자들이 옥상점거를 했는데 그때 문정현·규현 신부님이 우유랑 빵 같은 걸 가지고 오셨어. 그 사람들이 끝내 구속되면서 법정투쟁을 하는데 신부님은 장계에서 군산까지 와서 재판 방청을 꼭 하셨지. 그렇게 노동자들에게 힘을 주신 거지.

그런데 한번은 재판정에 노동자들의 방청을 제한하면서 경찰과 싸우게 되는 일이 있었어. 그때까지 신부님은 욕 한마디 할 줄 모르는 사람이었는데 내가 전경들하고 싸우다가 "씨발놈아." 하고 욕을 하니까 신부님도 따라서 하는 거야. 그러자 경찰서장이 깜짝 놀라가지고……. 하하. 몇십 년이 지난 지금도 나한테 욕 배웠다고 하신다고. 아, 신부님, 정말 기막힌 에피소드가 한두 개가 아니야. 신부님은 최루탄, 지랄탄이 쏟아져도 도망가지 말고 그냥 눕자 그래. 난 차 앞에 드러눕는 건 겁 안 나는데 지랄탄은 못 견디겠더라고. 그래도 신부님은 거기 그냥 계시는 거야. 그러면 도망 나왔던 우리도 할 수 없이 또 기어들어갔지.

1988년에는 노동사목 지도위원장을 맡으셨어. 그땐 리수현 신부님이랑 참 쿵짝이 잘 맞았지. 노동 문제만이 아니라 농민운동, 오송회 사건, 서울의 권인숙 사건, 무슨 일이 생기면 척척 맞아서 같이 싸우고 지원해 주고. 서울 중앙 쪽하고 신부님이 직접 연결이 되어 있지 않았지만 활동하는 사람들에게 많은 힘을 준 거지. 교회 내에서 노동사목 활동에 대해 교회적이지 않다, 신심이 없다, 영성이 없다, 투쟁 일변도다, 배후조종자다, 노동자들을 과격하게 만든다, 온갖 나쁜 꼬리표를 다 붙일 때 문 신부님이 입장 정리를 딱 해주고 우리가 왜 옳은지를 그때그때 얘기하고 공인, 비공인 딱 정리해 주셨지. 도요안 신부가 '평신도가 어떻게 사목이라는 말을 쓰냐? 사목의 고유성을 훼손하는 거다.'라고 할 때도 '사목의 고유성은 평신도한테도 있다.'면서 우리 편을 들어주셨지. 그것만큼 큰 힘이 어디 있겠어? 우리 노동사목이 천주교에서 의붓자식처럼 구박받을 때 친자식 껴안듯이 안아 주신 신부님이야.

사실 문 신부님도 노동자를 구체적으로 만나기 전에는 그렇지 않았지. 화이트칼라를 좋아하신다는 느낌이었어. 하하, 만약 우리 같은 노동자들을 만나지 않았다면 주교님이 되셨을까? 중앙성당에 계셨을 때만 해도 신부님은 어머니가 풀을 빳빳하게 먹인 모시적삼을 깔끔하게 입고 계셨어. 사실 나는 신부님의 그 모습이 진짜 좋았어. 그런데 우리 같은 노동자를 만나서 거지 신세가 됐지, 하하. 그렇지만 마음은 편하실 거 같아. 그동안 육신의 고통은 많이 겪으셨지만 마음은 평화롭지 않았을까?

물론 신부님과 좋은 기억만 있었던 건 아니지. 워낙 다혈질이시잖아. 한번은 군산 오룡동성당에 있을 때 변호사 한 분이랑 천주교 인권위원회에서 일하는 사람이 내려왔어. 우리 노동사목과 천주교 인권위가 서로 관계가 꼬여 있을 때였어. 신부님은 그걸 풀려고 수산나 언니랑 나랑 안나를 만났지. 그런데 우리 잘못보다는 그쪽 문제가 더 크다고 생각해서 우리가 끝까지 고집을 피우니까 신부님이 우리한테 삐친 거야. 그래서 서울에서 내려온 사람들하고만 놀고 우리한테는 눈길도 안 줬어. 심지어 평소에는 친근하게 반말로 대하던 분이 존댓말까지 써 가며 싸늘하게 대하는 거야. 그래서 같이 밥 먹으러 가자는 것도 안 가고 우리끼리 와 버렸지. 그래서 우리끼리 포장마차에서 술을 마시고 돌아왔는데 신부님도 자기가 좀 너무했다 싶었는지 우리를 찾아왔잖아. 그런데 우리가 화를 풀지 않고 그냥 나가라고 해서 들어오지도 못하고 가 버린 일도 있지. 물론 나중에 우리가 풀었지, 하하.

현장에서 일하다가 힘들면 큰신부님이나 작은신부님(문규현), 리수현 신부님한테 가서 울고불고, 포악을 떨기도 하고 그랬지. 그러고 나면 마음이 다져지고 또 현장에 가서 일을 할 힘이 생기고 그랬어. 지금은 함께하던 신부님들도 다 은퇴하시고 관계가 소원해져서 신부님 혼자 남은 자가 되셨지."

푸에블라 문서(1979년 멕시코의 푸에블라에서 열린 주교회의에서 반포되었다. 중남미에 광범하게 형성되어 있었던 교회 기초공동체의 목소리를 담아 낸 문건으로 제2차 바티칸 공의회의 변혁적 방향성을 지속시키는 데 큰 몫을 했다)에서 보프 신부는 "사제들은 인권과 인간 존엄성을 선포하고 장려하고, 촉진하고, 옹호하는 것에 책임을 가진다."고 말한 것을 강조하며 평신도와 결속하여 그들의 창조성을 북돋아 주는 것이 바로 교계 제도, 그러니까 교황을 비롯한 사제의 책임이라고 말했다. 그러면서 사제들은 윤리적이며 복음적인 차원에서 어떤 사물이 정당한지 또는 부당한지, 그것이 참여를 돕는지 또는 방해하는지를 천명해야 한다고 주장한다. 푸에블라 문건 1304항을 보면 "평화와 정의에 봉사하는 것이 교회의 본질적 사명"이라고 분명히 말하고 있다.

문정현 신부가 독재정권에 맞서고 노동자, 농민과 함께한 것은 바로 교회의 본질적 사명과 책임을 다하는 일이었다. 그는 교회는 가난하고 약한 이들, 빼앗기고 쫓겨난 이들을 위한 것이어야 한다고 생각했다. 그는 예수와 제자들이 이루었던 초기 그리스도 교회의 모습이 참교회의 모습이라고 생각했다.

3

돈 까밀로와 빼뽀네처럼

1995년 2년간의 유학에서 돌아온 문정현 신부는 오룡동성당으로 부임했다. 오룡동성당에도 노동자의 집이 있었다. 그러나 오룡동 교우들과 노동사목의 노동자들은 서로 유기적인 관계를 맺지 못했다. 일반 신자들은 '노동자의 집은 우리 일이 아니야.'라고 생각했고, 노동자의 집 쪽에서도 혹시나 성당 사목회가 자신들의 일을 방해할까 봐 걱정을 했다. 워낙 서로 생각이 달라 소통과 조율을 하는 데 오랜 시간이 필요했다. 같은 성당 안에서 노동자의 집이 잘 운영되고 사목회와도 잘 지내길 바랐기 때문에 그는 사목회에 가면 노동자에 대한 왜곡된 시선과 반감을 바꾸려고 노력했다. 그러나 사목회 임원들은 노동자들뿐만 아니라 문정현 신부도 달가워하지 않았다. 군산은 물론이고 전북지역 노동운동에 거의 빠짐없이 참가하고 단식농성도 마다하지 않는 운동권 신부가 마음에 들지 않는 것 같았다. 성당의 주임신부로 성당사목을 돌보는 일을 소홀히하지 않았지만 그 차이는 좀처럼 좁혀지지 않았다. 그는 1999년 2월 오룡동성당을 끝으로 성당 사목을 그만두었다. 익산 작은 자매의 집에 전념하기 위해서였다. 그러나 그것은 또 다른 투쟁의 시작이었다. 오룡동성당에 있을 때부터 시작한 미군기지 반대운동과 노동자들의 투쟁에 더 적극적으로 나선 것이다.

군산 시내에서 약 13km 떨어진 옥서면에 있는 미 공군기지(울프팩)는 1990년대 당시 면적이 1000만m²(310만 평)나 됐다. 미군 2500명에 한국인 근무자까지 모두 3100명 정도가 상주하고, 제8전투비행단이 주둔해 F-15, F-16 같은 전투기가 60대 이상 있었다. 기지 안에는 비행장과 격납고 말고도 야구장·골프장 같은 부대시설이 방대했다. 그런데 1993년 대한항공이 군산에서 서울과 제주를 오가는 노선을 신설하면서 국내 민간항공사가 미 공군기지의 활주로를 함께 사용하게 되었다. 이때 정부는 미국과 '군산 미군비행장 공동사용에 관한 합의각서(양해각서)'를 맺고 5년마다 재협상을 하기로 했다. 그 협상의 만료시한인 1997년 12월 7일을 앞두고 미군은 갑자기 기존 사용료의 5배가 넘는 인상안을 발표했다. 우리 영토를 빌려 쓰면서 되레 터무니없는 사용료를 내라는 미군의 태도에 군산 시민운동단체들은 즉시 모임을 꾸리고 반대운동을 하기로 했다.

군산 노동자의 집에서 활동하던 김종섭이 문정현 신부에게 '미군기지 사용료 인상 거부를 위한 군산 시민모임'의 대표를 맡아 달라고 제안했다. 문정현 신부는 오충일 목사, 문재곤 스님과 함께 대표를 맡고 금요일마다 미군기지 정문 앞에서 규탄집회를 시작했다. 국방부에서도 시민사회단체의 싸움이 협상을 유리하게 하는 데 도움이 된다고 생각했다. 그래서 국방부 대표단이 군산으로 협상을 하러 내려올 때마다 시민모임에다 날짜와 시간을 미리 알려 주었고 시민모임은 바로 집회를 조직해서 반대운동을 했다. 시민모임의 끈질긴 투쟁과 협상 난항으로 늦어진 최종 합의는 협상기한을 90일 가까이 넘긴 1998년 2월 27일에야 이뤄졌다. 최종협상은 인상안 자체를 철회하지는 못하고 어려운 한국 경제를 감안해 5년간 평균 30%씩 점진적으로 인상한다는 내용이었다.

국방부에서는 시민모임의 투쟁 덕분에 어느 정도 성과를 거두었다며 군산공항으로 대령을 파견해 보고회를 열었다. 그러나 민항기 활주로 사용료 인상안 반대운동을 계기로 미군기지 공여지·자주권·환경·소음·범죄·인권 문제에 대해 총체적으로 깨닫게 된 시민모임은 거기서 투쟁을 끝낼 수 없었다. 그래서 민주노총·군산농민회·참여자치 군산시민연대·군산 여성의전화를 비롯한 시민사회단체들이 중심이 되어 '군산 미군기지 우리 땅 찾기 시민모임'을 만들고 금요일마다 계속 집회를 열었다. 그러다 집회 날짜를 수요일로 옮기게 되었고 문정현 신부는 1999년 2월 군산 오룡동성당을 그만두고 작은 자매의 집 일에 전념하면서 군산 미 공군기지 앞에서 열리는 수요집회에 꼬박꼬박 참여했다.

그 무렵 군산에서는 생존권을 둘러싼 갈등이 곳곳에서 터져 나왔다. 기아특수강·개정병원·카캐리어·군산대·문화택시 등 5대 사업장에서 해고자복직 연대투쟁이 벌어졌다. 그러던 어느 날, 기아특수강의 노동자인 이재현과 조성옥이 최종수 신부를 통해 군산 미군기지 활주로 사용료 문제로 시민들이 싸움을 하고 있다는 소리를 듣고는 '품앗이투쟁'을 제안했다. 그때부터 문정현 신부는 수요집회가 끝나면 기아특수강 노동자들과 자장면을 먹으며 노동현장, 노동운동에 대해 이야기를 나누며 친해졌다. 문정현 신부는 기아특수강 노동자들과 만나면서 노동자들의 현실에 한 발 더 다가갔다. 그들은 미군기지 수요집회가 끝나고 나면 오후에는 파업을 하는 사업장마다 돌아다니며 지지투쟁을 함께하기 시작했다.

기아특수강은 원래 기아자동차 계열회사였다. 1997년 부도가 나면서 구조조정을 명분으로 노동자들을 대규모로 정리해고했다. 정리해고를 하더라도 노동법에 따라 근속연수가 짧은 사람부터 자른다거나 근무가 불성실한 사람부터 자른다는 따위의 기준을 지켜야 한다. 하지만 회사는 어용노조를 민주화하려는 노동자들을 중심으로 정리해고를 했다. 노동자들은 그때부터 회사를 상대로 정리해고의 부당성을 알리면서 싸우기 시작했다. 정리해고자 103명이 '기아특수강 해고자 복직투쟁위원회'(위원장 김상배)를 결성해 1년 6개월 가까이 줄기차게 투쟁했다. 그 과정에서 6명이 구속되었고, 끝내는 10명 정도만이 남아 끝까지 싸움을 계속했다.

기아특수강 노동자들의 끈질긴 근성과 투철한 노동 정신은 문정현 신부와 잘 맞았다. 그래서 때로는 서로 의기투합해 시위를 과격하게 이끄는 날도 없지 않았다. 한 기아특수강 노동자는 그때 일을 무용담처럼 회상했다.

"싸움에도 여러 종류가 있는데, 정리해고 싸움이란 건 우리의 생계가 달려 있으니까 여기서 해결이 안 나면 앞으로의 길이 보이지 않는 절박한 싸움이죠. 그런데 회사 사람들이나 주위 사람들이 '계란으로 바위치기'라는 말들을 많이 하니까, 그럼 바위에 계란 흔적이라도 남기자 하는 생각이 들었어요. 어느 날 전주 집회에 갔다 오는 길에 양계장에 가서 부화하고 남은 썩은 계란이 있냐고 물었죠. 그랬더니 부화장에 가라고 하면서 익산 황등을 알려 주더라고요. 그래서 그날로 수박 한 통을 사 가지고 가서 일하는 분한테 드리고 썩은 계란을 여러 번에 걸쳐 가지고 와서 두고두고 썼죠. 회사에 있는 경찰들과 회사 경비실에 던졌는데, 냄새가 워낙 독해 가지고 경찰들이 상당히 흥분을 하게 마련이었어요. 우리가 머릿수가 적다 보니까 경찰 폭력에 무지막지하게 당한 적이 많았어요. 아무튼 썩은 계란 던지기만 하면 싸움이 커지고 사람들이 많이 다치게 돼서 그때 당시에 중대장과 중대원들이 모두 전주로 발령이 나서 뒤바뀌는 상황까지 갔죠."

기아특수강 노동자들은 경찰이 강제진압을 하면 승합차에 가지고 다니던 이부자리를 길바닥에 펴놓고 밤샘농성을 했다. 폐차 직전의 봉고차에 프로판가스·밥솥·침낭 그리고 온갖 집회용품을 싣고 다니면서 언제 어디서나 농성을 할 태세를 갖추고 있었다. 그들은 회사가 노동자들의 요구를 철저하게 묵살하는 상황 속에서 할 수 있는 일은 자신들이 죽기 전에는 절대로 포기할 사람이 아니라는 인식을 심어 주는 것뿐이라고 생각했다. 대개 30대의 가장이었으니 노동은 곧 생존이었다. 오랫동안 회사와 맞서 싸우며 함께 고통을 견뎌 낸 터라 서로 형제애로 똘똘 뭉쳐 있었다.

문정현 신부는 익산에서 만났던 노동자들에게는 주로 방패막이 노릇을 하는 '어른'이었지만 군산에서 만난 노동자들과는 '동지'였다. 기아특수강 노동자들이 구속을 당했다는 소식을 들으면 열 일을 제치고 곧장 군산으로 가 단식농성을 시작했다. 그는 노동자들과 함께하는 일에 조금도 머뭇거리지 않았다.

그러나 미군기지 싸움을 함께하던 다른 시민단체들은 과격하고 끈질긴 기아특수강의 싸움 방식에 거리감을 두었다. 기아특수강 노동자들과 문정현 신부는 때때로 돈 까밀로와 빼뽀네처럼, 혹은 돈키호테와 산초 판자처럼 세상과 맞섰다. 문정현 신부와 기아특수강 노동자의 의기투합은 때때로 시위를 즐거운 놀이로 만들기도 했다.

대보름과 수요집회 날짜가 맞아떨어졌던 어느 날, 그는 아파트단지를 돌며 분유 깡통을 주워 못으로 구멍을 뚫고 철사를 꿰서 가져갔다. 그러고는 기아특수강 노동자들과 함께 미군기지 앞에서 막걸리를 마시고 쥐불놀이를 하며 한바탕 놀았다. 나중에는 동네 어린이들까지 와서 함께 어울렸다. 미군들은 쥐불놀이에 깜짝 놀라서 소방차를 불렀고, 경찰까지 몰려왔다. 갑자기 비상이 걸려 동원된 경찰들은 방한복도 미처 준비하지 못해 추위에 떨었다. 그 뒤 해마다 미군기지 앞에서는 대보름 놀이가 열린다.

또 다른 기아특수강 노동자의 회상이다.

"문정현 신부님은 우리 일이라면 정말 물심양면으로 도와주셨죠. 그때가 1999년돈가? 교도소에서 나와서 얼마 안 됐을 때였는데 다시 출석요구가 나왔어요. 집행유예 상태에서 회사 사람들하고 붙어서 몸싸움이 있었던 거예요. 그길로 구속이 될 게 뻔하니까 나는 명동성당으로 피신해 있었어요. 그런데 일주일 뒤에, 불구속으로 될 것 같다고 해서 내려왔어요. 알고 보니 문 신부님이 우리 때문에 단식을 하셨더라고요. 그래서 3년 넘게 실형을 살 걸 2년 집행유예로 끝났죠. 신부님하고 우리의 관계는 떼려 해도 뗄 수 없어요."

이에 대한 문정현 신부의 이야기다.

"그 사람들이 다시 구속될 처지라는 말을 듣고 착잡한 마음에 무작정 집을 나왔지. 옛날 군산시청 앞으로 갔는데 보니까 현관으로 쓰던 발코니가 은신처가 되겠더라고. 그래서 발코니에 쭈그리고 앉아서 단식농성을 시작했어. 한 7, 8일 걸렸지? 그런데 단식을 하던 데가 군산 이성당 빵집 앞이었거든. 아침에 빵 구울 때마다 냄새가 어찌나 나던지 미칠 것 같았지. 그런데 내가 단식하는 걸 지지하러 나온 사람들한테 방문객들이 빵을 사 가지고 와서 주잖아. 그게 어찌나 먹고 싶은지 쬐끔 떼서 먹으려고 하면 사람들은 단식하는 내가 그 부스러기 먹다가 죽기라도 할까 봐 못 먹게 했지. 그러면 나는 화내고 삐치고 그랬어.

어쨌든 처음에 내가 시작했지만 노동자들이 오고 시민사회단체들까지 힘을 보태서 텐트를 쳤어. 그때는 단식을 해도 신이 났지. 시민사회단체 노동자들이 계속 들락날락하고 그러니까. 게다가 보수단체들은 이성당 앞에서 '문정현이는 성당으로 돌아가라.'라고 쓴 플래카드를 써 가지고 와서 데모를 했지. 그런데 어느 날 새벽 군산서장이 다녀갔어. 그땐 못마땅해했지만 그래도 경찰 중에서는 우리에게 호의적이었던 사람이었지. 나를 생각해서 그런 건지, 아니면 시위가 확산되는 걸 막기 위해서였는지 모르지만 와서 '이 문제는 잘 풀겠습니다.' 하고 가더라고.

그때 내가 단식한다니까 또 우리 작은 자매의 집 애들이 왔었어. 애들이 내가 단식을 하니까 걱정이 돼 가지고……. 우리 애들이 정이 많거든. 누워 있는 나를 주물러 주고 울기도 하고 그랬지. 그러다 내가 심장병이 도져서 119에 실려가 군산 월명동 의료원에 입원을 했는데 서장이 문병을 와서 이 문제를 어떻게든 풀겠으니 단식을 풀라고 하더라고. 그래서 주변에 있는 동지들과 논의해서 단식을 풀었지."

기아특수강의 끈질긴 싸움은 마지막까지 남았던 노동자 10명 가운데 8명이 복직이 되는 것으로 끝났다. 1998년 정리해고 때가 아닌, 91년과 94년 노조활동을 이유로 해고된 이재현·조성옥만 복직에서 빠졌다. 이재현은 조합원들에게 실시한 설문조사와 관련해, 조성옥은 임금교섭과 관련한 노사합의에 항의해 조합원들에게 유인물을 배포했다는 이유로 해고됐었다. 조성옥은 2000년 해고자 복직투쟁 와중에 결혼식을 올렸다.

"조성옥이랑 코넬리아 결혼은 참 특이했어. 군산대학교에서 독일어를 가르치는 시간강사랑 직장도 없는 노동운동가가 만나서 결혼을 한다는데, 어떻게 결혼생활을 할 것이며 결혼을 하면 정말 끝까지 함께 살 수 있을 것인가, 걱정이 많았어. 그때는 국제결혼이 지금보다 훨씬 드물 때니까. 그런데 코넬리아가 천주교 신자야. 코넬리아의 고향이 마인츠라고 독일에서 구교 신자가 많고 전통적으로 신앙심이 깊은 곳이었거든. 그래서 코넬리아랑 잘 통했어. 코넬리아랑 이야기를 하다 보니까 이 아가씨가 한국문화를 이해하려 들고 조성옥이 노동운동을 하는 것도 정의를 위해 투쟁하며 사는, 정말로 인간다운 일이라고 생각하고 있더라고. 돈 벌고 생활을 잘 유지하는 것도 좋지만 돈이 없어도 올바로 사는 게 더 중요하다고 생각하는 여성이었지. 그래도 나는 이 두 사람이 앞으로 얼마나 어렵게 살겠냐 하는 생각으로 마음이 아팠지.

내가 주례를 하게 됐는데 글쎄 내가 결혼식 시간을 착각하고 작은 자매의 집에서 꽃을 심고 있었어. 그러다 전화를 받고 부리나케 갔는데도 30분이 지났어. 사람들이 먼저 밥을 먹고 있더라고. 그래서 점심을 먹고 혼인식을 시작했지. 이역만리 떨어진 곳에서 코넬리아 가족이 와 있는데 굉장히 긴장이 되더라고. 그땐 정말 기도하는 마음으로 주례를 했어. '이들이 하느님의 도우심으로 좋은 부부관계를 이루고 좋은 가정을 이루게 해주소서.' 하는 마음이었지. 성당 주임신부로 수없이 결혼주례를 했지만 그 어느 때보다 정성껏 했어. 딴에는 외국에서 온 코넬리아 가족들을 배려한다고 영어로 몇 마디 했지. 코넬리아 가족에게 조성옥은 탄압받는 노동자들을 위해 인간의 권리를 위해 살아온 사람이라고 소개를 한 거 같아. 그런데 주례 강론을 하다가 눈물을 흘리고 말았지. 결혼 당사자들은 좋다고 웃는데 주례를 맡은 신부는 울고, 가족들은 또 나 때문에 울고……. 그때 생각만 하면 웃음이 나고 그래."

10년이 넘도록 복직투쟁을 하던 군산 기아특수강의 이재현·조성옥은 2003년 11월부터 이듬해 봄까지 132일 동안 50m 높이 굴뚝에서 죽음을 무릅쓰고 농성을 했다. 새로운 일자리를 마다하고 복직투쟁만 해온 두 사람의 마지막 선택이었다. 고공농성을 해도 진전이 없자 두 사람은 단식을 시작했다. 전북지역 사회단체들은 대책위원회를 꾸리고 협상을 시도했다. 그래도 해결이 나지 않았다. 문정현 신부는 2004년 3월 3일부터 릴레이 동조단식에 나섰다. 어떻게든 그 싸움을 매듭지어야 한다고 생각했다.

노동자의 자존심을 지키기 위해 그 긴 시간을 끌어 온 두 노동자의 싸움은 2004년 3월 16일 회사와의 전격 합의로 막을 내렸다. 그러나 조성옥의 복직만 이루어지고 이재현의 복직은 5년 뒤인 2009년 9월 30일에야 결정이 났다. 두 사람은 신규채용 형식으로 옛 기아특수강인 세아베스틸에 재입사했다. 그렇게 끈질긴 투쟁 끝에 노동자의 명예회복을 이루어 낸 기아특수강 노동자들은 불평등한소파개정운동 때나 대추리, 용산에서 투쟁을 할 때도 꼭 현장을 찾아와 그를 지지해 주고, 명절마다 꼭 찾아오면서 지금까지도 각별한 관계를 유지하고 있다.

군산 미군기지 투쟁과 기아특수강 노동자를 비롯한 군산 노동자들의 투쟁은 문정현 신부의 다혈질 기질과 기아특수강 노동자들의 근성이 서로 맞물려 상승효과를 냈다. 문정현 신부로서는 새롭게 깨닫게 된 미군의 실체에 대한 분노와 끊임없이 짓밟히는 노동자들의 삶에 대한 연민과 동지애로 그 어떤 싸움보다 감정적이고 비타협적이었다.

노동운동을 후원하고 지지하며 성명을 발표하는 일에는 많은 신부들이 동참했다. 그러나 그 노동자들 속에서 함께 최루탄을 마시고, 밤샘농성을 하는 사제는 많지 않았다. 그는 자신이 사제 직분임을 잊지 않았지만 노동자들의 아픔을 온전히 자신의 것으로 느끼는 한 인간이었다. 그는 분명 다른 사람들보다 더 예민하게 약한 이들의 아픔과 고통을 감지했고 그들의 슬픔에 동화되었다. 지칠 줄 모르고 코뿔소처럼 싸울 수 있었던 힘은 바로 그 측은지심으로부터 비롯되었다.

문정현 신부를 만난 노동자들은 그가 사제직 안에 갇힌 신부가 되지 않도록 현장으로, 더 낮은 곳으로 그를 인도했다. 노동자들은 자신들과 함께 분노하고 함께 슬퍼하는 돈키호테 같은 사제를 끊임없이 '지금 여기'로 이끌었고, 문정현 신부는 그들을 통해 지도자, 스승이 아닌 노동자의 벗이 되었다. 그와 우정을 맺고 동지애를 나눈 노동자들 대부분은 천주교 신자가 아니었다. 그러나 그는 그런 일 따위에는 개의치 않았다. 그는 노동자들과 함께하는 사제로서 세상의 빛이 되는 교회를 몸소 실현한 셈이었다. 그는 힘을 가진 사제였으므로 스스로 힘 있는 사람으로서 가난하고 결핍된 이들을 도울 수 있었다. 어쩌면 그 편이 가난한 이들에게 더 많은 혜택을 줄 수 있는 길이었을지 모른다. 그러나 그는 힘없는 노동자의 벗이 되는 길을 선택하였다.

동생에게 죽음의 길로 가라고 말하는 형이나 그 말에 "예." 하고 대답하는 동생이나
모두 하느님의 부르심에 "예." 하는 길밖에 없었다. 그 죽음의 길 끝에 부활이
있을지 없을지 따위는 상관없었다. 그저 그 길이 그들이 선택할 수 있는 유일한
길이었을 뿐이다.

4부
반미평화투쟁의 길에 서다

1
사랑 때문에 목숨을 바친 제자 조성만

그가 창인동성당으로 부임했던 1988년 5월 15일 오후 3시 30분 서울 명동성당 교육관 4층 옥상에서 서울대 휴학생 조성만이 "양심수 석방하라.""조국통일 가로막는 미제 몰아내고 광주학살 진상 밝혀내라.""남북 올림픽 공동참여하자." 하는 구호를 외치며 할복 투신했다.

문정현 신부가 자신이 조성만의 영세신부라는 것을 안 것은 그가 죽고 난 뒤였다. 조성만의 주위 사람들에게서 그가 영세를 받은 것이 바로 자신의 영향 때문이라는 말을 들은 것이다.

"전주 중앙성당으로 가 조성만 영세문서를 찾아보았지. 그제야 조성만이란 친구가 어렴풋이 기억이 났어. 내가 하는 미사에 참여하고 강론, 미사 끝에 반드시 와서 인사를 하고 그랬어. 그런데 가까이 와서 말을 걸거나 하지는 않았지. 그러다가 교리반에 들어갔고 영세를 받았는데 내가 그걸 기억을 못해. 알고 보니 걔가 해성고등학교에 다니면서 내 애기를 들은 거야. 내가 해성고등학교 종교감으로 활동하다가 1976년 3월 2일 연행된 것이 학생들에게 널리 알려진 모양이야. 영세를 받고 대학에 진학한 뒤에 인사를 하러 오고, 또 군대에 갈 때, 제대할 때도 와서 인사를 했어. 군에 있을 때는 세로쓰기로 편지를 써서 보냈던 게 기억이 나더라고. 그러면서 무거운 책임감을 느꼈지. 유서 내용을 얼마나 많이 읽었는지 몰라. 서울에 올라가 조문을 하는데 사람들이 다 내가 조성만을 미리 알고 있던 것처럼 대하더라고. 그래서 나도 조성만을 일찌감치 알았던 것처럼 했지. 내가 오히려 조성만한테 배운 게 많다, 깨우침을 받았다고 말했지."

조성만은 대학에 입학한 뒤 명동성당청년단체연합회 소속의 '가톨릭 민속연구회'에서 활동했고, 함운경·김세진이 속해 있는 서울대 자연대 동아리 활동도 했다. 조성만은 동아리에서 '예수 같은 사나이'란 별명을 얻을 만큼 차분하고 심지가 곧고 희생정신이 강한 젊은이였다. 그는 실제 사제가 될 꿈을 갖고 있었고 그 일로 문규현 신부를 만나기도 했었다. 그러나 문정현 신부는 그 모든 사실을 조성만이 죽고 난 뒤에야 알았다. 그는 자신과 특별한 인연이었던 조성만을 외롭게 죽게 했다는 생각으로 그의 죽음에 대해 더 무거운 책임감을 느꼈다. 그러나 교회는 자살이 교회법에 어긋난다는 이유로 장례미사조차 허락하지 않았다. 그래서 5월 19일 아침, 사도예절 형식으로 명동성당 정문에서 노제를 드렸다. 그 뒤 서울시청에서 열린 노제에는 30만여 명의 시민과 학생이 모였다. 그는 해성고등학교에서만큼은 조성만을 위한 장례미사를 드리고 싶었다.

"전주에 도착한 뒤 금암동성당, 집에 들러 노제를 한 뒤에 해성학교에 가고 미사도 하려고 했지. 다른 사람들도 내가 있으니까 미사를 하길 바랐는데 교구청에서 예식을 안 하면 좋겠다고 연락이 왔지. 나는 '죽은 자를 위해 기도도 못하냐? 사도예절에 나오는 기도문을 외우려는 것뿐이다.' 했어. 그러니까 박정일 주교님이 못하게 한다는 거야. 그래도 내가 하겠다고 고집을 피우니까 교구청에서 그럼 사제복을 벗고 하라고 했지. 그래서 내가 '그럼 옷 벗고 빤스만 입고 하랴? 무슨 말을 그렇게 하냐? 죽은 자 앞에서 기도한다는데 옷을 벗고 기도하라고? 옷을 벗고 기도하면 내가 신부 아닌 사람이 되기라도 하냐?' 하고 화를 냈지. 어쨌든 미사 대신 사도예절 예식서에 있는 기도를 했어. 그것도 못하게 했던 거지만 나중에 문제 삼지는 않았어. 교회가 그렇게 옹졸한 거지.

교회는 조성만의 죽음을 자살이라고 받아들였지만 나는 안 그래. 조성만이 비록 할복을 했지만 그것은 자살이라기보다 민족을 위한 산화라고 생각해. 나는 실제로 조성만의 죽음을 통해서 남북통일 문제를 의식하게 됐거든. 다행인 건 지금은 조성만을 추모하는 미사가 해마다 봉헌되는데 교구로부터 제재를 받지 않아. 조성만 열사가 떨어진 그곳에 작은 표지석이라도 놓고 싶은데 그걸 못하고 있어. 해성고등학교 교정에는 동창회가 앞장서서 교구의 반대를 무릅쓰고 조성만 추모비를 세웠지."

문정현 신부의 신앙의 뿌리는 순교자 신앙이다. 그는 조성만의 죽음도 순교자 신앙으로 이해했다. 한 사람이 옳은 일을 위해 감옥에 가거나 죽음을 각오한다는 것은 예수가 십자가 위의 죽음을 선택한 것과 같은 것이었다. 그러면서도 조성만의 장례미사를 허락하지 않는 교회의 반대에는 정면으로 맞서지 못했다. 함께 일을 하던 젊은이들은 다른 신부도 아니고 정의구현사제단 신부인 문정현 신부가 교회의 편협성을 뛰어넘지 못하는 것을 보며 의아해했다.

"사실 교회와 관련된 일이라면 내가 제대로 처리하지 못하는 경우가 많았어. 그게 내가 교회 안의 사람이라 그런 건지, 용기가 없었던 건지 잘 모르지만……."

불의와 맞서는 일이라면 한 치의 머뭇거림 없이 뛰어들었던 그가 교회와 맞서야 할 일이 생기면 머뭇거리며 단호하지 못했던 것은 교회의 권위에 순명해야 하는 사제의 직분을 거스르지 못했기 때문인지 모른다. 사회의식과 상관없이 몸에 뿌리 깊게 밴 순명의 정신, 그것은 그가 죽음도 두려워하지 않고 앞으로 나갈 수 있게 한 동력이었지만, 때로는 교회의 폐쇄성과 맞서는 데 걸림돌이 되기도 했다. 훗날 그가 명동성당에서 서각기도를 하며 번민하고 괴로워했던 것도 바로 지금의 교회가 자신이 순명을 약속한 참교회의 모습인가 하는 회의 때문이었다.

문정현 신부는 조성만의 죽음을 통해 남북문제를 인식하게 되었다. 동생 문규현 신부가 방북을 앞두고 번민할 때 문정현 신부의 등을 떠밀고 앞으로 가게 한 이는 바로 조성만이었다. 조성만을 통해 통일문제에 눈을 뜨고 난 뒤에는, 문규현 신부로 인해 통일운동의 길로 가는 큰 걸음을 내딛었다.

1987년 초 문규현 신부는 가톨릭농민회 전국연합회 지도신부로 추대를 받았다. 규현 신부는 농민회 지도신부를 수락한 뒤, 춘계 주교총회에서 추인을 받을 때까지 다섯 달 남짓 남은 기간 동안 아일랜드에서 열리는 '정의와 믿음 워크숍'에 참가하기로 했다. 그런데 다섯 달 뒤, 주교총회에서 가톨릭농민회 지도신부 추대 건의 인준이 부결되고 유학발령이 내려졌다. 우여곡절 끝에 문규현 신부는 미국 뉴욕주 오시닝에 있는 메리놀 외방선교회 신학대학원에 들어가 공부를 시작했다. 1년 남짓의 유학생활을 마치고 논문 주제를 고민하다가 1988년 5월 잠시 귀국했다. 그런데 바로 그때 조성만 열사가 서울 명동성당 교육관에서 할복투신을 하는 사건이 일어난 것이다. 문규현 신부는 훗날 그때의 일을 이렇게 고백했다.

"조성만의 유서를 읽는 순간 눈이 번쩍 뜨이는 것 같았어. '척박한 땅, 한반도에서 태어나 인간을 사랑하고자 했던 한 인간이 조국통일을 염원하며 이 글을 드립니다.'라고 시작되는 유서에는 남북통일에 대한 염원과 고통받는 민중에 대한 사랑이 절절히 묻어났지. 특히 유서 말미에 아버지 어머니의 얼굴을 떠올리며 쓴 고백에 감명을 받았어. '척박한 팔레스티나에 목수의 아들로 태어난 한 인간이 고행 전에 느낀 마음을 알 것도 같습니다.' 조성만이야말로 진정한 사제고, 이 시대의 예수라고 느낀 거지. 조성만의 죽음을 통해 한 청년을 집어삼키고 7천만 겨레를 죽음으로 몰고 가는 근본 원인이 '남북 분단'이라는 사실을 절절히 깨달았어. 오송회, 남민전, 인혁당…… 하나같이 빨갱이로 매도된 것도 그 때문이었던 거야. 한국사회에서는 약자가 자기 권리를 위해 싸우면 무조건 빨갱이가 되었잖아. 그래서 농민도 노동자도 다 빨갱이가 될 수밖에 없었던 것이야."

그는 조성만이 죽음으로 증언한 '통일'을 논문 주제로 정하고 제목도 '한반도의 평화통일에 대한 신학적 소고'로 정했다. 미국으로 간 그는 내내 조 열사의 영정을 방에 걸어 놓고 논문을 썼다.

그 무렵 필리핀에 있는 아시아 주교회의 산하 인간개발위원회(인성회)

사무총장으로 있던 데스몬드 신부가 익산 창인동성당으로 찾아와 문정현 신부에게 아시아 주교회의 사무총장 자리를 제의했다. 박정일 전 주교구 주교는 인성회의 요청을 받아들였지만 그는 작은 자매의 집 때문에 거절을 하면서 대신 문규현 신부를 추천했다. 박 주교도 흔쾌히 허락을 했다. 데스몬드 신부 역시 동의해 인성회 총재인 일본 요코하마의 하마오 주교에게 규현 신부를 추천했다. 하마오 주교는 이를 받아들여 1989년 여름 그가 대학원 공부를 마칠 때까지 사무총장 자리를 비워두기로 했다. 한편 석사 논문을 끝낸 규현 신부는 1989년 6월 6일 유엔 대사와 직접 교섭해 인성회 사무총장 자격으로 북한 외무성의 초청을 받아 첫 번째로 평양을 방문했다. 당시 그는 미국 영주권을 갖고 있어서 북한에 가는 것이 어렵지 않았다. 그는 그동안 정의구현사제단에서 해왔던 대로 평양 장충동성당에서 이날 오후 2시에 통일기원 미사를 드리고 같은 시각 남쪽 임진각에서도 미사를 올렸다. 그날부터 그는 담임사제가 없던 장충동성당 명예 본당신부가 되었다. 개인적인 결단에 따른 것이었지만 그렇게 문규현 신부는 남북 동시 미사를 봉헌한 첫 사제가 된 것이다.

2

아브라함아, 아브라함아

한편 1989년 7월 초 문정현 신부에게는 약 4주 동안 미국 전역의 지적장애아센터를 돌아볼 기회가 생겼다. 마침 문규현 신부도 8월이면 유학을 마친 뒤 인성회 사무총장으로 부임을 해야 했기 때문에 미국에서 만나 함께 필리핀으로 가기로 했다. 그런데 막상 7월 6일 김포공항에 나가자 '출국정지자'라며 미국행이 가로막혔다. '서경원 의원 방북 사건'과 관련한 '불고지죄' 탓이었다.

그날 김포공항에서 명동 가톨릭센터 안에 있는 주교회의 정의평화위원회 사무실로 갔던 문정현 신부는 마침 회의를 마친 황인철·유현석·이돈명 변호사, 김승훈·함세웅 신부와 저녁식사를 함께하게 되었다. 그리고 그 자리에서 6월 30일 방북한 임수경 이야기를 꺼냈다. 그는 가톨릭 신자이기도 한 임수경을 위해 사제 한 사람을 파견하자고 제안했다. 그 자리에 있던 사람들은 그의 말을 농담으로 받아들였다. 그는 진지하게 다시 말했다.

"이것은 사목 차원에서도 굉장히 좋은 기회입니다. 남과 북의 교류를 막고 있는 국가보안법은 우리 천주교 교리에 맞지 않고 성서적이지도 않습니다. '이웃을 내 몸처럼 사랑하라'가 그리스도교의 첫째 계명인데 국가보안법은 이 말씀에 위배되지 않습니까? 우리가 첫째 계명을 지키려면 이웃을 고발하고, 증언하고, 죽이라는 법에 항거해야 합니다. 또 지금까지 통일 문제는 우리 사회에서 금기였습니다. 그것을 뚫어야 합니다. 우리 사제단이 그 금기를 뚫읍시다. 아마 이번 일로 통일 논의가 벌어지고, 진보와 보수 사이에서도 엄청난 논쟁이 벌어질 겁니다. 그러나 그런 과정을 겪고 넘어야 합니다."

그제야 사람들이 심각하게 받아들이기 시작했다. 그러면 누구를 보낼까, 설왕설래하는데 그가 또 나섰다.

"문규현 신부가 있잖습니까? 얼마 전에도 평양을 다녀왔습니다. 규현 신부 혼자는 어려울 테니 사제 한 사람 정도가 같이 가면 좋겠습니다. 사제로서 임수경을 돕는 것은 목자와 양의 모습입니다. 참 보기 좋지 않겠습니까?"

그러자 황인철 변호사가 지지하고 나섰다.

"도대체 신부님들 이게 뭐하는 거요? 저 어린 학생이 저러고 있는 것이 저 학생만의 문제요? 이 시대의 사제들이 저 학생들과 같이 해줘야 할 거 아니요?"

결국 그 자리에서 정의구현사제단 상임위원회를 당장 소집하자는 의견이 모아졌다. 이튿날인 7월 7일 사제단은 만장일치로 문규현 신부를 북한에 보내 임수경이 남한으로 올 때 동행을 하기로 결정했다.

그런데 며칠 뒤, 김승훈 신부와 함세웅 신부한테서 만나자는 연락이 왔다. 그는 전주에서 의정부까지 5시간이나 달려서 약속 장소에 갔다. 두 사람은 규현 신부를 보내지 말자고 하는 것이었다. 그들은 규현 신부의 신변과 사제단에 닥칠 파란을 걱정하고 있었다. 문정현 신부는 이미 사제단의 정식 논의와 결정을 거친 일이니 형이라는 이유로 자신이 마음대로 바꿀 수는 없다고 단호하게 말하고 전주로 돌아왔다. 그런데 정작 사제단의 파견 결정을 규현 신부에게 알릴 방도가 고민이었다.

사제단은 미국으로 교포사목을 떠날 예정인 이상섭 신부를 통해 그 소식을 알리기로 했다. 보안을 지키기 위해 편지를 쓰지 않고 이 신부가 전달사항을 외워서 직접 말로 전달하도록 했다. 문정현은 규현 신부가 사제단의 결정을 받아들일 거라고 믿었다. 그러나 마음은 무겁고 걱정이 되었다. 친구인 리수현 신부와 앞으로 대책에 대해 의논을 했다. 밤마다 '동생 신부가 죽을지도 모른다'던 함세웅 신부의 말이 귓가에 맴돌았다. 고민 끝에 인성회 총재인 요코하마 교구장 하마오 주교에게 공문을 보내 규현 신부가 북한에 들어가게 되었다는 것을 알리고, 인성회의 승인을 받도록 요청하기로 했다. 하마오 주교에게 쓴 편지를 전달할 방법을 알아보는 도중에 성남 노동자의 집에서 일하던 메리놀선교회의 켄 부제가 일본에 간다는 소식을 들었다. 사제단은 켄 부제에게 서류를 맡겼다.

번민하는 문규현 신부

　문규현 신부가 사제단의 결정을 기꺼이 받아들일 거라는 생각과 달리 미국에 있는 규현 신부는 막상 심한 갈등을 겪고 있었다. 1989년 6월 평양을 다녀온 뒤 뉴욕에 머물고 있던 규현 신부는 처음 임수경의 방북 소식을 들었을 때 자신과 전혀 무관한 일이라고 여겼다. 7월 6일 문정현과 만나기 위해 로스앤젤레스로 간 그는 출국정지로 한국을 떠나지 못한 형 대신 7월 중순께 정의구현사제단에서 누군가를 보내겠다는 소식을 들었다. 그는 사제단이 가지고 올 소식이 무엇일지 대충 짐작이 갔지만 그냥 모르는 척 뉴욕으로 돌아와 버렸다. 그러나 내내 마음이 편치 않았다.

　그는 결국 사제단에서 보낸 이상섭 신부와 통화를 했다. 이 신부는 "평양에 있는 임수경에게 보낼 짐이 있는데 좀 전해 주시라."고 했다. 그는 사제단이 자신에게 요구하는 임무를 순순히 받아들일 수 없었다. 우선 자신의 유학 때문에 2년이나 공석으로 비워 둔 인성회 사무총장 자리로 하루라도 빨리 가야 했다. 하마오 주교가 자신을 기다려 준 것에 대한 미안함뿐만 아니라 사무총장으로서 남북통일을 비롯한 아시아의 여러 현안들을 풀어 보겠다는 의욕도 있었다. 더구나 다시 북한에 들어가는 것은 위험을 무릅쓰는 일이었다. 방에서 혼자 고민을 하던 그는 문득 벽에 걸어 둔 조성만 열사의 영정과 마주쳤다. 그러자 영정 속에서 조성만이 이렇게 말하는 듯했다. "신부님, 통일이 거저 됩니까? 통일이 뭡니까? 통일은 실천이에요." 그는 순간 '분단 조국의 통일제단에 자신을 바친 조성만을 부활시키리라'고 다짐했던 1년 전 일이 떠올랐다. 조성만은 주저하고 있는 그를 계속 다그쳤다. "통일은 삶이에요. 지식이 아니에요. 논리가 아니에요. 통일은 민족에 대한 사랑이고 실천이에요." 그는 생각했다. 더욱이 분열과 대립을 넘어선 '일치와 평화'는 예수 그리스도의 삶과 죽음, 그 가르침의 핵심이었다. 그분은 십자가형을 겪으면서도 '세상 사람들이 하나 되게 해달라'고 간절히 기도했다. 그는 '예수 그리스도를 닮은 사제란 과연 누구인가' 하는 결정적 질문을 피해 갈 수 없었다. 결국 광주항쟁 이후 미국으로 망명해 있던 윤한봉이 조직한 한국청년연합의 뉴욕 사무실을 찾아가 "아무래도 북한에 가야겠다."는 결심을 털어놓았다. 한국청년연합 사람들이 도울 길을 찾아보겠다고 했다.

　그러나 그때까지도 문규현 신부는 내심 하마오 주교가 자신의 북한

행을 허락하지 않기를 바랐다. 7월 24일 하마오 주교를 만나러 일본으로 건너간 그는 거기서 사제단이 보낸 메리놀선교회의 켄 부제를 만났다. 일본에서 한국말을 유창하게 하는 미국인을 본 순간 혹시 안기부 끄나풀은 아닌지 가슴이 철렁했다. 그러나 켄이 가지고 온 편지에는 하마오 주교에게 규현 신부의 북한 파견을 허락해 달라는 내용이 담겨 있었다.

"(…) 이런 암울한 때 어린 딸이 제물이 되고 있으니 민족화해의 뜻을 발휘하지 못한 죄를 고백하고 이루기 위해서 이에 용단을 내려서 일을 해주십시오."

규현 신부는 훗날 솔직히 그 자리에서 그 편지를 삼키고 싶었다고 고백했다. 그러나 사제단의 편지를 읽은 하마오 주교는 그의 방북을 흔쾌히 수락했다.

"신부, 자랑스럽네. 내가 신부와 같이 일하겠다고 택한 걸 참 감사하게 생각하네. 내가 뭘 도와줘야 되겠는가?"

하마오 주교는 1973년 적군파의 일본항공기(JAL) 납치 사건 때 평양에 억류됐던 경험도 있어서 남북문제를 누구보다 잘 이해하고 있었다. 문규현은 더는 도망갈 구멍이 없다는 것을 깨달았다. 자신의 소명을 기꺼이 받아들이기로 한 그는 하마오 주교에게 말했다.

"도와주실 일은 없고, 주교님을 따르지 못한 걸 용서해 주시고 허락해 주셔서 고맙습니다."

그렇게 해서 7월 25일 규현 신부는 두 번째 평양행에 나섰다.

그날 나리타공항에서 베이징으로 떠나는 규현 신부와 헤어져 한국으로 온 켄 부제는 곧장 익산에 있던 문정현 신부를 찾아와 동생이 입었던 옷을 전해 주었다. 마치 동생의 주검을 보는 것 같아서 그는 옷을 끌어안고 한참을 울었다.

1989년 7월 25일 도쿄를 떠나 베이징에 도착한 규현 신부가 평양행 직전 그에게 전화를 해왔다. "형님, 저 비행기 탑니다. 사제단에 연락을 했습니다. 그런데 저는 죽으러 가는데 사제단에서는 환호를 합니다."

동생의 전화를 받고 나니 그의 가슴이 새까맣게 타들어가는 것 같았다. 7월 26일 정의구현사제단에서는 기자회견을 열어 문규현 신부 입북 사실을 공표했다. 더불어 「주교에게 보내는 글」에서 주교의 허락 없이 사제를 파견하게 된 경위를 밝혔다.

회견이 끝나자마자, 남국현·구일모·박병준·문규현 신부 등 4명에 대해 국가보안법 위반 혐의로 사전구속영장이 발부되고 사제단 사무실 압수수색영장도 발부되었다. 규현 신부는 애초부터 휴전협정일인 7월 27일 '정전'이 아닌 '종전'을 위한 평화협정을 주장하며 판문점을 넘어 돌아올 계획이었다. 실제로 방북 사흘째인 그날 그는 임수경과 함께 군사분계선 통과를 시도했으나 군사정전위원회 유엔 쪽에서 허락이 나지 않았다. 북한 쪽에서조차 임수경이 판문점을 통해 남한으로 가려는 것을 말리는 입장이었다. 같은 날 남쪽에서도 문정현 신부를 비롯한 20여 명의 사제들이 이들을 환영하기 위해 서울에서 판문점으로 출발했으나 구파발 검문소에서 모두 강제 연행되었다.

그날 주교회의에서는 담화문을 발표했다. 사제단의 파북 결정은 천주교의 결정과 무관하다는 내용이었다. 아울러 사제 파견은 방북을 한 임수경을 보호하려는 목적 하나뿐이었음을 강조했다. 당시 김남수 주교회의장(수원교구장)은 임수경과 문 신부의 방북을 정의구현사제단 소속 젊은 신부의 철없는 행동으로 규정하고 '실정법상 책임을 물어야 한다'고 주장했다. 주교회의 대표의 성명서로 검찰 쪽에서는 원군을 얻은 셈이 되었다. 하지만 규현 신부를 뺀 나머지 신부 3명은 집행유예를 받고 곧 풀려났다. 주교회의 성명서가 나온 뒤, 사제단과 문정현 신부는 수원 교구청으로 김 주교를 찾아가 항의를 했다. 그때 김남수 주교는 얼토당토하지 않게 "정의구현사제단 사제들은 교황청 리스트에 올라 있으니 주교 될 생각은 하지도 말라."고 했다. 주교와 사제단의 생각이 얼마나 다른지를 그대로 보여 주는 일화다.

문규현 신부는 판문점을 통과하기 위해 북한 당국자를 설득했지만 휴전선 통과는 남북문제 이전에 유엔이 개입된 국제문제라며 자꾸 제3국으로 돌아서 가라고 했다. 그의 판단으로는 제3국으로 돌아가면 임수경과 자신은 오히려 살아남지 못할 것 같았다. 그래서 임수경과 함께 7월 28일부터 단식을 시작했다. 규현 신부와 임수경의 단식은 북한 사회를 발칵 뒤집었다. 단식 6일 만에 임수경이 쓰러졌다. 규현 신부는 임수경을 평양의 외국인병원으로 보내 놓고 다른 외교적인 수단을 찾기 위해 8월 초 다시 미국으로 건너갔다. 그리고 뉴욕에서 한 동포 신자의 도움을 받아 형에게 전화를 했다. 그때 문정현 신부는 동생 규현 신부에게 하고픈 말을 전달했다.

"꼭 삼팔선을 넘어야 한다. 제3국으로 돌아오는 것은 의미가 없다. 판문점을 넘어오다가 미군에게 사살될 수도 있다. 사살되더라도 넘어야 한다. 그래야 삼팔선이 열리는 거다."

아마 그때 문정현 신부는 사랑하는 아들을 번제물로 바쳐야 했던 아브라함의 심정이었을 것이다. 훗날 그때 일을 말할 때마다 그의 눈에 눈물이 가득 차올랐다. 동생에게 죽음의 길로 가라고 말하는 형이나 그 말에 "예." 하고 대답하는 동생이나 모두 하느님의 부르심에 "예." 하는 길밖에 없었다. 그 죽음의 길 끝에 부활이 있을지 없을지 따위는 상관 없었다. 그저 그 길이 그들이 선택할 수 있는 유일한 길이었을 뿐이다.

미국에서 뾰족한 방법을 찾지 못한 규현 신부는 8월 12일 다시 북한 으로 들어갔다. 그러나 북한의 조국평화통일위원회 당국자들은 여전히 두 사람의 판문점 통과에 회의적이었다. 문규현 신부는 북한 당국자들 에게 말했다.

"판문점을 통과하는 것만이 북을 살리고, 우리를 살리고, 모두를 살 리는 길이오. 그렇지 않다면 나나 임수경이 여기 있어야 할 이유가 없소. 우리가 판문점을 넘는 순간 죽는다 해도 상관없소. 바로 그 죽음이 이 분단 현실에 드리는 기도이고 진정한 삶이오."

어렵사리 8·15 광복절 때 판문점을 넘기로 합의한 뒤에도 북한 당국 은 계속 망설였다. 드디어 8월 14일, 두 사람은 평양 김일성광장에서 10 만 인파의 환송을 받으며 판문점행 열차를 탔다. 그리고 8월 15일 오후 2시 20분 규현 신부와 임수경은 끝내 두 발로 휴전선을 넘었다. 두 사람 은 삼팔선을 넘자마자 곧장 남쪽 안기부에 연행되었다. 규현 신부는 옥 인동 안가로, 임수경은 서울대병원을 거쳐 안기부로 갔다.

통일논쟁의 불씨로

8월 22일 첫 면회가 허용되던 날, 문정현 신부는 어머니와 함께 서울

성북경찰서로 갔다. 동생 규현 신부의 모습은 몹시 초췌했다.

"면회실에 엄마랑 같이 들어가자 문규현 신부가 벌떡 일어나서 엄마를 끌어안았어. 그런데 우리 어머니가 내가 징역살이할 때랑 똑같이 동생을 끌어안고서는 '아들, 김대건 신부 되어야 한다.' 하시는 거야. 그분에게는 김대건 신부가 표본이었나 봐. 그때도 전혀 눈물바람 안 하시고 문규현 신부를 도닥여 주셨어. 어머니랑 면회를 마치고 났는데 신문기자들이 엄청 많이 왔더라고. 그날 나랑 문규현 신부가 수갑 찬 손을 잡고 어깨를 딱 걸고 정말 우리가 할 일을 했다는 마음으로 함빡 웃는 사진이 신문에 실렸어.

사실 엄청난 일이었지. 1948년 김구 선생 이후, 민간인으로서는 최초로 분단의 벽을 넘어온 것이니까. 마치 꽉 막혔던 게 뚫리는 느낌이었어. 통일이 비록 고통 중에 있지만 그 문이 확 열린 것 같은 느낌이었지. 어떤 지향을 가지면 그런 고통도 기쁨으로 승화된다는 것을 느낀 순간이었어. 그 뒤로 문규현 신부 면회를 다니고 방북 이후 언론의 자료를 모으느라고 온갖 신문을 다 봤지. 그걸 스크랩하고, 지금 같으면 인터넷 덕분에 일도 아니지만 그때는 정말 큰일이었어. 중앙지, 지방지까지 다 스크랩을 했으니까. 오두희도 도움을 많이 줬지.

그리고 재판이 시작되는데 어휴, 서울지방법원 417호 대법정에서 재판을 하는데 처음에는 임수경, 문규현을 별도로 하려다가 변호인 측에서 같이 하자고 한 게 받아들여졌어. 그런데 재판부에서 방청 제한을 하는 거야. 미리 방청권을 배분한 바람에 우익단체들이 자리를 다 차지해버리고 우리는 가족조차 자리가 없었어. 그걸 가지고 싸울 일은 아니었는데 그 사람들이 우리를 잡아먹으려고 그러는 거야. 상이군인이 지팡이를 휘두르고 다니질 않나, 온갖 공포심을 조장했지. 그렇다고 무서워할 우리도 아니었지. 내가 앞좌석에 앉아 있다가 뒤로 나오는데 누군가가 목발로 나를 치려고 해. 그래서 내가 눈을 부릅뜨고 도리어 '그럼 한번 쳐 보라'고 호통을 치니까 기세등등하던 사람이 멈추더라.

재판은 길고 요란했어. 그런데 국내외적으로 의외로 지지가 셌어. 통일에 대한 열기가 생각보다 거셌던 걸로 기억해."

문규현 신부와 임수경의 방북은 예상대로 통일논쟁의 불씨가 되었다. 그러나 두 사람을 향한 사회의 시선은 차가웠다. 보수진영에서는 금단·금기의 선을 넘은 두 사람을 비난하고 증오했다. 그런 갈등과 비난을 견디는 것은 쉽지 않았다. 성당에서 주일미사를 할 때도 신자들의 따가운 눈초리를 읽을 수 있었다. 그래서 그는 성당이나 다른 어느 곳을 가든 두 사람의 방북사건을 이해시키려고 노력했다. 그때 신자들의 부정적인 시선을 바꾸는 데 큰 도움이 되었던 것은 미국에서 제작된 다큐멘터리 「하나되게 하소서」이다. 이 다큐는 임수경과 문규현 신부가 분단의 선을 넘는 과정을 담고 있었다. 임수경의 '성 프란치스코의 평화의 기도'와 교황님께 보내는 편지, 규현 신부의 기도, 그리고 판문점을 넘기 전과 넘은 뒤 두 사람이 한 강연 등등 그 자체가 천주교의 전례로 느껴질 만큼 엄숙해서 보는 사람들에게 감동을 주었다. 그는 그 다큐를 700여 개 복사해 전국으로 배포했다. 영상을 본 사람들은 왜 임수경이 북한을 방문했으며, 문규현 신부는 왜 임수경의 동행자가 되어 주었는지를 이해하게 되었고, 분단의 벽을 넘는 일이 필요하다는 것도 이해했다. 그러나 공안당국에서는 그 비디오를 뺏으려고 혈안이 되었고, 심지어는 비디오 플레이어까지 빼앗았다. 다만 부산과 전주에서만은 경찰도 적극적으로 달려들지 못했다.

교회 안에서도 진보와 보수가 드러났다. 수원교구의 김남수 주교를 비롯한 보수우익 노장 사제들은 정의구현사제단에 대한 대항으로 '구국 사제단'을 만들기도 했다.

3
20년 만의 휴식, 메리놀 유학

　문정현 신부는 1992년 12월 문규현 신부가 가석방될 때까지 금마성 당의 주임신부로, 작은 자매의 집 책임신부로 일하며 일주일에 한 번씩 면회를 다녔다. 또 방북 사건 이후로 한겨레신문은 물론 조중동 신문에서도 통일에 대한 논의가 활발해지면서 여러 단체나 기도회에 초대를 받아 문규현 신부의 방북에 대해 이야기를 하러 다녔다. 문규현 신부 대신 강론하는 자리에 서서 그가 한 이야기는 늘 같았다.

　"나는 내 동생 규현 신부가 판문점 넘어서 사살될 수도 있다고 생각했다. 그런데 살아 넘어왔다. 그러고는 온갖 비판을 받았다. 사제 옷을 벗어야 한다, 공산주의자가 가장해서 신학교에 들어가서 국가를 전복시키려고 했다는 등등 온갖 누명을 뒤집어썼다. 문규현 신부는 초등학교 6학년 졸업하고 신학교에 가서 긴 세월 사제 수업을 받은 사람이다. 우리 집안은 반공이었고, 친미적인 가정이었다. 우리는 이 재판에서 사형, 무기까지 각오했는데 결국 징역 5년형 받더라. 따져 보면 대학 4년이나 마찬가진데 이제부터는 평양에 대거 방문해서 남북교류를 하고 5년 징역살이하자. 나는 감옥에 있는 동안 딱 400권을 읽었다. 대학 4년 동안 400권을 읽겠냐. 우리 징역살이 가서 400권을 읽고 나오자. 국가보안법에 의해 남과 북이 막혀 있지만 국가보안법을 어겨서라도 교류를 해야 한다."

　문규현 신부는 감옥에 있으면서 『천주교회사』 『분단의 장벽을 넘어』

라는 두 권의 책을 냈다. 그런데 문규현 신부 옥바라지를 하는 중에 어머니가 위암 선고를 받았다.

"79세에 수술을 하셨지. 그때 많이 힘들었어. 많이 울고. 친구 리수현 신부가 그런 나를 가만 지켜보다가 그러더라고. 이제 마음잡아라. 문규현 신부가 어머니 수술한 거 나중에 알면 더 마음 아플 수 있으니까 지금 얘기해 줘라.

그때는 정말 많이 울었어. 미사하다가도 울고……. 감옥 갔다 온 다음부터 감수성이 더 예민해졌다고 해야 하나? 감옥에서 사형수가 먼저 와서 인사를 하고 나는 또 먹을 것을 전해 주고 그러면서 사형수에게 너그러워지는 걸 느꼈지. 그러던 사람이 사형집행된 뒤에는 한없이 눈물이 나고 기도를 많이 했어. 그리고 장계성당에서 농민을 만나면서, 또 문규현 신부 방북 이후에 누구보다 마음을 졸이고……. 그런 일들을 겪으면서 정말 마음 아픈 사람의 심정을 알게 된 것도 같아."

문정현 신부는 정이 많고 눈물도 많은 사람이다. 성당에서 강론을 할 때나 수많은 시위대 앞에서 연설을 할 때나 자주 눈물을 흘렸다. 그는 고통받는 이들에 대한 연민을 감추지 않았다. 그러나 상처받은 이들이 그에게 기대거나 위로를 받으러 다가갔다가는 당황하기 일쑤였다. 그는 다른 사람의 마음을 예민하게 살피거나 상처받은 사람의 속마음을 감싸 주고 그들의 이야기를 인내심 있게 들어주는 사람은 아니었다. 그는 아픈 이들 옆에서 그들을 감싸 주고 위로해 주기보다는 아픈 이들이 다시 아프지 않도록 세상의 불의와 맞서도록 하는 길을 택했다. 그것이 그의 방식이었다. 문규현 신부가 감옥살이를 하게 되었을 때도 감옥생활을 하는 동생을 안타까워하며 마음만 애태우기보다는 동생의 감옥살이가 헛되지 않도록 열심히 기도회에 참석하고 동생의 저서를 알리는 일에 앞장섰다. 그렇게 2년을 보낸 뒤 문규현 신부가 가석방이 되자 문정현 신부는 공황 상태에 빠졌다.

"1972년 지학순 주교가 구속된 것을 계기로 민주화운동에 발을 내딛은 뒤, 2년간의 옥살이를 포함해서 20년간을 쉼 없이 살아오면서 쌓인 피로가 한꺼번에 몰려온 것 같았어. 이제 내가 지금까지 살아오던 것에서 벗어나 다른 삶을 살아 보는 것이 어떻겠나 생각하고 혼자 고민을 하다가 규현 신부에게 털어놓았지. 규현 신부가 안식년을 권했어. 그래서 안식년을 고민하던 중 메리놀신학교에 갔지. 문규현 신부가 거기서 유학을 한 뒤 곧장 임수경 때문에 방북했잖아. 그래서 뉴욕 한인성당이나 메리놀신학교에서 문규현 신부에 대해 관심이 많았어. 그래서 내가 그분들에게 줄 자료를 챙겨서 규현 신부의 소식을 전해야겠다 하고 메리놀에 가서 학장신부를 만났지. 규현 신부 얘길 하다가 내가 그동안 과격한 삶을 살았고 바쁜 일, 많은 투쟁 속에 살았는데 이제 당분간 마음의 정리를 하고 새로운 삶을 살고 싶은데 여기서 공부를 할 수 있겠는가 했더니 학장신부님이 흔쾌히 환영했어. 처음에는 그냥 안식년을 2년 정도로 해서 공부를 할 생각이었는데 주교님이 유학발령을 내주셨지. 그래서 얼떨결에 유학을 가게 됐어."

'복음정신'을 되새기며

메리놀에서 그가 선택한 과정은 '정의와 평화' 프로그램이었다. 남미의 해방신학이 바탕이었다. 학위 과정은 4학기였는데 3학기는 강의를 듣고 1학기는 논문을 써야 했다. 공부를 하는 동안 그는 남미의 해방신학과 자신이 그동안 살아온 삶이 한 뿌리였음을 깨달았다. 여성신학과 생태신학을 새롭게 공부하며 어느 문화권이나 가장 억압받는 계층인 여성과 환경 문제에도 관심을 갖게 되었다.

졸업논문 주제는 '교회 안의 공인과 비공인 문제'였다. 한국 교회에서는 세례성사를 받은 신자가 복음을 실천하기 위해 하는 일이라 해도 제도교회의 인준을 받지 않은 활동은 인정받지 못했다. 교회는 그런 활동을 반교회적인 것처럼 매도했다. 그래서 가톨릭노동사목 활동이나 가톨릭농민회 활동이 교회와 갈등을 겪어야 했다. 그러나 정작 한국 교회의 역사는 비공인으로 시작되었다. 18세기 후반의 유학자이자 우리나라 최초의 영세자였던 이승훈은 1784년 중국에서 교리서적과 십자고상·성화·묵주 등을 가지고 와 이벽·최인길과 함께 권일신·정약용 형제에게 전도를 하고 스스로 영세를 집전했다. 또 다음 해에는 명례동의 중인 김범우 집에서 한국 최초의 천주교회를 창설했다. 이들은 정기적으로 신앙모임을 갖고 교리서를 한글로 번역해 배포하다가 을사추조 적발사건으로 배교를 하지만 몇 년 뒤 다시 비밀리에 복교하여 자치적인 교회 활동을 하고 이승훈은 스스로 성사를 집행하기도 했다. 1789년에는 베이징으로 사람을 파견해 조선 자치교회의 존재를 알리고 조상 제사에 대한 교리 해석과 성직자 파견을 부탁했다. 그러나 베이징 교구장은 조상의 제사를 허락하지 않았고 자치교회도 인정하지 않았다. 조선 천주교회는 그제야 성직자를 영입하기 위해 국가의 박해를 무릅쓰고 나섰다.

문정현은 성직자가 없던 시절의 천주교는 공인된 교회가 아니니 천주교회가 아니라고 매도할 수 없다고 생각한다. 그에게 신앙인의 핵심은 '복음정신으로 사는 것'이다. 우리나라의 천주교 자체가 비공인으로 시작됐듯, 가톨릭농민회·가톨릭노동사목 모두 공인된 교회가 하지 못한 복음실천을 앞서서 한 것이다. 그 활동을 교회가 배척할 수는 없는 것이다. 그는 논문을 쓰면서 교계 제도, 성직 제도보다 복음정신으로 사는 것이 더 먼저임을 확신하게 되었다. 평신도는 교회의 진정한 구성원이므로 평신도들이 복음을 실천하며 사는 것은 당연히 존중받아야 했다. 푸에블라 문서에서 주교들은 "평신도들의 연대의식을 예시해 주어야 하고, 그들의 일치와 영성생활에 도움을 주어야 하며 그들이 공동선과 약자의 필요를 추구하고 선택할 수 있도록 창조성을 자극해야 한다."(푸에블라 문서 525항)고 말했다. 그런데 당시 한국 교회에서는 정의구현사제단조차도 공인된 단체가 아니라고 비난했다. 그러나 사제가 그 존재 자체로 공인이므로 복음정신에 따라 억압받고 가난한 이들 편에 서왔던 정의구현사제단 활동 역시 공인된 활동인 것이 당연하다고 생각했다.

늦은 나이에 간 미국 유학은 쉽지 않았다. 그러나 모든 일에 '대충'이나 '적당히'가 통하지 않는 그답게 공부에 충실했다. 영어가 서툴러 다 알아듣지 못하니 강의를 녹음해서 듣고 받아쓰고 또다시 들었다. 그래도 못 알아들으면 다른 신부들에게 강의 내용을 물어보고 페이퍼를 쓴 뒤에는 자신이 제대로 썼는지 동료 학생들한테 물어봐서 다시 정리해냈다.

1993년 그가 메리놀신학교 대학원에 입학할 무렵은 마침 1492년의 아메리카 신대륙 발견 500돌 행사를 한 직후여서 축제 분위기가 남아 있었다. 그는 철저하게 정복자의 관점인 신대륙 발견 기념 자체가 문제가 있다고 생각했다. 한국에서 벗어나니 미국이 좀 더 깊이 보이고 또 한반도의 남북문제도 비판적으로 바라볼 수 있었다. 그는 학위를 끝낸 뒤 40여 일 동안 미국을 여행했다. 미국여행 중 가장 인상 깊었던 것은 윤한봉이 미국에서 망명생활을 하는 동안 동포사회에 끼친 영향을 확인한 것이었다.

윤한봉과 로메로 주교

윤한봉은 전남대 재학 중 '민주청년학생연합' 활동으로 제적당한 뒤 1978년부터 이듬해까지 군부독재에 반대하는 운동으로 수차례 수감되었다. 1980년 5월 18일 광주항쟁이 터졌을 때 윤한봉은 광주에 없었다. 민청학련 조작사건 등으로 3차례 감옥생활을 했던 탓에 5·18 바로 전날 밤, 계엄령으로 다시 수배자 신세가 됐기 때문이다. 경찰이 예비검속으로 학생운동 경력이 있는 사람들을 모조리 잡아들이자 그는 경찰을 피해 광주를 빠져나왔다. 5월 27일 도청이 함락된 뒤, 그는 5·18의 핵심 주동인물 가운데 하나로 지목되었다. 잡히면 사형감이라는 소문도 돌았다. 윤한봉은 1년 가까이 숨어 다니다가 1981년 4월, 화물선 갑판 아래 숨어 미국으로 밀항했다. 그리고 1993년 5월까지 이어진 망명생활 동안 그는 다음과 같은 원칙을 세웠다고 한다. '미국생활에 적응하지 않는다. 조국의 가난한 동포들과 감옥에서 고생하는 동지들을 생각해서 침대에서 자지 않는다. 도피생활할 때처럼 허리띠를 풀고 자지 않는다.'

그는 그 원칙을 지켰다.

윤한봉의 그런 모습은 동포사회에 큰 영향을 주었다. 윤한봉은 미국에 있는 동안 한국의 민주화운동을 지지하기 위한 해외연대 건설에 노력하면서, 83년 민족학교, 84년 재미한국청년연합, 87년에는 재미한겨레동포연합을 설립해 활동했다. 특히 한국청년연합은 전국적인 풀뿌리 공동체의 모태가 되었고, 시카고 한인교육문화마당집·뉴욕 청년학교·미주 한인봉사교육단체협의회 설립에도 큰 구실을 했다. 동포들은 그를 통해 통일운동에 관심을 갖게 되었고, 이는 임수경과 문규현 신부의 방북 때 많은 동포들의 지지를 끌어내는 바탕이 되어 주었다.

"윤한봉은 공부하는 중 뉴욕에서 한번 만난 적이 있었지. 정권에 휘둘리지 않는 사람, 아주 귀한 사람이었어. 남은 자 중에 하나였지. 얘기를 하다 보니 의사소통이 잘됐어. 민주화운동 과정에서 함께했던 이들이 권력 쪽으로 휩쓸려 가는 걸 굉장히 안타까워했지. 김영삼 정부 때 한국으로 돌아왔지만 내내 자신의 정체성을 지키며 살다 간 드문 사람이었지."

미국 유학 중 다녀온 남미여행 역시 그에게 새로운 자극이 되었다. 특히 기억에 남는 곳은 엘살바도르의 로메로 대주교가 순교한 곳이었다. 로메로 대주교가 숨진 자리는 수녀회에서 경영하는 가난한 호스피스병원 안에 있었다. 경당에는 로메로가 피격당한 흔적이 여전히 남아 있었다. 대주교가 머물던 방에는 살해될 당시 입고 있던 피 묻은 제의도 전시되어 있었다. 함께 여행을 갔던 리수현 신부와 그는 대주교가 총탄에 쓰러져 피 흘린 바로 그 제단 앞으로 가서 입을 맞추었다.

수도 산살바도르의 대주교였던 로메로 신부는 1980년 3월 24일 4명의 괴한에 의해 사살됐다. 로메로는 원래 보수적인 인사였다. 평소 제2차 바티칸 공의회의 개혁적 사목방침을 우려하는 전통주의자였으며, 해방신학을 '증오에 가득 찬 그리스도론'이라고 비판했던 사람이었다. 그래서 그가 1977년 산살바도르 대교구의 대주교로 임명되었을 때 민중들은 달가워하지 않았다. 그런데 로메로 주교의 착좌식이 있은 지 3주 만에 오랜 친구인 루틸리오 그란데 신부가 아길라레스성당에서 미사를 봉헌하다가 암살단에 의해 살해되는 사건이 일어났다. 그란데 신부는 로메로 주교와는 달리 민중의 편에 서 있던 사제였다. 그란데 신부 추모 미사를 집전하면서 가난하고 고통받는 농민의 모습을 보게 된 로메로 대주교는 3년 뒤 괴한에 의해 살해될 때까지 농민과 빈민의 편에 섰다. 문정현 신부는 로메로 대주교의 삶과 죽음에 깊은 감흥을 받았다. 로메로 대주교는 여전히 중남미 민중들의 가슴에 살아 있는 영성가였다. 그러나 주교회의를 비롯한 기득권자들에게 아직도 따돌림을 당하고 있었다.

"1970년대부터 구스타보 구티에레스가 쓴 책을 읽고 해방신학을 알았지. 서남동·안병무·문동환 목사를 통해 남미의 해방운동에 대해서 알게 되었고. 감옥에 있으면서 문익환 목사·선종완 신부가 공동번역한 성서를 열심히 읽고 해방신학, 남미교회에 대해서 관심을 갖기 시작했지. 미국에서 공부한 것도 '정의와 평화' 프로그램이기 때문에 해방신학의 관점에서 공부를 하고 글도 쓰면서 남미를 가고 싶은 마음이 굴뚝같았어.

한국에서 생각할 때는 남미의 교회 전부가 민중의 편에 서서 가난하고 고통받는 이들, 감옥에 갇히고 피살된 가족들의 편에 서 있는 줄 알

앉어. 그런데 가 보니 한국 상황과 별로 다르지 않았지. 주교단은 보수고, 소수의 성직자·수도자·평신도들만이 해방신학의 입장에서 활동을 하다가 수많은 사람들이 사살되고 실종되었던 거야. 거기서도 복음적인 소명으로 산 사람들은 소수라는 걸 알았지. 그때 '기초공동체'(본당에서 발생할 수 있는 문제와 한계를 넘어서, 서로 관심사가 같거나 환경이 비슷한 구성원 혹은 가까운 주거지역에 있는 이들이 갖는 소모임)가 유행이었는데, 기초공동체라는 것도 교구의 제도로 인준된 것이 아니라 시늉만 남아 있었어. 한국의 JOC처럼 말이지.

주로 래디컬(radical)한 곳을 다녀 보면 사회의 기득권으로부터는 철저히 배제된 채, 공산주의자라는 오명을 뒤집어쓰고 고통 중에서 복음정신으로 살아가는 것을 볼 수 있었지. 권력에 의해 아들을 잃은 어머니도 만났어. 그 어머니들에게서 살아 있는 피에타를 보았지. 멕시코에 가서 바실리카 대성전을 보며 많은 걸 느꼈지. 스페인이 멕시코를 점령해서 멕시코 전통의 독수리 문화를 파괴하고 그 위에 바실리카 대성전을 지은 거잖아. 그런데 1986년 지진으로 성전 일부가 갈라지면서 한쪽에 묻혔던 독수리 문화의 유산이 솟아났단 말이야. 그걸 보면서 문화는, 역사는 땅에 묻어도 언젠가는 다시 솟아난다는 것을 느꼈어.

멕시코에는 과달루페의 성모가 있잖아. 그게 멕시코의 토속신앙과 가톨릭 문화가 결합한 거야. 1531년 12월에 테페야크라는 언덕에서 과달루페 성모가 인디언 원주민에게 나타났는데 그 성모가 멕시코 사람처럼 얼굴이 검었다고. 처음에 교회는 그 인디언이 만난 성모를 믿지 않았다가 나중에 가톨릭의 전파를 위해 이용했지. 그런데 중요한 건 그 과달루페 성모가 나타난 곳이 인디언들이 믿던 아스테카 종교의 여신 '토난친'의 신전이 있었던 곳이야. 그래서 인디오들은 아직도 과달루페 성모를 '토난친'이라고 불러. 그걸 보면서 생각했지. 예수님 말씀을 가지고 선교를 하러 간다는 것은 그 고유의 문화를 파괴하는 것이 아니라 예수님의 말씀을 가지고 어떻게 살고 어떻게 살아남을까를 고민하는 거라고. 이웃을 내 몸같이 사랑한다는 것이 무엇인가에 대해 깊이 생각했어. 교회가 무언가를 가르치고 한다는 것은 허상이란 걸 느낀 거지. 함께해야 하는 거지."

미국 유학은 현장을 떠나서 한국의 현실과 미국의 존재에 대해 좀 더 객관적으로 바라볼 수 있는 계기였다. 또 자신의 사회운동을 신학적인 관점으로 되돌아볼 수 있는 소중한 시간이기도 했다. 그는 공부를 하면서도 자신이 서품된 사제로서 병자, 고통받는 사람, 가난한 사람, 빼앗기고 착취당한 사람, 어떤 이유로든 탄압받고 인간성이 파괴된 사람들과 함께 있어야 한다는 자기 신원을 잊지 않으려 애썼다. 또 남미여행을 통해 자신에게 영향을 준 해방신학에 대해서도 다시 생각할 기회를 갖게 되었다.

4

높고 높은 미군의 성채에 돌을 던지다

　문정현 신부는 1970년대만 해도 미군을 그저 고마운 존재로만 여겼다. 조성만이 "양키 고 홈."을 외치고 할복 투신을 한 뒤 미군 문제에 눈을 떴지만 거대한 미국의 실체에 대해 깨달은 것은 군산에서였다. '미군기지 사용료 인상 거부를 위한 군산 시민모임'을 통해 미군기지의 환경오염, 공여지 문제를 알게 되었던 것이다.

　미군기지에서는 식당·화장실 등에서 발생하는 생활하수를 정화시설 없이 배출하고 있었고, 기름유출 사고로 인근 농경지와 지하수가 오염되기 일쑤였다. 미군은 하루에 3000톤의 오폐수를 방류했는데 시민모임 쪽에서 생화학적 산소요구량(BOD) 측정을 해봤더니 135ppm이 나왔다. 공장지대에서는 20ppm만 나와도 제재를 하는데 무려 6배가 넘게 나온 것이다.

　탄약고와 사격장으로 인한 안전 위협 문제도 컸다. 주민들이 사는 동네 바로 앞에 탄약고가 들어서 어떤 곳은 민가와 30m도 안 떨어졌고, 사격훈련장의 유탄이 민가 벽을 관통하고 들어와 터지는 사고도 일어났다.

　공여지 문제는 더 심각했다. 정부에서 자기 땅을 미군에게 공여한 것도 모르고 주민들이 건축물을 세우자 미군이 나와 집을 부수거나 농사를 짓지 못하도록 했다. 국방부에서는 그 땅에 '미국정부 재산'(US GOVERNMENT PROPERTY)이라고 못을 박고 주민을 몰아냈다. 대대로 물려받은 농토가 주인도 모르는 새 미국정부의 재산이 됐으니 주민들은 억울하기 짝이 없는 일이었다.

전투기로 인한 소음공해 또한 심각했다. 미군은 하루 평균 50회 이상, 비상훈련 때는 100~150회까지 출격 연습을 했는데 전투기 이착륙 때마다 115dB이 넘는 소음이 발생했다. 청력장애를 일으키는 90dB 수준을 훨씬 넘는 것이었다. 미군의 범죄를 몰랐다면 몰라도 진실을 알게 되었으니 더는 침묵할 수 없었다. 그는 미군기지 싸움을 하면서 미군의 성채가 얼마나 거대하고 단단한 것인지를 더 절실히 깨달았다. 엄연히 한국 땅에 있는 미군기지로 우편물을 보내면 수취인 불명으로 되돌아왔다. 미군기지는 미국 땅이었기 때문이다. 문정현 신부는 한미관계의 실체를 하나씩 알게 되면서 크게 분노했다. 그는 그 무렵 노동투쟁을 함께하던 기아특수강 노동자들과 과격하다 할 정도로 미군기지 반대 싸움을 했다. 오두희는 그때 일을 두고 그에게 물었다.

"신부님, 나는 항상 그때 일을 물어보고 싶었어요. 신부님이 오룡동성당 그만두고 작은 자매의 집에 가셨잖아요? 거기 가서도 매주 수요집회를 빠지지 않고 하셨어요. 그 당시에만 해도 군산에서는 생존권 문제가 곳곳에 있었죠. 특히 기아특수강은 십여 명이 해고를 당했고, 개정병원이 위장폐업해 노동자가 길거리로 내몰렸고 그밖에도 여러 사업장에서 투쟁이 일어나고 있었어요. 그때 군산 노동자의 집 사람들과 신부님이 같이 어울려 다녔죠. 수요일마다 군산 기지로 갔다가 짜장면을 먹고 기아특수강으로 가고, 끝나면 노동부로 가고……. 일주일에 한 번은 모든 해고자, 억울한 사람들, 문제아들이 몰려다닌 셈이죠. 그래서 노동자들이 무서울 게 없었어요. 신부님이 앞장서서 싸우니까 오히려 노동자들이 말리는 형국이었죠. 경찰은 신부님을 이러지도 저러지도 못했죠. 20~30명이 떼거지로 우르르 몰려다녔으니까. 익산에서 쓰레기, 공병을 가지고 와서 집회하다가 미군기지 안으로 던지고 막 그랬지. 한번 열이 받으면 못할 짓이 없었어요. 하여튼 상상을 초월해. 내가 소리 지르면서 제발 좀 던지지 말라고 말린 적도 있다니까. 과하다, 왜 저럴까, 왜 저런 행동으로 대응을 할까, 그랬거든요. 그때 싸움은 과했다고 봐요. 그때 왜 그러셨어요?"

문정현 신부가 곰곰이 생각하다 말했다.

"미군의 성채는 아무리 튼튼한 병을 던져도 소용이 없는데, 한국 경찰은 나를 따라다니면서 미군기지를 지키는 기가 막힌 현실이었지. 미군기지 반대를 위해 모인 우리들을 많은 경찰들이 가로막고 우리를 탄압하고 제지를 했어. 우리가 저항하면 군홧발로 어깨고 허리고 막 짓눌러 버리고……. 얼굴을 땅에 대고 군홧발로 짓밟히는 일을 당하니까 어떻게 하면 항의를 할까 하는 생각밖에 없었던 거 같아. 그만큼 감정이 실렸던 것도 같고."

과격해질 수밖에 없었던 이유

그 시절 미군기지를 상대로 싸우는 문정현 신부는 투사였다. 그때 그는 '세상에 불을 지르러 왔다'고 말하던 예수의 심정이었는지 모른다. 미군기지투쟁을 하는 동안 그의 차 트렁크에는 항상 미군기지에 던질 빈병이 들어 있었다. 그래서 미군들은 문정현 신부만 보면 기지 문을 닫을

정도였다. 시위 도중 경찰이 그를 강제로 익산 자매의 집까지 데려다 놓
으면 그는 그 길로 다시 미군기지로 돌아가 밤샘투쟁을 했다.

"그 무렵에 미국대사관 부대사가 만나자고 해서 소파개정국민행동
본부와 인사동에서 만났지. 그때 부대사가 그러더라고. '신부님에 대해
군산 미군기지에서 올라오는 보고를 보면 엄청나다. 돌, 쓰레기, 병을 던
지고……. 굉장하다. 도대체 왜 그러냐?' 그때 내가 그랬어. '사실이다. 그
런데 생각해 봐라. 미군기지 때문에 주민들이 받는 피해가 한두 가지가
아니다. 오폐수, 기름유출을 비롯한 환경파괴에다 주민들 땅을 불법으
로 점유해서 생존권을 위협하고. 게다가 일반인을 상대로 미군들이 저
지르는 범죄에 대해 문제제기를 하려고 해도 담당자를 만날 수가 없다.
공문을 전달할 수도 없다. 미군들은 한국 경찰을 시켜서 조종하고 우리
를 탄압한다. 그래서 한국 경찰보다 미군이 더 밉다. 그래서 그렇게 나
온 거다.'라고 했지."

그는 그렇게 3년간의 미군기지 싸움을 통해 한미주둔군지위협정의
불평등성을 실감하게 됐다. 한국정부는 불평등한 협정에 묶여 미군기지
에서 발생하는 갖가지 피해나 미군의 범죄에 대해 어떤 책임도 물을 수
없었다. 이런 모순은 군산만의 일이 아니라 미군기지가 있는 이 땅 곳곳
의 문제이며, 오키나와·괌·하와이·태국에서도 마찬가지였다. 소파는
1991년 한차례 부분적으로 개정이 되긴 했으나 그 대신 주한미군에게
엄청난 방위분담금을 지원하게 되었다. 1992년 10월 동두천에서 일어
난 '윤금이 씨 피살사건'을 계기로 1995년 개정협상이 다시 시작됐지만
미군 쪽의 비협조로 1997년부터 중단됐다.

1997년 대선에서 김대중 후보는 대통령에 당선되면 중단된 협상을

재개해 소파 개정을 하겠다고 공약했지만 이뤄지지 않았다. 1999년, 군산 미군기지 우리 땅 찾기 시민모임을 중심으로 전국적인 소파개정국민행동에 나서기로 했다. 국제적으로 미국의 신자유주의 정책과 군사패권주의 확장에 따른 제3세계 국가들의 저항이 일고 있었기 때문에 그때가 소파 개정을 끌어낼 수 있는 절호의 기회라고 판단했기 때문이었다. 1999년 8월 군산 미군기지 우리 땅 찾기 시민모임에서는 사무국장인 김종섭을 서울로 파견했다. 우리 땅 미군기지 되찾기 공동대책위원회(대구·평택·군산·의정부 주한미군범죄근절운동본부)·녹색연합·전북 평화와 인권연대·평화와 통일을 여는 사람들·천주교정의구현전국연합·인권과 평화를 위한 국제민주연대·천주교정의구현전국사제단 대표들이 모여 처음 회의를 열었다. 그런데 문제는 단체별로 서로 의견이 조금씩 다른 것이었다. 소파 개정이 아니라 주한미군 철수가 목표라 주장하는 단체가 있는가 하면, 소파는 불평등하니 개정하라고 할 수는 있지만 반미는 못하겠다는 단체도 있었다. 심지어 'SOFA'라는 영문 표기에 불만을 나타낸 단체도 있었다. 다행히 불평등한 한미관계를 바로잡아야 한다는 생각만큼은 같았기 때문에 서로 각자의 견해를 한발씩 양보하면서 1999년 10월 26일 '불평등한SOFA개정국민행동'(국민행동)을 결성했다. 사무실은 국제민주연대에서 더부살이를 하고 군산의 김종섭과 함께 국제민주연대의 김재규가 활동가로 일했다. 민주사회를 위한 변호사 모임에서는 법률지원팀을 꾸려 지원해 주겠다고 나섰고, 인권운동사랑방·평화를 만드는 여성회·불교 인권위원회·건강사회를 위한 치과의사회·제주 4·3 50주년 기념사업 추진위 등이 참여해 모두 127개 단체가 모인 제법 거대한 기구가 되었다. 그 뒤 매향리 사격장 사건이 일어나면

소파 개정투쟁, 2000

서 스크린쿼터문화연대·한국노총까지 참여해서 148개 단체로 더 커졌다.

국민행동은 한 달에 한 번씩 서울 세종로 미국대사관 앞에서 집회를 했다. 그 집회마다 문정현 신부가 앞장섰다. 정부는 미대사관 100미터 이내에서는 집회를 원천봉쇄하고 집회 때마다 시위대를 연행하거나 꼼짝 못하게 고착을 했다. 심지어는 광화문 시민열린마당 주변에 대형 쓰레기차를 세워놓고 시위를 막았다. 그러면 그는 그 쓰레기차 위로 올라가서 시위를 했다. 때로는 집회가 끝날 때까지 전경들이 방패를 들고 그를 빙 둘러서서 꼼짝 못하게 만들기도 했다.

국민행동이 출범할 무렵 미군 관련 사건들이 연이어 터져 나오면서 소파 개정에 대한 국민적 여론이 조금씩 형성되기 시작했다. 특히 그해 9월 29일 AP 통신은 한국전쟁 도중 발생한 미군의 한국인 양민 총격 사건인 '노근리 학살'에 관한 첫 기사를 보도했다. 이 기사가 한국을 포함한 전세계 언론을 통해 보도되면서 충북 영동군 노근리의 속칭 '쌍굴다리 학살사건' 현장은 세계인의 주목을 받았다. 기사의 요지는 '미군이 노근리 부근에서 발견되는 민간인을 적으로 간주해 사살하라는 작전명령을 상부로부터 받았다'는 것이었다.

2000년 1월 6일에는 파주 미군부대의 폭발물 사건과 원주 미군부대의 오폐수 무단방류 문제가 터졌다. 이어 2월 19일에는 미군 매카시 상병에 의해 이태원 클럽의 여종업원이 살해당하는 사건이 일어났다. 국민행동은 그동안 각 지역과 현장에서 온몸으로 수집한 '미군범죄 피해' 보따리를 풀어 내면서 본격적인 공론화 작업을 진행했다. 특히 정부와 미군당국에 미군범죄와 환경 문제 대책에 대한 요구사항을 제시했다.

3월 15일 미국을 방문한 이정빈 외교통상부 장관이 매들린 올브라이트 국무장관과 협상을 한 뒤 "소파 개정 등의 문제를 가급적 조속한 시일 안에 해결할 수 있도록 노력하자는 데 의견을 같이했다."고 발표했다. 이틀 뒤 윌리엄 코언 국방장관이 한국을 방문했다. 국민행동은 성명을 발표하고 격렬하게 소파 개정을 촉구하는 시위를 했다. 그런데 4월 25일 외교통상부에서는 미국 쪽에서 협상안을 마련하는 데 시간이 더 걸린다며 회담을 미뤄 버렸다. 그러나 소파 문제는 이미 미군범죄만이 아니라 환경과 미군기지 문제로까지 확대되어 소파를 전면 개정해야 한다는 공감대가 형성되기 시작했다.

5
매향리에서 '길 위의 신부' 이름을 얻다

1999년 11월, 국민행동은 공청회를 열어 현장의 소리를 듣는 자리를 마련했다. 그때 참석했던 매향리 합동소음대책위원회의 전만규 위원장이 매향리의 실상을 전하며 자신이 오토바이를 타고 폭격장으로 가서 미군폭격기의 표적이 되겠다고 말했다. 그의 비장한 각오에 큰 인상을 받은 문정현과 국민행동은 2000년 2월 매향리를 방문했다.

매향리에 미 공군의 해상 사격장이 들어선 것은 1951년 8월이다. 한미 행정협정이 체결된 이듬해인 1968년에는 육상 사격장도 생겨났다. 폭격장은 모두 728만 평인데 690만 평의 해상 폭격장과 38만 평의 육상 폭격장으로 이루어져 있었다. 매향리 앞바다에는 원래 구비섬·위섬·농섬이 있었는데 모두 미 공군의 사격장이 되었고, 그 가운데 구비섬은 대형 폭탄의 계속된 폭격으로 뭉개 없어져 지도에만 나오는 유령섬이 되었다. 사격장 구역 안에는 300여 가구가 일구는 농토가 50만 평이나 있었다. 국방부에 임차료까지 내는 땅이었다. 하지만 농번기라도 사격훈련이 이어지는 때는 출입조차 할 수 없었다. 그때까지 미군의 오폭이나 불발탄 때문에 사격장 주변 마을주민 13명이 숨졌고 22명이 중상을 입었으나, 주한미군은 1967년 조개를 캐다 포탄에 맞아 현장에서 죽은 임신 8개월의 여성 사건만 자신들의 사고로 인정했다. 무엇보다 심각한 것은 150dB이나 되는 포격소음에 만성적으로 노출돼 있는 주민들의 일상이었다. 마을주민 대부분이 청각장애를 겪는 것은 당연한 일이었다. 1988년부터 마을 청년회가 주축이 되어 '합동소음대책위원회'를 구성한 뒤 10년 넘게 미군과 싸우고 있었다.

미군에게 경기도 화성의 매향리 쿠니사격장은 아시아 최적의 폭격훈련장이었다. 오산기지에서 이륙해 2, 3분 만에 사격이 가능하고, 육상과 해상 훈련을 동시에 할 수 있었다. 하지만 더 중요한 이유는 사격장 반경 2.4km 안에 200여 가구 700여 명의 주민이 살고 있다는 점이었다. 그런 환경이 조종사들한테 실전에 버금가는 긴장감을 준다는 것이다.

매향리에서 폭격훈련을 하는 전폭기는 F-4E, A-10, F-16, OV-10 공격용 헬기 등 다섯 종류쯤 되고, 로켓포·기관포·기총·레이저포 등등으로 월요일부터 금요일까지 1년이면 250일 정도 폭격을 해댔다. 1년에 5, 6회 정도 원폭 투하 훈련도 하고 있었다. 또 주한미공군 소속 전폭기만이 아니라 오키나와·태국·괌 그리고 미군 철수 이전의 필리핀·미태평양함대 소속 항공모함 같은 곳에서도 전투기가 날아오는 국제훈련장이었다.

매향리 절벽에서 얻은 깨달음

처음 매향리를 방문해서 보니 대책위 사무실 바로 앞으로 철조망이 쳐져 있고 붉은 깃발이 올라와 있었다. 그 깃발은 미군이 사격을 하고 있다는 신호였다. 그들이 도착하고 얼마 있지 않아 F-15기와 A-10기가 날아올랐다. 바로 앞에서 날아오르는 전투기를 목격한 그는 큰 충격을 받았다. 한 달 뒤, 두 번째로 매향리를 방문했을 때는 자신의 눈앞에서 농섬에 포탄이 터지고, 육상 사격장에 기총사격이 쏟아지는 것을 목격했다. 그는 철조망이 둘러쳐지고 곳곳에 전경들이 지키고 있는 기총사격장 안으로 들어가야겠다고 생각했다. 포탄의 굉음과 폭격을 직접 듣고 보고 나니 50년 동안 불합리하고 오만한 미군의 폭력 앞에서 고통받은 주민들의 아픔이 사무쳤다. 그는 기총사격장 옆 절벽을 타고 오르기 시작했다. 지팡이까지 들고 깎아지른 듯한 절벽을 오르자 나머지 사람들도 300m쯤 되는 절벽을 따라 오르기 시작했다. 그는 절벽 꼭대기에 올라가서 폭격장 폐쇄를 주장하며 뜻이 관철되지 않으면 아예 내려오지 않을 작정이었다. 그러나 날이 어두워지고 주민들과 이장이 내려가자고 설득하는 바람에 그곳에서 다 같이 자장면을 시켜 먹고 내려왔다. 그날 그는 매향리의 실상을 적나라하게 보았고 매향리 쿠니사격장 폐쇄가 매향리 주민만이 아니라 '우리'의 문제라는 것을 깨달았다.

시민사회단체들이 매향리에 관심을 갖고 적극적으로 지원을 하고 나서자 그때까지 몇몇 주민을 빼고는 사격장 폐쇄운동에 미온적이던 주민들의 태도도 달라졌다. 특히 2000년 5월 8일 일어난 오폭 사건 뒤 전만규 위원장이 구속되자 주민 스스로 최용운 임시위원장을 뽑아 사회단체와 연대를 시작했다. 그리고 6월 6일 매향리에서 평화대행진을 열었다. 바닷가의 작은 시골 마을에서 열린 평화대행진에 참석한 사람은 3500명이나 되었다. 시위는 평화적으로 열렸지만 경찰은 참가자들이 농섬 주변의 철조망을 뜯어낸 것을 꼬투리 잡아 이후 열리는 집회나 평화대행진을 허락하지 않았다. 미군의 폭격훈련은 계속되었다.

문정현 신부는 매향리 싸움에 적극적으로 뛰어들었다. 일주일에 서너 번씩 도시락을 싸들고 익산 작은 자매의 집에서 매향리까지를 오갔다.

50년 동안 매향리 주민들이 당한 고통을 모르는 채 살았다는 죄책감이 그를 계속 매향리로 향하게 했다. 그가 '길 위의 신부'라는 이름을 얻은 것이 바로 그때였다.

전만규 위원장과 서로벨또 신부

문정현 신부는 그 길 위에서 또 한 명의 동지를 만난다. 매향리 대책위의 전만규 위원장이었다. 그는 매향리에서 나고 자란 토박이였다. 자신이 바로 쿠니사격장의 피해자였고 더 이상의 피해를 막기 위해 폭격장 폐쇄투쟁에 나섰다. 미군이나 정부의 공갈과 회유가 적지 않았을 텐데도 주민들을 모아 투쟁을 벌이며 시민사회단체의 연대를 이끌어냈다. 그는 1988년부터 2년에 걸쳐 폭격장 점거농성을 하면서 연행과 석방을 되풀이했다. 1989년 3월에는 미군이 폭격장 시설을 보호한다며 주민들의 출입을 막고 농사도 못 짓게 했다. 그러자 주민들이 분열되기 시작했다. 국방부 차관은 시위를 자제하면 영농허가를 내준다고 약속을 해놓고, 미군은 폭격장 안에 있는 전 위원장의 논과 모판에 트럭 4대분이나 되는 돌과 흙을 퍼부었다. 시위를 주도한 데 대한 보복이었다. 미군은 이를 따지는 주민들에게 폭력을 행사하고 전 위원장과 백동헌 부위원장을 구속했다. 두 사람은 1심에서 징역 1년 6개월의 실형을 선고받고 8개월 동안 수감돼 있다가 항소심에서 집행유예로 풀려났다. 전 위원장은 그 뒤로도 계속 미군기지를 상대로 외롭게 투쟁을 했고, 1999년 국민행동과 만나면서 매향리 싸움을 세상에 알리기 시작했다. 그리고 끝내 매향리 폭격장 폐쇄를 이끌어냈다.

　매향리 싸움에서 문정현 신부가 만난 또 다른 길동무는 서로벨또(로버트 피터 스위니) 신부다. 서 신부는 미국에서 태어나 1959년 사제서품을 받은 뒤, 성골롬반 외방전교회 선교사로 1964년 한국으로 왔다. 그 뒤 빈민운동과 민주화운동에 참여하면서 성당의 주임신부로 있다가 1988년부터 1999년 5월까지 충남 당진의 한 시골마을의 작은 오두막에 살며 농촌사목을 했다. 그가 10년 넘게 산 오두막은 전형적인 한국의 농가주택이라 방이 작았다. 키가 유난히 컸던 그는 그 방에서 똑바로 누워서는 잘 수 없어 몸을 사선으로 뉘여야 했다. 이런 검소한 삶은 주변 사람들을 놀라게 했다. 성당 주임신부로 있을 때는 천주교에 있는 교적(호적과 마찬가지 역할을 하는 교회문서)과 그 제도가 교회적이지 않다며 불태워 버려 천주교 전체가 술렁거리기도 했다.

　문정현 신부와 서 신부는 매향리 싸움 이전에도 안면이 있었다. 특히 동생 문규현 신부가 광주 대신학교에 다닐 때 영어교사로 재직해 사제지간이기도 했다. 그러나 그들이 의기투합하게 된 것은 서 신부가 1999년 골롬반 선교수도회의 정의평화위원회 일을 맡고 국민행동에서 주도하는 미국대사관 집회에 나오기 시작하고부터다. 국민행동을 통해 매향리를 알게 된 서 신부는 매향리 싸움에도 결합했다. 매향리는 서 신부가 살았던 당진 매산리와 아산만을 사이에 두고 마주 보는 지역이었다. 서 신부는 그곳에서 10년 동안 살면서도 이웃 매향리의 고통을 몰랐던 것을 애통해했다. 특히 매향리 폭격장 입구에 있던 "프로그램 디렉터 록히드마틴"이라는 팻말을 보고는 몹시 분노했다. 미국의 군수산업체 록히드마틴 사가 신무기를 만든 뒤 시험을 하는 곳임을 알리는 것이었다. 매향리 주민들은 그때까지 "프로그램 디렉터 록히드마틴"이 무슨 말인지 제대로 알지 못하고 있었다. 매향리 주민들은 미군뿐 아니라 미국 군수산업체의 이익을 위해 희생되고 있었던 것이다.

"서 신부는 매향리에서 집회가 있으면 당진에서부터 경찰의 저지를 피해 물을 건너고 논두렁으로 돌고 돌아 왔어. 서 신부님은 미국인이었지만 반미운동을 하는 사람이라 매향리에 오는 것이 쉽지 않았지. 서 신부가 몸집은 거대하고 땀이 많았거든. 그 몸으로 진흙으로 범벅된 데다 젖어서 축 늘어진 바지를 입고 뚜벅뚜벅 걸어서 매향리로 들어오는 걸 보면 주민들이 환호를 했지. 그 모습을 보고 누군가가 아예 다음에는 바지를 잘라서 입고 오라고 농담을 했더니 다음번에 올 때 정말 바지를 잘라 입고 와서 사람들을 한바탕 웃게 만들었어."

서로벨또 신부가 매향리를 오갈 무렵 내가 있는 만석동 공부방에 온 적이 있다. 그때 서 신부를 통해 문정현 신부 이야기를 들었다. 매향리에서 만난 문정현 신부를 재미있고 열정적인 사람이라고 전해 주었다. 나는 서 신부를 통해 문정현 신부가 전북지역에서 오랫동안 노동운동과 농민운동을 해왔다는 것을 알았다. 그전까지는 통일운동에 앞장서는 신부로만 알고 있던 터라 뜻밖이었다. 그것이 나와 별 다른 인연이 없었던 문정현 신부에 대해 관심을 갖게 된 또 하나의 계기가 되었다.

서 신부는 선교사로서, 골롬반 선교수도회의 정의평화위원장으로서, 또 한편으로는 한국 사람으로 매향리 싸움에 결합했다. 서 신부의 지지는 문정현 신부나 국민행동, 매향리 주민들에게 큰 힘이 되었다. 그러나 집회 때마다 유머가 넘쳐 유쾌한 웃음을 주던 서 신부가 직장암을 앓고 있다는 것은 아무도 몰랐다. 가까운 사람들에게조차 자신의 병을 숨기

매향리, 2000

던 서 신부가 쓰러진 것은 2000년 7월 29일 몇몇 지인들과 강원도로 휴가를 가는 길에서였다. 원주 가톨릭병원에서 서울 성모병원으로 옮겨 수술을 했지만 이미 손을 쓸 수 없는 상태였다. 문정현 신부는 소식을 듣자마자 병원으로 달려가 서 신부의 손을 잡고 말했다.

"신부님, 그동안 고마웠습니다. 신부님은 미국 사람이지만 그동안 한국 사람이 되었습니다. 혹시 가시더라도 저희를 위해서 기도해 주세요. 저도 가시는 신부님과 함께하겠습니다."

서 신부는 그날 밤 운명했다. 매향리 주민들이나 국민행동에서는 노제를 드리며 그를 추모하려 했지만 뜻대로 되지 않았다. 경찰은 서 신부를 추모하는 마음으로 상복을 입고 온 매향리 주민들을 핑계 삼아 노제를 허락하지 않았다. 그날도 문정현 신부는 경찰 버스에 올라가 고함을 질러야 했고, 경찰의 강제진압에 몸을 다치기도 했다. 우여곡절 끝에 광화문에서 조촐하게 노제를 지내고 커다란 서 신부의 영정을 들고 명동성당까지 걸었다. 그는 그렇게 소중한 길동무를 또 한 명 떠나보냈다.

"미국인이던 서 신부님이 매향리 철조망 앞에서 풍선을 들고 '양키고 홈'을 외치던 모습이 지금도 생생해. 서 신부님 덕분에 매향리 싸움이 외롭지 않았어. 그분은 유머가 넘치고 재미있는 분이었어. 정확한 직관력이 있는 분이었지. 짧은 시간이었지만 우리의 평화운동에 활력을 준 분이야. 많이 보고 싶어."

문정현 신부만큼 나 역시 서 신부가 그립다. 그의 큰 덩치와 호탕한 웃음, 간결하고도 핵심을 찌르던 글이 그립다. 문정현 신부와 우리를 연결해 준 사람이 그인 것 같아서 서 신부가 더 고맙다. 생전에 두 사람이 함께하는 것을 직접 본 적은 없지만 두 사람은 서로 생각과 마음이 잘 맞왔을 것이다. 어떤 이들은 문정현 신부와 서 신부의 행동을 정치적이라고 비난하기도 했다. 그러나 그런 비난에 대해 서 신부는 오히려 천주교회가 예수의 기본정신을 두려워한다고 생각했다. 서 신부는 늘 농민과 노동자들, 세계화라는 미명 아래 가난한 나라의 민중들이 핍박받는 현실을 걱정했다. 그는 복음의 관점에서 자본주의를 비판적으로 바라보았고, 스스로 노동을 하며 지냈다. 그는 그리스도인들이 그리스도인답게 살기 위해서 정치적이어야 한다고 생각했다. 그러나 그가 말하는 정치는 세상의 정치와 달랐다.

"사실은 예수님의 말씀과 행동을 살펴보면 온통 정치에 관한 것뿐이다. 당신의 말씀은 하느님 나라에 대한 것이다. 이 나라는 벌써 와서 우리 안에, 우리 가운데 있었다는 이야기를 하신다. 그러나 누구나 하느님 나라의 국민이 되기 위해서는 모든 것을 팔아야 한다고 했다. 이것이 가장 귀중하다. 예수님은 허풍쟁이가 아니므로 당신의 말씀을 행동으로 실천하셨다. 아픈 사람들을 고쳐 주신 것, 이것이 바로 예수님이 생각하시는 정치였다. 예수님은 약국, 병원, 의과대학을 이야기하는 것이 아니라 그냥 사람들의 아픔을 고쳐 주셨다. 돈이나 보험 이야기도 없다. 이 글을 읽고 많은 사람들이 '웃기지 마라!' 하고 웃을지도 모른다. 오늘날은 돈이 있어야 더 좋은 세상이라고 한다. 하지만 예수님과 제자들은 돌아다니며 무료로 아픔을 치유하셨다. 하느님의 나라의 정치론은 그런 것이다."(『그리고 하느님 보시기에 참 좋았다』, 서로벨또, 열린, 2001)

푸에블라 문서에서는 '정치'를 넓은 의미의 정치와 좁은 의미의 정치 두 가지로 나눴다. 넓은 의미의 정치는 사회의 부패와 불의에 맞서고, 인간의 존엄성과 권리를 되찾아 공동선을 위해 모든 이들이 함께 노력하는 것을 뜻하고, 좁은 의미의 정치는 우리가 흔히 정치라고 이해하는 정당정치를 말한다. 서 신부가 정치적이라고 했던 말은 바로 넓은 의미의 정치였다. 그는 교회가 신앙의 영역을 개인, 가정, 본당으로만 한정시키거나 기도, 용서, 사랑이 사회와 동떨어진 것으로 여기는 현상에 대해 비판적이었다. 그는 사회에서 일어나는 여러 가지 죄악이나 사랑의 실천, 용서가 한 사회의 경제, 사회, 정치와 무관할 수 없다고 생각했다. 그 생각은 문정현 신부와 다르지 않았을 것이다. 서 신부와 문정현 신부는 제2차 바티칸 공의회에서 말한 세상 속의 교회를 몸소 실천한 사람들이었다. 두 사람은 넓은 의미로는 정치적인 사람들이었지만 정치권력과는 철저하게 거리를 두었다. 가끔 혼자 있는 문정현 신부를 보면 그 곁에서 신부가 든든한 선배로, 동무로 조금만 더 있어 주었더라면 하는 아쉬움이 든다.

'깡패 신부'의 명성이 미국까지?

2004년 마침내 매향리 사격장은 폐쇄되었다. 겉으로는 가열찬 투쟁 끝에 미군과 국방부가 굴복한 것처럼 보였지만 사실은 인천 영종도에 인천국제공항이 들어서면서 비행기 이착륙 횟수가 늘고, 이착륙하는 반경에 매향리까지 포함되기 때문에 폭격장을 폐쇄할 수밖에 없었던 것이다. 한·미 당국은 이미 이런 사정을 알고 대체 폭격장을 물색하고 있었고, 강원도 태백과 군산 직도가 검토되고 있었다. 하지만 국방부는 이런 사실을 비밀에 부치고 있었다. 2006년 9월 군산 미 공군기지에서

$40\,km$ 떨어진 직도에 미군 국제폭격장 설치가 승인되어 매향리와 똑같이 해마다 오키나와·괌·미 본토의 전투기뿐만 아니라 나토 소속의 전투기들도 3~4개월씩 순환배치되어 실전연습을 하고 있다.

매향리 폭격장 폐쇄운동과 더불어 연이어 터진 미군범죄로 인해 소파 개정에 대한 국민적인 관심과 공감대가 커지자 1996년 미국의 일방적인 결렬통고로 중단되었던 개정협상을 4년 만인 2000년 8월 2일 재개하게 되었다. 그러나 8월 협상은 별다른 성과를 끌어내지 못하고 오히려 미국은 현행 소파를 개악할 움직임까지 보였다. 그때 개정협상에서 유일하게 합의된 내용은 향후 2개월 안에 미국에서 다음 회의를 연다는 것이었다. 국민행동은 9월 말에서 10월 초 미국에서 협상이 다시 시작될 것으로 예상하고 문정현 신부를 비롯한 5명의 대표단을 미국에 파견하기로 결정했다. 그러나 막상 그들이 미국에 도착해서는 할 수 있는 일이 많지 않았다. 앞서 8월 협상 때 한미 당국은 "2개월 안에 미국에서 협상을 재개하겠다."고 발표했지만 국민행동 대표단을 의식해서인지 후속 협상은 일정조차 잡히지 않았다. 방미의 목적이 소파 개정협상에서 한국 쪽에 유리하도록 압력을 넣으려던 것이었으니 제 역할을 할 수 없었다. 그나마 '정의와 평화를 위한 아시아태평양센터'의 앤드류 웰스의 도움으로 몇 개의 단체와 민주당 의원과 면담을 해 자신들의 입장을 전한 것이 성과라면 성과였다.

보름 남짓 만에 미국 내 여론을 움직인다는 것은 사실상 불가능한 일이었다. 문정현 신부 개인에게는 미국 일정을 마치고 푸에르토리코의 비에케스 미 해군 폭격장을 방문한 것이 매향리 싸움이나 이후 대추리 싸움에 큰 자극이 되었다.

1917년 미군은 푸에르토리코의 본섬 가운데 하나인 비에케스 섬을 점령해 미국령으로 만들고 75%를 기지로 만들었다. 2001년 6월 14일 사격장이 폐쇄됐을 때 비에케스 섬의 밀림은 다 사라져 버리고 식수원은 오염돼 있었다. 그렇게 주민 3만 명은 삶의 터전을 잃었고 그 가운데 2만 명은 다른 곳으로 이주해야 했다. 그래도 미국에는 도시마다 비에케스 센터가 있어서, 그 넓은 북미대륙을 버스를 타고 오가며 싸우고 있었다. 그가 워싱턴 D.C.에 갔을 때도 시카고·로스앤젤레스·필라델피아 등지에서 수천 명이 와서 비에케스 폭격장 폐쇄 집회를 열고 있었다. 그곳에서 매향리를 방문하기도 했던 이스마엘 과달루페도 만났다.

"그때 참 어이없는 일 하나 겪었지. 9월 26일 워싱턴 D.C.의 국무부 앞에서 자주민주통일 미주연합 워싱턴 지부와 공동으로 집회를 열었을 때야. 집회 참석자는 한 15명 남짓이었고 비마저 추적추적 내리고 있었어. 국무성 앞길은 넓지도 않고 2차선이었는데 국무부를 지키는 경찰이 우리들에게 다가오더니 전달할 문서가 있으면 따라오라고 하더라고. 워싱턴 동포 청년단체인 '우리문화 나눔터'의 조현숙 회장이 국민행동의 요구안을 들고 들어갔지. 그랬더니 정문에서 국무부 한국담당 관리가 나오더래. 근데 조현숙 회장이랑 그 관리랑 이야기를 나누는 걸 보고 내가 지팡이를 짚고 길을 건너서 다가갔지. 그랬더니 갑자기 그 관리가 건물 안으로 쑥 들어가는 거야. 조현숙 회장 말이, 그 관리가 내가 오는 걸 보더니 긴장을 하면서 그러더래. 저 사람 한국에서 유명하다. 나도 안다. 그 바람에 일행들이 깡패 신부의 명성이 여기까지 알려진 것 같다며 크게 웃었지."

2000년 10월 17~18일 미국 워싱턴 D.C.에서 제9차 소파 개정협상이 열렸지만 8차 협상과 마찬가지로 별다른 진전이 없었다. 10차 소파 개정협상은 11월말부터 12월 11일까지 진행됐다. 정부는 연말 분위기를 틈타 물타기를 하려 했고 여론의 관심은 사그라졌다. 사회단체들 역시 정기국회를 겨냥한 국가보안법 철폐투쟁에 전념하느라 소파에 대한 관심이 없었다. 12월 28일 타결된 소파협정은 2001년 1월 18일 대통령 서명까지 완료하고 국회 비준동의만을 남겨 놓았다. 2월 8일 국민행동은 국회 연구단체인 '나라와 문화를 생각하는 모임'과 공동으로 국회 헌정기념관에서 '소파 개정안, 국회는 왜 비준을 거부해야 하나'라는 주제로 토론회를 열었지만 대다수의 국회의원들은 무관심했고 일부 의원들은 형식적으로만 반대를 했다. 그 결과 본회의에서 찬성 120표에 반대 27표로 통과되고 말았다. 그렇지만 2차 소파 개정에서 성과가 전혀 없었던 것은 아니다. 전체적으로 형식적인 개정이고 공여지 문제에서는 오히려 더 개악된 부분이 있었지만 12개 주요 범죄자에 대한 검찰 기소, 환경조항에 대한 약간의 변경, 주한미군기지 일부 반환 따위의 성과가 있었다. 국민행동이나 문정현 신부는 여전히 불평등한 소파가 존재하고 우리의 요구가 관철되지 않았기 때문에 계속해서 싸워야 한다고 주장했다. 김대중 정부도 소파 개정을 해야 한다고 생각하기는 했지만 소파 개정이 자주적인 반미투쟁으로 나가는 것은 경계했고, 미국의 눈치를 보지 않을 수 없었다. 이 개정안이 얼마나 불충분했는지는 1년 뒤 드러났다.

6
반딧불이가 된 효순이·미선이

문정현 신부와 국민행동이 전동록 씨 사건을 알게 된 것은 2002년 초
여름이었다. 2001년 전동록 씨는 경기도 파주시 조리면 뇌조리 미2사
단 캠프하우스 후문 뒤 대우제판 카메라 공장 증축 현장에서 일을 하고
있었다. 그해 7월 16일 일이 끝난 뒤 남은 철판 조각을 정리하던 중 공
장 지붕 2~3미터 위를 지나는 22,900볼트의 미군 고압선에 철판이 닿
아 감전사고를 당했다. 그 고압선은 미2사단 공병여단에서 설치·관리
하는 것으로 지하수 모터 동력으로 사용하기 위한 것이었다. 고압선이
공장 건물과 지나치게 가까이 있어 감전위험이 높았는데도 안전설비를
갖추지 않은 상태였다. 건물 주인은 사고 이전부터 2사단에 고압선 문
제를 해결해 달라고 건의했지만 묵살당했다. 특히 사고 3일 전에는 미군
전기담당자 3명이 공사현장을 둘러보고 아무런 하자가 없으니 공사를
진행하라고 지시했다. 그런 상태에서 감전사고가 일어나자 미군은 전 씨
에게 고작 60만 원의 위로금을 주고 무마하려고 했다.

전동록 씨의 억울한 사건은 그로부터 11개월이 지난 뒤에야 알려졌다.
그들이 전동록 씨를 만나러 갔을 때는 이미 병원비가 수천만 원이나 밀
려 있었다. 사건이 알려지고 사회단체와 변호인의 도움으로 약간의 보
상을 받게 되었지만 그해 6월 6일 전 씨는 세상을 떠나고 말았다.

6월 10일 장례식을 마치고 노제를 하기 위해 전 씨가 살던 집으로 갔
다. 문정현 신부는 초라한 집과 남은 가족들을 보자 다시 분노가 치밀

었다. 그날 모두 비통한 마음으로 노제를 마치고 벽제화장터에서 화장을 하고 나서 늦은 점심을 먹기 위해 한 식당에 들어갔다. 식당 안에 있는 사람들의 시선은 모두 텔레비전을 향하고 있었다. 그날 오후 3시 30분부터 한국과 미국의 월드컵 경기가 열리기 때문이었다. 그는 억장이 무너지는 것 같았다. 미군 때문에 선량한 시민 한 사람이 죽었지만 사람들은 그 사실을 알지조차 못했고, 설사 신문에서 봤다 해도 분노조차 없었다. 밥을 먹으며 한국과 미국의 경기를 보는 동안 전 씨 가족의 얼굴, 그 이웃들이 떠오르고 미군이 떠올라 울컥울컥했다. 세상의 무관심은 너무 냉정하고 서글펐다.

"그때 그런 생각이 들었어. 사랑하는 자식을 잃은 성모 마리아와 존경하는 스승 예수님의 억울하고 비참한 죽음에도 어느 한군데 하소연할 데 없었던 제자들의 기막힌 심경이 이렇지 않았을까?"

그로부터 바로 3일 뒤 효순이·미선이 사건이 일어나고 말았다. 2002년 6월 13일 오전 10시, 경기도 양주군 광적면의 한 지방도로에서 친구 생일잔치에 가던 여중생 효순이와 미선이가 50톤 장갑차에 깔려 온몸의 뼈마디가 으깨지고 뇌수가 터져 참혹하게 죽고 말았다. 장갑차 운전자는 미2사단 44공병대 소속 마크 워커 병장이었다. 미2사단은 사건 발생 바로 다음날인 6월 14일 유족들만 참여시킨 채 현장 브리핑을 했다. 조사를 제대로 하지 않고 오로지 사건을 빨리 덮어 버리려고만 했던 것이다. 미군은 훈련을 시작하기 전 미리 통보해야 하는 원칙을 어겼고, 심지어 통보했다고 거짓말까지 하며 효순이·미선이가 죽은 것은 두 학생 탓이라고 왜곡했다. 또 미군은 장례식을 먼저 치르면 미2사단장과 면담을 해주겠다고 약속하고는 정작 유족들이 장례식을 치르자 태도를 바꿔 면담을 거부했다. 그러고는 유족들에게 이 사건을 사회여론화시키지 않는 조건으로 4억 원을 주겠다고 매수를 시도했다. 6월 28일 미2사단 공보실장인 브라이언 메이커 소령은 "여중생 죽음에 어느 누구의 과실도 없고, 궤도차량은 사고 당시 모든 안전수칙을 이행했다. 한미 합동조사 결과 누구도 힐책받아야 할 사람은 없고 어느 누구의 과실도 아닌 것으로 결론 났다."고 발표했다.

7월 3일 민주사회를 위한 변호사모임에서 여중생 사망사건 진상조사 중간발표를 통해 미2사단의 발표에 대해 조목조목 문제제기를 했다. 그러자 다음 날 당시 주한 미사령관인 리언 러포트는 "미 육군이 이 비극적인 사고에 대한 전적인 책임이 있음을 인정한다. 사고에 대해 전적으로 책임을 통감하며 다시는 이런 일이 일어나지 않도록 모든 조처를 강구할 것이며, 그동안 여러 가지 조언과 협조를 아끼지 않은 한국군과 한국 경찰에게 심심한 사의를 표한다."고 말했다. 그리고 서울지검 의정부지청이 미군 장갑차 운전자 마크 워커 병장과 선임탑승자 페르난도 니노 병장을 상대로 사고경위들을 조사할 예정이라고 발표했다. 그러나 주한미군은 한미주둔군지위협정을 핑계로 한국 법무부의 사건 조사에 불성실하게 응하고, 두 병장은 소환을 거부했다. 니노 병장은 7월 29일에야 출석해 조사를 받았다.

한국 법무부는 그보다 앞선 7월 10일에 소파에 따라 미군 측에 두 사람에 대한 '형사재판 관할권 포기 요청'을 보냈다. 그러나 7월 27일 주한 미군 사령부는 "자국 군인이 공식적 업무를 수행하는 동안 발생한 사건에 대해 군이 재판권을 보유하는 전통은 미군에만 국한된 것이 아니다. 사고와 관련된 미군들은 깊이 뉘우치고 있다."는 등의 발언을 하면서 사실상 재판권 이양 의사가 없음을 드러냈다.

주한미군의 철면피 같은 행동에 한국군도 동조를 했다. 한국 국방부는 7월 16일과 20일 미8군 사령관과 대책회의를 한 뒤, 22일 국방부 황의돈 대변인의 브리핑을 통해 "현재 우려할 만한 수준의 반미감정 때문에 미군이 사건 대응을 하기가 어려운 까닭에 국방부가 대신 나서기로 했다."고 발표한 것이다.

8월 5일 서울지검 의정부지청은 사망사고의 주된 원인이 운전병과 선임탑승자 사이의 통신장애였다고 발표했다. 또, 미군 쪽에서 재판권을 포기하면 두 사람을 업무상과실치사로 기소하겠다고 했지만 주한미군의 반대로 가해자를 재판정에 세우지도 못했다.

촛불이 타오르고 꺼지기까지

효순이·미선이 사건이 일어난 뒤 평화통일운동단체들은 '여중생 범대위'를 구성해 의정부에 있는 미2사단 앞에서 뜨거운 여름 내내 항의집회를 했다. 초기에 반짝하고 관심을 보이던 언론들은 시간이 지나자 곧 무관심해졌다. 그런데 방학을 한 뒤 효순이·미선이와 같은 학교에 다니던 학생들이 미2사단 앞으로 촛불을 들고 나오기 시작했다. 그 사실이 인터넷을 통해 알려지자 학교에서 학생들을 막았다. 다섯 달에 걸친 재판 끝에 11월 22일 주한미군 군사법정이 두 미군 병장에게 무죄를 선고함으로써, 두 여중생의 죽음은 가해자 없는 살인이 되었다. 평화통일단체들은 동두천의 미군기지 앞에 모여 무죄판결에 격렬히 항의했다.

효순이·미선이 추모집회, 2002

문정현 신부는 한상렬 목사와 삭발을 하고, 젊은이들은 태극기에다 혈서를 썼다. 어린 여학생들이 그렇게 처절하게 죽었는데도 온 국민은 월드컵에만 열광하는 현실이 참으로 애통하고 참담했다. 여중생 범대위는 서울 광화문 교보문고 앞에서 촛불집회를 열었다. 천주교정의구현전국사제단도 미국 대통령의 사과, 살인미군 구속, 한미주둔군지위협정 개정을 요구하며 광화문 시민열린마당에서 삭발단식기도와 함께 날마다 촛불미사를 올렸다. 며칠 뒤 한 네티즌이 인터넷에다 "여중생들이 죽었을 때 나는 월드컵에만 관심이 있었다."고 반성하면서 "죽은 이의 영혼은 반딧불이 된다고 한다. 광화문을 우리의 영혼으로 채우자. 광화문에서 효순이·미선이와 함께 수천 수만의 반딧불이 되자."고 제안했다.

놀랍게도 11월 30일 첫 번째 주말에 1만 명, 12월 7일에는 5만 명, 12월 14일에는 10만 명의 촛불이 거리를 밝혔다. 여중생들의 죽음이 월드컵 열기에 묻힌 줄로만 알았는데 역설적으로 월드컵 응원 때 하나로 뭉쳤던 경험이 촛불시위를 위한 예행연습이 되었던 것이다. 그렇게 점차 일반 시민은 물론 연예인·정치인까지 모여들면서 촛불이 타올랐다.

마침 16대 대통령 선거가 다가오면서 각 당의 대통령 후보들도 광화문미사에 참여하기 시작했다. 후보들은 사제단 대표와 만나서 소파를 개정하겠다고 앞을 다퉈 공약하기도 했다. 그해 12월 19일 노무현 후보가 극적인 반전 끝에 대통령으로 당선되자 국민행동은 노 당선자가 소파를 개정할 것이라고 기대했다. 그 무렵 마침 노무현 당선자 인수위에서 여중생 범대위 대표들을 만나자고 연락이 왔다. 범대위 안에서 서로 의견차가 있었지만 당선자를 만나기로 결정했다. 문정현 신부는 당선자 인수위를 만나는 것이 탐탁하지 않았다. 정치인들의 속성에 대해 이미 잘 알고 있었기 때문에 큰 기대를 하지 않았다. 그러나 대표단으로 뽑혀 어쩔 수 없이 가게 됐다. 그와 오종렬·한상렬 목사 등 다섯 명의 대표단과 노 당선자가 만난 곳은 여의도 국회의사당 앞 민주당사였다.

"노 당선자가 대표단에게 대뜸 말하는 거야. '촛불을 끕시다. 우리에게는 북핵 문제가 큽니다. 북핵은 생존권 문제입니다. 그러나 소파는 자주권입니다. 자주보다는 생존이 더 우선이니까 이 촛불은 내려야겠습니다.' 그 말에 내가 어떻게 자주와 생존에 우선순위가 있느냐고 자주하지 않으면 죽은 것과 다름없으니 소파를 재개정해야 한다고 했어. 그러니까 노 당선자가 아주 단호한 어조로 그러는 거야. 신부님, 제가 소파 재개정하겠습니다. 그 뒤 언론은 마치 범대위와 합의해서 촛불을 내리기로 한 것처럼 보도했지. 정말 통곡하고 싶은 심정이었어. 노사모가 빠져나가고, 광화문을 메웠던 촛불들이 흐지부지 사라지면서 대통령 취임식 분위기로 달려갔지. 명백한 범죄를 일으킨 미군에 대해 조사조차 할 수 없는 소파를 재개정할 기회가 그렇게 사라져 버렸어.

당시 노 당선자로서는 북핵 문제를 무시할 수 없었을 거라고 생각해. 그러나 북핵 문제와 소파 개정 문제는 모두 우리나라의 생존 문제야. 북핵 문제든 한미간의 불평등한 문제든 투명하게 공개해 국민의 요구와 인권과 평화의 원칙에 따라 결정해야 하는 거라고 나는 생각해. 그러나 정치권력은 기득권을 유지하기 위해 늘 국민의 알 권리와 여론을 차단했어. 효순이·미선이 사건을 겪으면서 허탈감을 감출 수 없었지. 한미관계는 이렇게 요지부동이구나. 그야말로 독립운동만큼이나 힘들구나. 분단된 상황에서 통일을 지향하면서 남북이 자주한다는 게 이렇게 힘들구나 하고 뼈저리게 느꼈지. 그렇다고 중단할 수는 없는 문제잖아. 우리가 군산에서부터 미군 범죄와 불평등한 소파 문제를 제기하며 끈질기게 투쟁하고 여론을 일으키니까 한미간의 모든 불평등한 사례가 드러나기 시작했잖아. 인내심이 필요하다는 생각이 들었지. 아직도 우리 사회 많은 사람들이 미국의 그늘에서 벗어나면 정치·경제·사회 모두가 잘 안 돌아갈 것이라는 생각을 많이 해. 나이가 많은 사람일수록 미국이 우리를 보호한다는 잠재의식이 깊이 뿌리 박혀 있지. 미국의 그늘에서 벗어나면 공산화될지 모른다는 괜한 생각도 할 거야. 그러나 나는 젊은 세대는 다를 거라고 믿어. 그런 면에서 희망이 있다고 생각하지."

예수는 안전한 곳에 있지 않으니

그러나 문정현 신부는 민주화정권 10년이라는 시간 동안 오히려 정치권에 대해 더 회의를 갖게 되었다.

"김대중 정부 때는 6·15선언이라는 큰 성과를 냈지만 국가보안법 철폐 없이는 완전한 것이 될 수 없었어. 그런 상황에서도 국가보안법 철폐를 이루지 못했지. 그 이후 노무현 정부가 들어서면서 본격적으로 국가보안법 폐지 분위기가 만들어졌다고. 국가보안법 폐지의 가능성이 컸던 것은 그때 여당의 의석수가 훨씬 많았기 때문이야. 그런데도 노무현 정부는 정치적인 계산이 앞서 국가보안법 철폐를 안일하게 생각했어. 시민사회단체 안에서도 국가보안법 철폐를 두고 의견이 갈렸어. 완전 철폐냐 일부 수정이냐로 의견이 분분했지. 정의구현사제단은 완전 철폐를 해야 한다고 주장했지만 끝내 이루지 못했어.

아니나 다를까 노무현 정부 말기부터 공안당국이 서서히 국가보안법을 이용해서 탄압을 하기 시작하고 이명박 정부에서는 국가보안법의 망령이 되살아났잖아. 노무현 정부 때 정치인들은 국가보안법을 적용하지 않으면 죽은 법이고 사문화될 것이라고 말했지만, 결국 정권이 바뀌자 되살아나고 만 것이지.

사회가 발전하고 민주주의가 성숙해지려면 새로운 가치가 태어나고 그 새로운 가치들이 더 나은 사회를 위해 움직이는 게 자연스러운 건데, 국가보안법이 있는 한, 새로운 가치나 변화의 바람은 차단되지. 또 남과 북이 서로 상대방을 증오하게 되고 남한 사회에서는 분열이 그치지 않아. 이 색깔론이라는 게 화합에 항시 문제가 되잖아. 민청학련 때도 학생들한테는 빨간색이 덧씌워지지 않았지만 인혁당 사건을 조작하면서 색깔론을 들이댔지. 그러니까 민청학련 가족마저도 인혁당을 꺼려하고 배제하는 마음 아픈 일이 일어난 거 아니야. 감옥에서도 똑같이 민주화운동을 하다 들어갔는데도 노란 딱지는 긴급조치 위반, 빨간 딱지는 반공법 위반이라고 해서 빨간 딱지를 받은 사건은 굉장히 큰 사건이 됐어. 빨간 딱지는 빨갱이라면서 사람들이 멀리하고, 노란 딱지는 민주 인사다, 반독재투쟁이다 했지. 나는 그런 걸로 거리감을 두고 그러진 않았지만 3·1구국선언 사건으로 감옥에 가서 장기수 선생님을 만났을 때는 어쩐지 무서웠다고. 그게 우리 안에 반공법, 국가보안법이 내재되어 있는 것이고 자신도 모르게 검열을 하는 것이지.

사람의 사상과 양심을 색깔로 선별해 놓고 서로 두려운 존재로 갈라 놓는 것은 옳지 않아. 그렇지만 나도 처음부터 국가보안법의 문제를 인식했던 것은 아니야. 우리 사제단이 국가보안법에 관심을 갖고 투쟁을 하게 된 것은 1989년도에 문규현 신부가 구속되면서부터지. 국가보안법 폐지를 위해 사제단과 함께 삭발 단식농성까지 했지만 결국은 이루지 못했어. 안타깝기 짝이 없는 일이야."

문정현 신부가 세상 사람들에게 빨갱이 신부라는 소리를 듣기 시작한 것은 문규현 신부의 방북 사건과 소파 개정운동·국가보안법 철폐운동에 앞장서면서부터일 것이다. 그때부터 그는 반미운동가가 되고 반애국자로 매도당했다. 그는 큰 이슈의 중심에 있었으나 그 어느 것도 미리 준비하거나 계획한 것은 없었다. 동생 규현 신부를 사지로 몰아넣은 것은 일면식도 없었던 임수경이란 어린 학생에 대한 걱정 때문이었고, 소파 개정운동에 앞장선 것은 불평등한 협정 탓에 고통받는 수많은 농민과 어민에 대한 연민, 새롭게 알게 된 미국의 실체에 대한 분노 때문이었다. 효순이·미선이의 비통한 죽음은 그의 손에 촛불을 들게 했고, 국가보안법이 존재하는 한 농민·노동자들의 생존권 운동마저 빨갱이로 매도되고 한국사회의 화합은 요원한 일이 될 것이라는 생각에 국가보안법 철폐운동에 앞장섰다.

그는 이 땅의 민중들이 아픔을 당하는 곳으로 가는 것이 사제의 몫이라 생각했다. 그들과 같이 아파하고, 그들과 같이 울고, 그들과 같이 싸우는 것이 참사제의 모습이었다. 그래서 그는 세상의 어떤 비난과 조롱에 아랑곳하지 않았다. 사제로서 그가 서 있는 곳이 바로 예수가 서 있는 곳이었다. 그가 사랑하고 따르는 예수는 결코 안전한 교회 안에 있을 리 없었다. 그를 끊임없이 길 위로 나가게 한 것은 바로 그 믿음이었다.

"저는 6개월 동안 전국을 유랑하며 평화가 무엇인지 터득했습니다. 일터에서
쫓겨난 해고노동자가 원직 복직하는 것이 평화입니다. 천연기념물인 맹꽁이와
두꺼비가 개발에 밀려서 죽지 않도록 서식처를 만들어 주는 것이 평화입니다.
움직일 수 없는 장애인들이 비장애인의 도움으로 가고 싶은 데 쉽게 갈 수 있게
만들어 주는 것이 바로 평화입니다. 영문도 모르고 강대국의 침략으로 죽어 가는
부녀자들, 노인들을 살려 주는 것이 바로 평화입니다.
그것이 평화를 이루는 것입니다."

5부
사제 문정현,
광대 문정현을 발견하다

1
교회와 사제가 있어야 할 자리는

　오룡동성당을 마지막으로 성당 주임사제직을 그만둘 때까지 문정현 신부는 사회운동과 작은 자매의 집, 본당사제로서의 역할에 충실했다. 사제 이동에 따라 새로운 성당으로 부임을 하게 되면 병자·가정방문을 성실하게 하고, 사순절·대림절마다 가정방문을 빠짐없이 다녔다. 가는 본당마다 성당을 수리하거나 수녀원을 새로 짓거나 노동자의 집을 증축하는 일을 마다하지 않았다. 금마성당은 군부독재 시절 보안대에서 불법으로 지어 준 건물들을 합법화하고 허가도 나지 않았던 유치원 건물과 운영을 합법화했다. 성당 신자들이 불편해하거나 어딘가 효율적이지 않은 부분이 보이면 꼭 손을 대 고쳐야만 직성이 풀렸다. 마지막 본당신부로 있던 오룡동성당에서는 환자방문 일지를 기록해 신자들 중 환자가 있을 경우 그 환자의 요구 불편 내력을 기록해 신부나 다른 신자들이 환자방문을 할 때 배려할 수 있게 만들었다. 또 아무리 바빠도 성당 주임신부로서 하는 강론을 허투루하지 않았다.

주임신부로 있는 동안 그는 교회의 주체가 신자가 아닌 신부가 되는 것이 늘 안타까웠다. 그는 사제를 중심으로 한 본당 구조가 성서에 나오는 본래의 의미와는 동떨어져 있다고 생각했다. 그는 초대교회의 모습이 참교회의 모습이라고 생각했다. 교회란 특정 장소나 건물이 아니라 예수를 따르는 이들, 복음에 따라 살고자 하는 이들이 모이는 그 자체를 의미했다. 7, 80년대에 남미와 필리핀에서 만들어진 '기초공동체'가 알려지고 나서 우리 교회에서도 그 기초공동체를 만들어 보자는 움직임이 활발했다. 빈민사목을 중심으로 소공동체 운동이 전개되기도 했지만 결국은 소공동체 운동은 본당 운영을 활성화시키는 도구가 되고 말았다.

"교회를 이끌어가는 것은 교우들이어야 해. 교우들이 사회에, 지역에 뿌리를 박고 살기 때문에 그곳의 삶에 대해 누구보다 잘 알지. 신부들은 이 사람들과 긴 시간 동안 토론을 해서 우리 자신과 이웃, 사회를 위해서 개선할 점들을 찾아보는 거지. 성당 교우들이 다 함께 고민해서 밑에서부터 문제의식을 공유하고 기도하면서 개선 방법을 논의하고 결정해 함께 실천할 때 살아 있는 교회가 되는 것이지. 이런 것 없이 미사를 중심으로 모였다 흩어지면 의미가 없어. 교회의 전례의식과 공동체가 개인의 어려움만을 위해 기도하고 위로하는 것이 아니라 그 안에 모든 세상 일이 담겨 있어야 하는 것이지. 그건 1, 2년에 되는 것은 아니야. 내 경험으로 보면, 장계성당이 사회적인 활동, 본당사목이 함께 가는 구조였어. 그런데 대부분은 본당신부에 따라 교우들이 움직이지."

그는 오룡동성당에 있을 때 교우들에게 스스로 성당발전위원회를 만들어 보라고 제안했다. 신자들이 2년에 걸친 논의 끝에 결과물을 만들어 냈다. 그는 교구장에게 인준을 받게 해 그 계획이 신자들에 의해 실천이 되고 이어지길 바랐지만 후임 신부에게로 이어지지 못했다. 그러나 그 결과물이 남아 있던 덕분에 몇 년 뒤 새로운 사제가 다시 왔을 때 그 계획을 이어갈 수 있게 되었다.

"교회가 신자들 중심으로 되지 않는 데에는 교회의 사목회의 임원 구성 자체가 그래도 배운 사람, 가진 사람, 지위 있는 사람들로 구성되어 있기 때문에 밑바닥까지 들여다보지 못한다는 문제가 있지. 그러려면 상당히 훈련이 필요한데, 그런 훈련에 본당신부의 영향력이 크잖아. 신부의 성격에 따라 또 내용이 변하게 되니까 구조적으로 문제가 있지. 그래도 가는 본당마다 주임신부로서 최선을 다했고 후회 없이, 유보 없이 살았어. 그런데 오룡동에 있으면서 본당사목에 대해 회의가 들었지. 교우들에 대한 실망이 아니라 교회의 제도에 대한 안타까움이나 답답함이었지."

교회에 대한 애정이 강한 만큼 교회의 구조에 대한 안타까움도 컸던 것 같다. 문정현 신부는 교회의 전통을 무시하거나 부정하지 않았다. 서품을 받은 사제로서 교회의 전통을 존중했고, 사제로서 순명했다. 그러면서도 교회가 사회의 고통에 눈감지 않고 세상을 변화시키는 누룩이 되어야 한다고 생각했다. 그가 생각하는 참그리스도의 교회는 인간의 존엄성과 인권을 위해 일하고, 민중들과 함께하며 평화를 실현하는 곳이었다. 교회는 건물이 아니라 그리스도를 따르는 사람들이 모이는 그 자체이고 사랑과 희생, 실천이 이루어지는 현장이었다.

그가 본당사목을 그만둔 뒤, 군산 미군기지 사용료 문제와 오폐수 유출 문제, 소파 개정운동에 앞장서고, 매향리로, 부안으로, 광화문광장으로 나갔던 것은 고통당하는 민중이 있는 그 자리가 바로 그리스도인으로서, 사제로서 서 있어야 할 자리라는 믿음 때문이었다. 그의 길에는 항상 국가권력이나 가진 자들의 폭력으로 고통받는 민중이 있었고, 그는 기꺼이 그들과 함께했다. 그것이 진정한 사제의 길이라 믿었다. '길 위의 신부'로 이 땅의 민중을 만나면서 그는 지금보다 더 많은 민중들, 평범한 대중들을 만나고 싶다는 생각을 했다. 사회운동을 해온 사제로서 지금까지의 관행적인 운동이 아닌 다른 방식이 필요하다는 생각이 들었다.

2
안락함을 떠나 유랑의 길로

2003년 미국은 9·11 사건을 빌미로 석유를 겨냥한 이라크전쟁을 일으켰다. 그리고 한국정부에 파병을 요청했다. 노무현 대통령은 미국의 요구를 거부하지 못하고, 국익을 위해서 전투 병력이 아닌 의료·후방지원을 맡는 지원부대를 파병한다고 결정했다.

문정현 신부는 박정희 정권 때 국익을 명분으로 베트남전쟁에 파병했던 아픈 기억이 아물기도 전에 또다시 미국이 일으킨 전쟁에 참여한다는 것을 용납할 수 없었다. 그것은 전쟁범죄였다. 정부가 파병을 하면 언젠가는 우리 국민에게로 부메랑이 되어 돌아올 수도 있었다. 그런데도 사람들은 무관심했다. 그의 눈에는 많은 이들이 오직 자신과 가족들의 안정과 행복을 위한 일에만 전념하고 있는 듯했다. 그는 그동안 활동을 같이 해온 오두희와 함께 옛날 '약장수'처럼 사람들이 모인 곳곳을 돌아다니며 만담을 나누고 서로의 생각을 공유하는 '유랑'을 하기로 했다. 방방곡곡을 다니면서 각 지역의 환경운동·노동운동·인권운동·사회복지운동 단체를 만나고, 지역의 현장에다 판을 벌여 거기 모인 사람들과 같이 평화에 대한 생각을 공유하자는 뜻이었다. 유랑단 얘기가 나오자 부안 핵폐기장 반대투쟁에서 만난 교사 윤여관을 비롯한 몇몇 사람들이 적극적으로 관심을 보였다.

유랑을 위해서는 이동할 차량과 음향, 영상시설과 악기가 필요했다. 다행히 70년대산 독일제 벤츠 미니버스를 구하고, 미술행동센터에서 차에 그림을 그려 주어 일명 '꽃마차'라는 평화유랑단의 마스코트가 탄생하게 됐다. 그리고 인터넷을 이용해 전국 평화유랑단을 모았다. 전주·인천·공주·대구에서 모인 사람들은 생태·환경·인권운동을 하던 사람들이었고, 개중에는 아나키스트도 있었다. 그렇게 모인 7명과 오두희 그리고 문정현 신부까지 9명이 '평화유랑단 평화바람'을 결성했다.

2003년 11월 14일 광화문 시민열린마당에서 발대식을 했다. 첫날 공연은 문정현 신부가 낯이 뜨거웠다고 회고할 만큼 어설프기 짝이 없었다. 그래도 홍대 입구·인사동을 돌면서 공연을 이어 갔다. 문정현 신부는 황학동 중고품시장에서 구한 낡은 트럼펫을 멋지게 불고 발뒤꿈치에다는 북을 매달아 흥을 돋우고 싶었다. 그래서 악기를 사긴 샀지만 다룰 줄은 몰랐다. 원래 사람들 앞에 나서는 것을 두려워하지 않는 성격인데다 대중 앞에 서서 노래를 부르고 연설을 하는 횟수가 늘어날수록 더용기가 생겼다. 그는 사람이 많든 적든 대중 앞에 서서 열정적으로 연설을 하고 「기특한 과자」 「F-15 비행기 반대」 같은 노래를 하며 부끄러움을 떨쳐 냈다.

2003년의 공연은 인사동 남인사마당에서 연 '전쟁 없는 세상을 위한 평화마당'이 마지막이었다. 그날 뒤풀이에서 처음으로 '5·29 평화대행진'에 대한 이야기가 나왔다. 평화바람이 가는 곳에서 만난 사람들이 자발적으로 와서 장기를 뽐내고, 자신들의 생각과 가치를 말과 행동으로 표현하는 자리를 만들자는 것이었다. 그들의 머릿속에는 우드스탁 페스티벌이 들어 있었다. 행사를 기획하는 과정에서 조언을 듣기위해 만난 기획사에서는 무대를 크게 만들어 유명한 가수를 초대하면 1만 명 이상 모일 것이라고 했다. 그러나 그러려면 예산만 2억이 필요했

대추리, 2006

다. 그런 공연은 그들이 원하는 방식이 아니었다. 그들은 공연에 참여하는 이들에게 5천 원씩이라도 회비를 걷어 행사를 치르기로 했다. 평화축제를 위해서 5월 29일까지는 계속 평화유랑을 다니며 이라크 파병과 미군기지 확장 반대를 알리기로 했다. 장소는 용산 미군기지 이전 장소로 정해진 평택으로 정했다.

2004년 1월 두 번째 유랑을 떠나기 전, 평화바람은 부안 돈지공소에서 합숙을 하면서 북·장구·탬버린을 배우고 연극수업을 했다. 두 번째 유랑의 첫 공연지는 팽성읍 대추리였다. 2월 11일 '평택 미군기지 확장 반대 팽성대책위'와 간담회를 열고 안중농협 옆 공터에서 공연을 시작했다. 그 뒤 군산 미군기지 정문, 기아특수강 해고자 복직 촉구 굴뚝농성장, 부산 하야리아부대 미군기지, 노조가 파업하는 현장을 들르고, 나주에 있는 '사랑의 고리'라는 장애인공동체를 방문했다. 장애인들이 텃밭을 일구어 자급자족하면서 기도하는 공동체였다.

"여성들이 함께 사는 공동체였는데 그분들이 대추리 이야기를 듣고는 진심으로 공감을 해주었지. 몸이 불편해 대추리 싸움에 함께하지는 못하지만 마음으로 평화바람과 함께 연대하고 기도하겠다고 하는데 그들의 격려와 기도가 큰 감동으로 다가왔지. '사랑의 고리'에서 나온 뒤, 광주에서 로케트전기 여성 노동자들을 만났어. 그분들은 원직 복직을 요구하면서 몇 달 동안 투쟁을 해오고 있었는데 그분들도 대추리와 도두리 주민들의 이야기를 듣고 진심으로 공감했지. 서로 다른 삶의 현장에서 다른 대상과 맞서 싸우고 있었지만 힘 있는 자들에게 탄압을 받는다는 공통점으로 서로를 이해하고 지지를 하는 걸 보고 많은 걸 깨달았어."

문정현 신부는 평화유랑을 통해 이 땅 곳곳의 고통받는 민중을 만났고, 그들의 절망과 끈질긴 희망과 긍정의 힘도 만났다. 그의 길은 더 낮은 곳으로 이어지고 이어졌다. 그가 아무리 진보적인 가치관을 갖고 있고 민주화운동을 한 사제라 해도 자리에 앉아 찾아오는 사람들만 만나는 데 만족했다면 더 낮은 자리로 내려가는 기회는 얻지 못했을 것이다. 그는 수고로운 자리, 고달픈 자리를 자청했고 그 자리에서 이 땅의 고통받는 민중을 만났다. 길을 걷다 보면 자신이 가진 기득권에 대한 끊임없는 도전을 받았다. 갈등하고 번민하는 순간들이 많았지만 그는 자신이 가지고 있는 보호막인 사제의 권위로부터 자유로워졌고, 새로운 비전들을 찾아가기 시작했다. 그는 길 위에서 만난 이들과 형제애를 나누고 서로 하나가 되었다. 그는 점점 더 가난해져 갔지만 점점 더 자유로워졌다.

2004년 3월에는 대구에서 '땅과 자유'라는 단체의 주관으로 대구의 문화예술인단체와 함께 공연을 하게 되었다. 그런데 그 공연에서 내건 플래카드에는 운동권에서 흔히 쓰는 '박살내자, 분쇄하자' 따위의 구호가 아니라 '고르게 가난하게 살자' '생명, 평화'라는 구호가 쓰여 있었다. 그런 구호가 그에게 무척 새롭게 느껴졌다. 그날 공연 뒤 『녹색평론』의 김종철 선생과 만나 저녁을 먹으며 '자치와 자립, 고르게 가난한 사회'라는 새로운 주제에 대해 이야기를 나누었다.

"김 선생은 개발과 발전이 인간에게 행복을 주는 것이 아니고, 고르게 가난하게 함께 가는 것이 행복한 삶이라고 말을 했지. 그동안 나는 '고르게 가난한 것'에 대해 별로 생각을 하지 않았어. 노동자 농민들 편에 서서 권리를 찾기 위해 싸우고 하는 것에 더 관심을 기울였지. 골고루 가난한 사회라는 말이 내게 큰 충격이었어."

그는 그동안 가난한 노동자 농민의 고달픈 삶을 보며 가난하게 사는 것보다 노동자 농민들도 잘사는 날을 더 고대했다. 또 일의 효율성이나 편리함을 선호하는 편이었다. 그래서 그는 새로운 성당에 부임을 받을 때마다 신자들을 위해 성당을 새로 고치고 성당의 비효율적인 시스템을 고치는 일을 주저하지 않았다. 컴퓨터를 비롯한 전자기기에 대한 관심도 많아 다른 이들보다 디지털 기기들도 빨리 받아들이는 편이었다. 좀 더 편리하게 효율적으로 일할 수 있는 환경을 더 선호했던 것이다. 그런데 '고르게 가난한 사회'라는 말 속에는 느림·비효율성·불편함이 공존하고 있었다. 성질이 급해 평소에도 몸이 두 개였으면 좋겠다던 그에게 '고르게 가난한 사회'는 발상의 전환과도 같았다. 그때부터 그는 『녹색평론』 애독자가 되었다.

그는 전국을 유랑하는 동안 온 산과 들, 물길이 개발로 시름시름 앓고 있음을 실감했다. 가는 곳곳마다 개발이라는 미명 아래 무분별하게 파괴당하는 자연을 보면서 자신의 살을 도려내는 것처럼 아팠다. 길을 떠나지 않았다면 그렇게 파괴되는 자연을 보지 못했을 터이고 마음도 그토록 아프지 않았을 것이었다. 그는 길 위에서 자연이나 사람이 삶의 터전을 빼앗기는 것이 얼마나 무서운 폭력인지 실감했다. 파괴된 자연으로 삶의 자리를 잃는 것은 사람들만이 아니었다. 청주의 '청주 원흥이 두꺼비 살리기 백일기도회'에 참석하게 된 그는 거기서 삶의 위협을 느낀 두꺼비들이 필사적으로 논과 밭을 넘어 방죽으로 이동하는 것을 보았다. 소수의 기득권 세력 때문에, 인간의 탐욕 때문에 삶의 자리를 빼앗기는 힘없는 존재는 미국의 침공을 받은 이라크 사람들, 대추리 주민들, 그리고 원흥이 방죽의 두꺼비였다. '고르게 가난한 사회'에 대한 생각이 점점 더 깊어졌다.

안동·제천·원주·부안·서울을 유랑하면서 '5·29 평택 평화축제'를 준비하기 시작했지만 막막하기 짝이 없었다. 평택을 축제 장소로 정했지만 공연장을 구하기가 쉽지 않았다. 평택시나 경찰에서는 행사를 절대 허락하지 않겠다고 으름장을 놓고 방해까지 했다. 참가자가 얼마나 될지조차 예측할 수 없었다. 우여곡절 끝에 공설운동장 주차장에서 행사를 하게 되었지만 평택시에서 전기·수도·화장실은 쓰지 못하게 했다. 그래서 전기는 발전기를 설치해 돌리고 화장실은 간이화장실을 빌려서 해결했다. 평택 도두리가 고향인 가수 정태춘은 평화바람의 취지를 알고 직접 출연하기로 했을 뿐 아니라 음향과 무대장치를 싼값에 지원해 주었다.

축제 날, 나와 우리 공부방 식구들도 축제에 참가하기 위해 평택 공설운동장으로 갔다. 생각보다 많은 이들이 모여 있었다. 인천·서울·대구·부산·광주 지방의 공부방 아이들부터 간디학교 학생들, 부안 핵폐기장 반대 주민들, 평화바람이 평화유랑을 하며 만났던 노동자들, 평화운동가들, 대추리 주민들……. 축제가 시작되기 전, 그들은 각자 싸온 도시락을 나눠 먹거나 최병수를 비롯한 미술가들이 예술작품을 만드는 곳에 가서 구경을 하고, 사진작가 노순택의 반전평화 사진 전시회도 보았다. 문정현 신부는 축제에 참가한 아이들보다 더 들뜬 모습으로 축제에 온 이들을 맞았다. 공연이 시작되고 각 지역에서 모인 학생들과 주민들이 무대에 올랐다. 우리 공부방 아이들도 무대에 올라 노래를 불렀다. 그 뒤로 윤도현·강산에·꽃다지·우리나라를 비롯한 가수들이 개런티를 받지 않고 무대에 올랐다. 평화바람이 제안을 하긴 했지만 그날의 평

평택, 2005

화축제는 그렇게 모인 사람들이 자발적으로 주인이 되어 완성했다. 그날 집회에는 어떤 단체의 깃발도 등장하지 않았다. 그날 문정현 신부는 축제 상임위원장으로서 무대에 올라 유랑을 통해 깨달은 평화의 메시지를 전했다.

"저는 6개월 동안 전국을 유랑하며 평화가 무엇인지 터득했습니다. 일터에서 쫓겨난 해고노동자가 원직 복직하는 것이 평화입니다. 천연기념물인 맹꽁이와 두꺼비가 개발에 밀려서 죽지 않도록 서식처를 만들어 주는 것이 평화입니다. 움직일 수 없는 장애인들이 비장애인의 도움으로 가고 싶은 데 쉽게 갈 수 있게 만들어 주는 것이 바로 평화입니다. 평택 대추리의 김지태 위원장 땅이 강제로 수용될 위기에서 땅을 빼앗기지 않도록 만들어 주는 것이 바로 평화입니다. 영문도 모르고 강대국의 침략으로 죽어 가는 부녀자들, 노인들을 살려 주는 것이 바로 평화입니다. 이라크 평화를 반대하는 미군을 이라크에서 철수하도록 만들어 주는 것이 평화입니다. 평택 미군기지 총집결을 저지하는 것, 그것이 평화를 이루는 것입니다."

그날 공연이 끝난 뒤, 무대가 있던 평택 공설운동장 주차장에 삼삼오오 모여 밤을 샌 참가자들은 30일 아침 미 공군기지 K-6(캠프 험프리)이 있는 팽성읍 대추리까지 평화대행진에 나서서 '미군기지 확장반대 결의대회'를 열었다. 문정현 신부는 이틀간의 행사에서 큰 감동과 보람을 느꼈다.

아이들에게서 상을 받은 광대 신부님

평화축제를 마친 뒤 경북 영덕의 유기농 마을에서 일손을 도우며 하반기 유랑을 구상한 평화바람은 일제의 태평양전쟁으로 피해를 입은 강제부역 노동자의 가족, 위안부 피해 여성들을 따라 '전쟁피해자와 함께하는 이라크 파병 반대 전국도보행진'에 합류하기도 했다. 그리고 8월 5일 경북 성주에서 열린 한국민족극운동협회 주관 '민족극 한마당' 개막식 공연에 초청을 받았다. 5·29 평화축제에 참가했던 부산대 채희완 교수의 초대였다. 민족극 한마당은 전문 공연자들의 축제였다. 거기다 개막식에는 성주군 군수, 국회의원, 동네 유지도 있고, 갓을 쓰고 점잖게 앉아 있는 할아버지들도 있었다. 난감했다. 그렇다고 물러나 쭈뼛거릴 그가 아니었다.

"이왕지사 그렇게 된 거 눈 딱 감고 나갔지. 그리고 그 사람들 앞에 나서서 연설을 하면서 중간 중간 '평택 미군기지 안 된다. 이라크 파병 안 된다'는 가사로 바꾼 동요를 지팡이를 쳐들고 불러 댔어. 아, 그런데 갑자기 무대 앞으로 빨간 구두에 빨간 립스틱에 빨간 원피스를 차려입은 한 할머니가 나오더니 내 주위를 빙빙 돌며 춤을 추는 거야. 또 관중석에서는 군복을 입은 한 중년 아저씨가 여기가 어떤 자린데 와서 정치발언을 하느냐고 욕을 하고, 또 무대 한쪽에서는 동요가 나오니까 애들이 박수를 치며 좋아하고. 정말 묘한 분위기가 한꺼번에 연출이 된 거지. 군수는 뭔 일인가 싶어 어리둥절한 표정으로 서 있고, 그 와중에도 나는 기를 굽히지 않고 할 말을 다 하고 내려왔지. 그러고 났는데 뒤풀이 자리에서 채 교수가 후배들을 앞에 놓고 그러는 거야. 이분이 바로 원효

와 같은 사람인 것 같다, 원효도 광대였다. 그래서 한바탕 웃었지. 처음
에는 개회식만 참가하려 했는데 채 교수랑 죽이 맞아서 폐회식까지 있
었어. 사흘 내리 술을 마시며 이야기를 나눴지. 그때 채 교수가 한 말이
기억나. 우리의 민족극이 위기를 맞아 세상을 풍자하는 힘마저 잃고 텔
레비전에서 나오는 코미디가 희극의 전부가 된 것이 안타깝다고 말이야.
폐막식 때는 주최 측에서 나한테 '새끼광대' 상을 준다고 했지. 근데 멋
쩍어서 거절했어. 참 재미있는 기억이지."

　그해 9월부터는 청와대 앞 사랑방에서 단식하고 있던 김재복 수사, 울
진에서 단식을 하던 박기범 작가, 전범민중재판운동 활동가 그리고 평
화바람이 함께 단식평화순례단을 꾸려 전국을 돌았다. 김 수사는 한국
천주교 수도장상연합회 대표로 이라크 현지로 가 성금을 전하고 이라
크전쟁의 참상을 직접 보고 온 수도자였고, 동화작가 박기범도 인간방
패로 이라크를 다녀왔다. 김 수사나 박 작가나 현장에서 전쟁의 참담함
을 보고 온 뒤였기 때문에 더 절절히 파병을 반대했다. 단식평화순례단
은 18일 동안 울진을 시작으로 안동·함양·실상사(남원)·여수·공주·
춘천·시흥·인천·임진각 등 전국을 다니며 시민들을 만나 이라크 철군
과 종전을 위한 행동을 호소했다.
　순례 기간 동안 중 문정현 신부는 내가 있는 인천 만석동의 '기차길옆
작은학교'도 방문했다. 공부방 아이들은 박기범 삼촌과 문정현 신부가
온다는 말에 신이 났다. 떡을 하고 꽃을 접으며 손님맞이 준비를 했다.
아이들은 박기범이 이라크에 가 있는 동안 평화기도를 계속 해왔다. 공
부방에다 평화기도판을 만들어 놓고 날마다 미국의 이라크 침공에 죄

없는 아이들이 죽는 일이 없도록, 바보같이 착한 박기범 삼촌이 무사하기를 비는 기도를 했다. 그 뒤 우리 아이들은 박기범 삼촌을 통해 이라크 어린이들과 편지와 선물을 주고받으면서, 평화에 대해 더 간절한 바람을 갖게 되었다. 아이들에게 문정현 신부와 박기범 삼촌은 환대해야 마땅할 손님이었다. 그날 아이들은 박기범 삼촌과 문정현 신부, 평화바람에게 평화지킴이상을 수여하고 사탕화환을 걸어 주었다.

"그 어느 상보다, 그 어떤 화려한 꽃다발보다 기쁜 선물이었지. 감동이었어. 아이들이 마련한 시상식을 마치고 같이 징을 치고 북을 치면서 그 동네를 누비고 돌아다니고 아파트 앞에서 노래를 부르고 파병 반대를 해야 한다고 연설을 했지. 그 아이들은 그 뒤 대추리에 있을 때나 용산 남일당에 있을 때도 변함없이 찾아와 줬어. 대추리에 있을 때는 대추리를 지키는 할아버지 할머니들이랑 손을 잡고 있는 벽화를 그려 주어서 대추리의 명물이 되었지. 용산 남일당에 있을 때는 미사에 자주 참여하며 아이들 하나하나가 정성을 듬뿍 담아 만든 손팻말이나 커다란 카드를 유족에게 전달하기도 했고. 그런 경험을 한 아이들이 자라면 세상을 변화시키는 영양분이 될 거라는 믿음을 갖고 있어."

힘세고 공부 잘하고 잘사는 집 아이들 틈에서 주눅이 들어 있는 우리 기차길옆작은학교 아이들은 늘 재개발의 두려움에 시달려야 했다. 그런데 지구 저편 이라크의 친구들은 그것보다 수백 배가 더 큰 두려움에 시달리고 있었다. 공부방 아이들은 그 아이들의 고통을 제 아픔으로 느꼈고 그 아이들을 기억해 주는 할아버지 신부와 동지애를 느꼈다. 아이들에게 문정현 신부는 자신들과 같은 생각을 가진 '나이 많은 친구'였다. 아이들은 자신들이 그 할아버지 신부와 함께 같은 길을 간다는 자부심을 갖기 시작했다. 아이들은 문정현 신부의 도반이 되었고, 나 또한 그렇게 문정현 신부의 길에 함께하게 된 것이 기뻤다.

문정현 신부와 평화바람은 단식평화순례가 끝난 뒤, 충북 괴산 솔뫼 농장에 가서 가을걷이를 도우며 자연농업을 하는 농가와 누룩공동체를 방문했다. 또 부산에서 '천성산 살리기' 단식을 하는 지율 스님을 지지방문하기도 했다.

문정현 신부는 평화유랑 중에 안동을 지나가게 되자 권정생 선생을 찾아가기로 했다. 평소에 권정생 선생의 책을 좋아하고 그에 대한 이야기도 들은 바가 많았던 터라 꼭 만나고 싶은 생각이 들었다. 그러나 권선생은 집에 찾아오는 걸 싫어하고, 미리 연락하면 혼내고 오지 말라 한다는 이야기를 들어 연락도 안 하고 조심스럽게 찾아갔다. 권 선생의 집이 있는 조탑리는 중앙고속도로 변에 있는 작은 마을이었다. 선생의 집으로 들어가는 마을 어귀 공터에 벽돌로 쌓은 오층 전탑이 있었다. 마을 어귀에서 돌담을 따라 들어갔다. 그 마을 맨 끝, 야트막한 산 아래 선생의 오두막이 있었다. 흙과 시멘트로 지은 오두막 주변은 풀이 무성했다. 그는 조그만 댓돌 위에 난 문을 살며시 열었다. 방문을 열자마자 책으로 꽉 찬 작은 방이 보였다. 세간이라고는 전혀 눈에 띄지 않았다. 그는 무작정 방 안으로 들어갔다. 그런데 때마침 인기척을 들은 권 선생이 침실로 쓰는 작은 방에서 나오다 그와 마주쳤다. 권 선생은 몹시 놀랐다.

반가운 마음에 무작정 들어갔지만 문정현 신부는 자신이 무례했음을 금세 깨달았다. 어리둥절하던 권 선생은 그가 문정현 신부라는 말에 얼굴을 조금 폈다. 그러나 그를 문간으로 데리고 나가 토방에 걸터앉

으라 했다. 거기서 한 시간가량 이야기를 나눴다. 문정현 신부는 오두막 주변의 잡초 하나까지 소중히 여기고 길을 다닐 때도 다른 생명이 다치지 않게 조심하는 권 선생의 모습에 감동했다.

"권 선생이 대뜸 나한테 '전쟁 반대를 신부님 혼자서 하는 것 같아요? 텔레비전에 자주 나오시던데 김지미도 만날 나오면 식상하지 않아요?' 라고 묻는 거야. 그 말에 섭섭한 마음이 없지 않았지. 그런데 나는 그 말을 전쟁 반대가 혼자서 되겠느냐, 그것은 민중 속에서 무르익어야 되는 것이라고 말씀하시는 걸로 받아들였지. 이야기를 나누는 동안 권 선생은 이미 물질화된 세상에 희망을 버린 것처럼 느껴져서 안타까웠어. 나는 그 세상이라도 포기하지 않고 움직여야만 한다고 생각하고 있었으니까.

언뜻 보면 권 선생이랑 내 생각이 차이가 많은 것 같지만 그렇다고 다르지도 않았지. 세상을 바라보는 것이 크게 다르진 않았어. 권 선생은 인간들이 삶의 형태를 바꾸지 않으면 세상도 바뀌지 않고 희망이 없을 거라고 생각하고 있었어. 나도 동의했고. 권 선생의 생각은 가식이나 욕심 하나 없이 정말 땅과 호흡을 맞춰 자연의 한 부분으로 살면서 터득한 것들이라 선생에게 다른 말을 할 수 없었어. 권 선생 앞에서 정숙해지는 느낌을 받았어. 2007년 5월 권 선생의 부음을 들었을 때 정말 애통하더라고. 생전에 많이 찾아뵌 적도, 친분도 없었지만 가시는 마지막 모습이나마 뵙고 싶어서 장례식에 참석했지."

권정생 선생의 장례식에 온 그는 행사장 한구석에서 말없이 추모식을 지켜보았다. 몇몇 사람들은 문정현 신부를 권정생 선생 장례식에서 보자 놀란 표정을 지었다. 생전에 무슨 인연이 있었냐고 고개를 갸웃거리는 사람도 있었다. 나 역시 그 자리에서 문정현 신부를 만났을 때 뜻밖이라고 생각했다. 생전에 권정생 선생은 말도 없이 불쑥 찾아간 문정현 신부를 반가이 맞아 주지도 않았고, 평화유랑을 다니는 그를 향해 쓴 소리를 던졌다. 그러나 두 사람은 서로 다른 삶을 살아왔으면서도 다른 사람들은 미처 보지 못하는 공통점을 갖고 있었다. 두 사람은 모두 예수가 간 길을 따라 살았다. 한 사람은 다 쓰러져 가는 오두막에서, 또 한 사람은 길 위에서 예수의 벗들을 섬겼다. 한 사람은 온몸으로 세상과 맞섰고, 한 사람은 글로써 세상과 맞섰다. 두 사람의 가장 큰 공통점은 보잘것없고 약한 이를 사랑하는 예수의 연민을 가졌다는 것이었다. 그 연민을 드러내는 방법은 달랐지만 두 사람은 같은 길을 걸어 온 벗이었다. 어쩌면 그날 권정생 선생은 자신의 장례식을 찾아 준 문정현 신부에게 슬며시 손을 잡아 주며 "찾아와 줘서 고맙다."고 말하고 떠났을지 모르겠다.

더 낮아지고 더 자유로워지다

2003년부터 1년 반 가까이 평화유랑단으로 전국을 도는 동안 사람들은 그를 보며 신기해했다. 그가 사제라는 것을 알아보는 사람은 많지 않았다. 그저 백발이 허연 노인이 유행가나 동요도 아닌 노래를 부르고, 사회에 대해 거침없는 말을 쏟아 내는 걸 보며 평범한 사람은 아니라고 생각하는 것 같았다. 처음에는 유랑생활이 멋쩍고 힘들었다. 신학교 때부터 규칙적인 생활을 해온 그에게 전혀 맞지 않는 생활이었다. 육체적으로나 정신적으로 힘들었다. 무엇보다 함께 유랑하는 평화바람 식구들과의 공동생활이 쉽지 않았을 것이다. 그러나 그는 그 유랑을 멈추지 않았다. 그는 '평화'라는 목적을 다 이룰 때까지 시간이 얼마나 걸릴지는 모르지만 유랑을 멈출 수는 없다고 생각했다.

"평화바람이 뚜렷한 공동 목적을 갖고 있었지만 살아온 삶과 생각이 저마다 달라서 서로 소통하고 맺힌 걸 푸는 일이 쉽지 않았지. 무엇을 결정하든 평화바람 구성원 모두의 의견을 듣고 결정하려 했지만 의견 대립으로 서로 언짢은 적도 많았어. 그러나 끝이 보이지 않는 유랑 중에도 조금씩 희망이 보였지."

그의 유랑은 시대적인 요구였는지도 모른다. 그가 유랑을 떠난 이듬해인 2004년 3월 28일, 지리산 실상사의 도법 스님도 순례의 길에 나섰다. 그 무렵 현장에 깊이 몸을 담았던 많은 사람들이 이제 뭔가 새로운 변화, 새로운 길을 찾아야 한다는 공통된 기운을 느꼈던 것이다. 유랑 도중 평화바람은 도법 스님과 함께하는 생명평화탁발순례단과 섬진강이 있는 경남 하동에서 만났다. 탁발순례자들은 이름난 시인들을 비롯해 환경운동가, 지역운동가들과 귀농인, 생태운동가, 마음공부하는 사람 등으로 수가 꽤 많았다. 그들은 조용하고 종교적이었다. 늘 투쟁의 현장에서 현장 사람들을 만나 왔던 문정현 신부는 그들과 잘 어울리지 못했다. 왠지 이방인 같은 느낌이 들었다. 그의 유랑이나 도법 스님의 탁발순례나 출발은 같았지만 분위기가 달랐다. 그는 그저 우스꽝스러운 광대였다. 그리고 그 광대 노릇이 그와 어울렸다. 그는 어느덧 스스로 더 낮은 자리에 서서 광대가 되기를 주저하지 않았다.

문정현 신부는 평화유랑을 하는 동안 흰머리가 더 늘고 머리숱은 더 빠졌으며 얼굴은 꺼멓게 탔다. 얼핏 보면 폐지를 리어카에 실은 고물상 할아버지 같고, 시장통 구석에서 뽑기 장사를 하거나 복덕방을 기웃거리는 노인 같기도 했다. 그의 모습에서 권위 있는 신부님의 모습은 더는 보이지 않았다. 그러나 변변한 잠자리나 편히 쉴 곳 하나 없는 그 길 위에서 영성이 더 깊어졌음을 느낄 수 있었다. 그는 유랑길에 만난 민중들과 고통당하는 산과 들, 강이며 거기에 깃들어 사는 생명들에 대한 연민으로 마음 아파했다. 도무지 희망이 보이지 않을 것 같은 캄캄한 어둠 속에서도 희망을 찾기 위해 애를 쓰고 있었다. 그런 그에게서 새로운 에너지가 느껴졌다. 그는 유랑을 통해 가난하거나 가난한 이들과 함께하는 이웃들을 만났다. 또 인간의 탐욕으로 고통받는 산과 들, 물을 만났다. 그리고 그들을 더 깊이 사랑하게 되었다. 그것이 바로 새로운 에너지의 원천이었다.

내가 사랑하는 예수는 힘이 세고, 어떤 악도 물리쳐 줄 전지전능한 존재가 아니었다. 예수는 언제나 안쓰러운 마음을 어쩌지 못해 눈물바람을 하고, 옳지 못한 것을 그냥 두고 보지 못해 화를 내고 있었다. 예수는 중립을 지키는 법이 없었다. 언제나 약한 이들 편이었고, 못난이들 편이었다. 내게 예수는 그런 존재였다. 예수는 내가 어떻게 살아야 할지 고민할 때 손을 잡고 난곡동·신림동 산동네로, 시흥 뚝방동네로 데리고 가 주었다. 내가 누구 편을 들어야 하는지, 혹은 무엇이 옳고 그른지 판단하지 못해 갈등할 때마다 다가와 분명히 편을 갈라 주고, 옳고 그름을 분별해 주었다. 열심히 일하는 게 예수를 따르는 길이라 여기고 개미처럼 일할 때 말없이 내 손을 잡아 일거리를 놓게 했다. 그리고 허리를 펴 주위 사람들을 보게 했다. 걸레를 들고 있던 손으로 아이들 손을 잡게 하고, 비를 들고 있던 손으로 함께 일하는 동료들의 손을 잡게 했다. 예수는 내게 그런 존재였다.

예수는 내가 인내심이 부족하고, 화를 내고, 힘들다고 투정을 부려도 내 곁을 떠나지 않았다. 자신이 사랑하는 제자들과 민중들이 쉽게 절망하고, 투덜거려도 그들 곁을 떠나지 않았던 것처럼 말이다. 예수는 자신을 세 번이나 부정한 베드로에게 교회를 맡겼고, 자신을 십자가 위에서 죽게 한 땅의 사람들을 원망하지 않았다. 그것은 사랑 때문이었다. 예수는 십자가 위의 죽음을 받아들이러 떠나기 전, 제자들에게도 말했다.

서로 사랑하여라. 내가 너희를 사랑한 것처럼 너희도 서로 사랑하여라. 너희가 서로 사랑하면, 모든 사람이 그것을 보고 너희가 내 제자라는 것을 알게 될 것이다.

요한 13, 34-35

유랑의 끝에 서 있는 문정현 신부에게서 본 것도 사랑이었다. 그와 '평화바람'의 유랑이 대추리에서 멈추었던 까닭도 바로 그것 때문이었다.

'평화바람'은 2004년 12월 평택 본정리에서 열린 촛불집회에 참석했다가 대추리에 유랑 보따리를 풀기로 했다.

아이들은 '아, 문정현 신부님은 우리랑 똑같은 마음이구나.' 하고 느꼈다. 아이들은
그런 문정현 신부가 대추리에 살며 땅을 지키는 것을 당연한 것으로 받아들였다.
"왜 신부님이 거기 계세요?"라고 묻는 아이가 하나도 없었다. 우리 아이들에게
대추리는 우리 동네와 마찬가지로 꼭 지켜 내야 할 곳이었다.

6부

국가폭력에 의해
삶의 자리를 빼앗긴 사람들과 함께

1

핵폐기장을 막기 위해 타오른 부안의 촛불

문정현 신부는 대추리에 살기 전에도 국가폭력에 의해 삶의 자리를 빼앗긴 사람들과 함께했었다. 바로 2003년부터 2004년까지 정부의 일방적 국책사업에 맞선 부안 핵폐기장터 반대투쟁이었다.

정부는 1986년부터 핵폐기물 처리장 터 선정 작업을 벌여 왔다. 영덕·울진·장흥·안면도 등을 대상으로 놓고 검토하다 1990년 안면도로 결정한다는 언론 보도가 나왔다. 하지만 3년 넘게 계속된 주민들의 반발로 안면도 처리장 선정은 백지화되었다. 정부는 1994년 12월 다시 인천 옹진군 굴업도를 후보지로 선정했다. 그동안 전혀 거론되지 않던 서해안의 작은 섬 굴업도를 돌연 지정한 데는 정치적 의도가 깔려 있었다. 핵폐기물 처리장 후보지가 선정될 때마다 각 지역은 물론 전국적으로 반핵운동이 거세게 끓어올랐고, 이는 국회의원 선거에도 영향을 미치는 변수가 되었다. 그래서 9가구만 거주하는 작은 섬 굴업도를 후보지로 지정한 것이다. 그러나 굴업도 주민들마저 반대에 나섰고 인근 섬 주민과 인천시민들까지 가세했다. 그런 와중에 1995년 5~9월 진행된 환경영향평가에서 굴업도에서 활성단층 징후가 발견되면서 정부는 결국 계획을 취소하지 않을 수 없었다.

그 뒤 5년간 수면 아래로 들어갔던 핵폐기장 문제가 부안에서 다시 불거졌다. 2003년 7월 11일 아침 9시 30분 김종규 부안군수가 핵폐기장 유치 기자회견을 열었다. 김 군수는 그전까지 일관되게 핵폐기장 유치를 반대해 왔고, 그런 기자회견을 한다는 사실도 미리 알리지 않았다. 군청 공무원, 경찰, 기자들도 몰랐다. 당시 산업자원부에서 6월부터 3차에 걸쳐 핵폐기장 유치 문제를 두고 부안지역 여론조사를 했는데 반대 의사가 점점 높아지던 와중이었다. 앞서 산업자원부와 한국수력원자력공사가 연 주민설명회 역시 요식행위에 불과했다.

부안 주민 대다수는 핵폐기장 후보지 선정을 위한 민주적 절차를 요구했다. 부안 위도가 핵폐기장 후보지로 확정될 때까지 주민 동의를 위한 토론이나 민주적 합의를 위한 절차적 과정이 전혀 없었기 때문이다. 산업자원부는 중·저준위용과 고준위용 핵폐기장 후보지 조사를 겨우 한 달 만에 끝낸 뒤 '우수하다'고 졸속 평가를 내렸다. 그런 만큼 부안군 의회에서 핵폐기장 유치안이 부결될 것은 당연한 절차였다. 이를 미리 짐작한 김 군수는 11일 아침 일찍 일방적으로 유치선언을 해버린 것이다. 핵폐기장 자체의 문제도 컸지만, 부안군민들이 분노한 가장 큰 이유는 참여정부가 자신들의 첫 번째 국책사업이라고도 할 수 있는 핵폐기장 문제를 일방적이고 독단적으로 처리했기 때문이었다. 노무현 대통령은 부안군민의 심경은 헤아리지도 않고 민주적 절차를 외면한 독선적인 군수에게 '국가를 위해 용단을 내려 줘서 고맙다'며 국력을 다해서 돕겠다며 치하했다.

바로 다음 날, 부안군 농민회를 중심으로 원불교 김인경 교무·내소사 진원 스님·황진형 목사를 비롯한 지역 종교계 인사와 시민단체가 모여 '핵폐기장 백지화·핵발전소 추방 범부안군민 대책위' 발족식을 열었다. 그때부터 부안군민들과 시민단체가 하나 되어 위도 핵폐기장 반대 싸움을 시작했다.

정부는 국책사업을 시행하기 전에 미리 대다수 국민들의 의견을 묻고 참여시키는 민주적인 절차를 밟은 적이 없었다. 참여정부가 시행한 핵폐기장 터 선정 역시 마찬가지였다. 당시 노무현 대통령은 핵폐기장을 부안에 대한 '선물'로 생각했다고 한다. 그러나 선물받을 당사자들이 그 선물을 반길지 안 반길지는 고려하지 않았다. 문정현 신부는 역사적으로 수많은 정책이 이런 오류 속에서 만들어지고 강행되는 탓에 비극이 반복되었다고 생각했다. 부안 문제는 평택 대추리·제주 강정마을·서울 용산으로까지 계속 이어진 셈이다.

부안 사태가 일어났을 때 마침 문규현 신부가 부안성당 주임신부로 있었다. 새만금 반대를 위한 삼보일배가 거의 끝나갈 때쯤 핵폐기장 유치 문제가 터져서 규현 신부는 쉬지도 못하고 그 일에 뛰어들었다.

"처음에는 동생 신부가 또다시 큰 싸움을 시작하는 것이 딱해 보이고 마음에 걸렸지. 그러나 한편으로는 하느님이 규현 신부를 부안성당으로 보내신 특별한 소명이 있을 거라는 생각도 들었어. 규현 신부는 위도에 핵폐기장이 들어선다면 농업과 어업이 주업인 부안의 생명은 끝이라고 안타까워했지. 실제로 핵폐기장이 유치된다는 소식만으로도 계약재배 쌀이 취소되는 일이 여기저기서 벌어졌으니까."

부안성당은 핵폐기장 싸움의 중심이 되었다. 신자들은 투쟁하는 군민을 위해 하루 200명분의 밥을 날마다 해댔다. 군민 중에는 핵폐기장을 찬성하는 사람도 있었지만 반대하는 사람이 훨씬 많았다. 신자들도 대부분 규현 신부를 지지하며 반대 싸움에 헌신적으로 함께했다. 문정현 신부 역시 날마다 부안성당으로 갔다.

2003년 7월부터 1년 넘게 지속된 부안군민의 핵폐기장 반대 싸움은 치열했다. 부안군민들에게 핵폐기장 유치는 새만금 사업에 이어 어민들의 생계를 위협하고, 관광과 농업마저 위협하는 일이었다. 물론 핵폐기장을 유치하면 이득을 볼 사람들은 부안군민들이 아니라 그 개발을 통해 돈을 챙길 건설업자들이나 지역유지 몇몇뿐이었다.

핵폐기장 반대 싸움이 길어지고 더 치열해지자 전국 각지에서 엄청난 수의 전경들이 부안에 투입되었다. 외부에서는 부안에 계엄령이라도 내려진 줄 알고 아예 들어오지도 않으려 했다. 그렇게 싸움이 지속되는 과정에서 찬성과 반대로 갈린 주민들은 서로 불신이 쌓이고 반대투쟁 과정에서 많은 주민들이 다치고 감옥에 가고 정신적인 상처로 치료를 받아야 했다. 문정현 신부는 애타는 마음으로 부안 상황을 날마다 동영상으로 찍고 편집해 『오마이뉴스』, 전북지역 인터넷뉴스 『참소리』로 보냈다.

동영상을 편집하며 우는 울보 신부

문정현 신부가 동영상에 관심을 가진 것은 그와 함께하던 젊은이들 덕분이었다. 그의 주변에는 늘 젊은이들이 많았다. 오랫동안 함께 일한 노동사목 식구들, 기아특수강 노동자들을 비롯해 전북 평화와인권연대, 인터넷 대안신문『참소리』에서 일하는 젊은이들 20~30여 명이 주위에 있었다. 성당 주임신부직을 그만두고 작은 자매의 집에 전념하게 되자 그들과 함께할 기회가 더 많아졌다. 그는 젊은이들한테 개인적인 아픔이 있거나 혹은 축하할 일이 있을 때, 함께 새로운 일을 준비할 일이 있을 때마다 모이게 해 음식을 나눠 먹고 자면서 우정을 쌓았다. 그러다가 젊은이들이 영상 작업을 하는 모습을 보고는 관심을 갖게 된 것이다. 가난한 젊은이들의 영상 작업은 영세했지만 그는 영상에 관심을 갖자마자 금세 필요한 기계들을 사서 본격적으로 배우기 시작했다.

그 무렵 새만금 사업에 반대하는 네 명의 성직자들이 '전쟁 반대, 생명 평화'를 주제로 삼보일배의 길에 올랐다. 그 길에 오르는 성직자들의 마음이 얼마나 절절한지 알기에 반대를 할 수 없었지만 그들이 겪을 고행을 생각하면 마음이 타들어 갔다. 문정현 신부는 그들과 어떻게 함께할까 고민하다가 새만금에서 서울까지 가는 삼보일배 일정을 그날그날 영상으로 만들어서 인터넷에 띄우기로 했다.

2003년 3월 28일 삼보일배 행렬이 서울로 출발하면서부터 그는 영상 기록자를 자임하고 나섰다. 날마다 행렬을 따라다니며 온종일 캠코더로 촬영을 하고 일정이 끝나면 익산 집으로 돌아와 편집을 했다. 영상은 보통 5분에서 10분짜리였는데 밤새워 작업을 해 짧은 글과 함께 인터넷에 올렸다. 그러고도 아침이 되면 다시 삼보일배 현장으로 달려갔다. 아무리 피곤해도 쉬지 못했다. 삼보일배 고행을 하고 있는 네 성직자를 보면 눈물부터 쏟아져 내렸다. 그때도 그는 울보 신부였다. 삼보일배 행렬을 촬영할 때 울고, 그 동영상을 편집하면서 또 울었다.

삼보일배 현장에는 문정현 신부 말고도 카메라를 들고 있는 사람들이 많았다. 그 역사의 현장을 다큐멘터리로 담기 위한 전문 영상작가들이 대부분이었다. 그러나 문정현 신부는 그날그날 그 현장에서 일어나는 일들을 세상에 곧바로 알리는 일이 자신의 몫이라 여겼다. 그러다 보니 늘 시간에 쫓겼다. 마음은 급했지만, 전문가가 아니다 보니 10분짜리 동영상 하나를 편집하는 데 몇 시간이 걸렸고, 어렵사리 편집을 마치고 인터넷에 올리려 하면 업로드가 제대로 되지 않아 속을 태웠다. 문정현 신부가 영상을 찍고 편집하는 것은 자신의 작품을 위해서가 아니라 삼보일배의 뜻을 날마다 세상에 알리고 나누기 위한 것이었다. 날마다 속보로 띄워야 했기 때문에 늘 시간에 쫓겼다. 하지만 애써 만든 영상이 인터넷에서 제대로 열리지 않을 때도 많았다. 그러면 주변의 젊은 친구들에게 한밤중에 전화를 해서 하나하나 물어보고 그래도 성이 안 차면 당장 달려오라고 소리를 질러 댔다. 때로는 제풀에 속이 타 젊은 친구들한테 삐쳐서 못 본 척할 때도 있었다. 그렇게 막무가내로 배운 영상이 부안에서도 아주 중요한 역할을 하게 되었다.

부안에서 깨달은 공동체의 가치

2003년 7월 22일 오전, 전북 부안군 수협 앞에서 8000여 명의 군민이 참석한 가운데 '핵폐기장 건설 반대 및 군수 퇴진을 위한 부안군민 1만인 궐기대회'가 열렸다. 대회를 마치고 문규현 신부와 시민사회단체 대표들, 군민 대표들이 쇠사슬로 몸을 감고 앞장서서 군청을 향해 행진을 시작했다. 그러다 저지하는 경찰과 큰 싸움이 벌어졌다. 부안 읍내는 전투경찰 반, 군민 반이 되어 있었다. 농사만 짓던 군민들이 어떻게 싸워야 할지 몰라 허둥대자 귀농한 젊은이들, 변산공동체 식구들이 앞장섰다. 전경들이 덤프트럭 위에서 방패를 휘젓고 화염방사기를 쏘아 대는데도 군민들은 저항을 멈추지 않았다. 경찰의 폭력적인 제지에 맞서 군민들은 유명한 곰소항의 썩은 젓갈을 비닐에 담아 던졌다. 젓갈이 여기저기서 터지자 썩은 내가 진동했다. 다치는 사람이 속출하는 걸 보고 그는 더는 동영상만 찍고 있을 수 없어 앞으로 나갔다. 그러자 규현 신부가 가로막았다. 그러면서 규현 신부 자신은 농민과 젊은이들 속에서 함께 싸웠다. 문정현은 덤프트럭에 올라가 그 장면을 하나도 놓치지 않고 찍었다. 7월의 격렬한 싸움이 끝난 뒤 부안군민들은 날마다 촛불을 들었다. 태풍 매미가 휩쓸고 지나가며 폭우를 쏟아붓던 날에도 그들의 촛불은 꺼지지 않았다. 저녁마다 지역의 재주꾼들이 모여 촛불집회를 격려했다. 또 그 안에서 누가 시키지 않아도 자기 몫을 찾아 했다. 밥하는 사람, 무대를 만드는 사람, 사회를 보고 집회를 거드는 사람까지 부안 전체가 자발적 공동체로 새로 태어난 듯했다.

2004년 2월 14일 주민들은 스스로 주민투표를 실시했다. 투표율은

70%가 넘었고 그중에서 90%가 반대를 했다. 결국 정부도 부안군민의 강한 의지에 정책을 접을 수밖에 없었다. 부안 핵폐기장 반대 싸움은 엄청난 공권력에 부서지는 약자들을 방어하기 위해 여러 종교인들이 함께한 종교일치의 현장이기도 했다. 원불교의 김인경 교무는 '부안의 어머니'라는 소리를 들을 정도로 대책위 사람들을 챙기고, 촛불집회 때마다 군민들을 위로하는 기도와 연설을 해주었다. 부안제일교회 황진형 목사는 교회 안에서 어려움이 굉장히 컸지만 그래도 굽히지 않고 대책위 공동대표로 일했고, 내소사 진원 스님 역시 정신적 버팀목이 되어 주었다. 규현 신부는 지도부와 군민의 단결을 유지시키며 싸움의 중심이 흔들리지 않도록 했다. 부안 핵폐기장은 주민들이 힘을 모아 결국 막아냈지만 부안군민들끼리 핵폐기장 찬성과 반대로 나뉘며 생긴 골이 쉽게 회복되지 않고 있다.

"부안을 생각하면 안타깝기 짝이 없지. 민주주의라는 게 뭐야? 국가가 일방적으로 끌고 가는 게 아니라 국가 구성원들의 의견을 들어서 대다수가 원하는 바로 가야 하는 거잖아. 국민의 의견을 모으는 데는 긴 시간이 걸릴 수도 있고 많은 인내심이 필요하지만 그렇게 해서 대다수의 국민들이 함께 갈 수 있게 해야 하는 건데, 참여정부는 이름과 달리 오히려 독재자가 되었어. 부안의 경우에는 대다수의 군민들이 우리 후손에게 자연환경을 그대로 물려줘야 한다, 이런 위험한 시설물을 우리 군에 둘 수 없다며 반대했지만 찬성하는 사람도 있었지. 정부에 매수돼서 그런 사람도 있고, 연줄에 의해서 그럴 수도 있고, 이해관계에 의해서 찬성하는 경우도 있었지. 그러나 아무리 찬성하는 사람이 소수라 해도 찬성과 반대의 갈등은 엄청난 것이고 특히 농촌사회에서는 엄청난 거 아냐. 마을사람끼리 서로 원수가 된다는 거, 이거는 완전히 공동체가 파괴되는 거야. 공동체를 살리는 게 정부여야 하는데 살리기는커녕 서로 미워하고 증오하게 만든 거지. 결국 부안군민들이 핵폐기장 유치를 물리치긴 했지만 남은 것은 깨진 공동체뿐이야. 이 깨진 공동체를 누가 치유할 것이냐? 원인을 제공했던 정부가 책임을 져야 하지 않겠어? 그러나 정부는 책임을 지지 않았어. 부안뿐만 아니라 대추리에서도, 지금 강정마을에서도, 4대강 문제도 그렇고. 민중들을 분열시키고, 편을 갈라놓고 서로 대결하게 하고, 이게 정부가 할 일이 아니지. 이게 전쟁보다 무서운 거야, 내부갈등이라는 게. 이런 문제는 어떻게 해야 될지 참 마음 아프고, 그런 일을 잘할 때 비로소 민주주의가 된다고 봐."

2

대추리는 우리 목숨, 질긴 놈이 이긴다

부안 주민들을 통해 경험한 공동체의 힘과 희망은 문정현 신부와 평화바람이 대추리로 들어가기로 결정하는 데 큰 힘이 되었던 것 같다. 부안에 살다시피 했지만 주민으로 살면서 함께 싸운 것은 아니었기에 평화바람이 대추리 주민으로 살게 된 것은 큰 의미를 지닌다.

문정현 신부는 1970년대 이후 어떤 투쟁에 참여하든 이름만 없고 마는 형식적인 투쟁을 한 적이 없었다. 그러나 거처까지 옮겨 가며 싸운 것은 대추리가 처음이었다. 대추리 주민들과 함께 미군기지 반대운동을 하기로 결정한 뒤, 그들은 마을에 들어가 사는 것이 좋을지, 평택시내에 살면서 오가는 게 좋을지 고민을 하다가 마을에서 주민들과 함께 지내기로 결정했다.

2004년 12월 문정현 신부·오두희·여름·반지·밥·마후라·해밀·팔공·두시간, 이렇게 모두 아홉 명이 대추리로 들어갔다. 대추리에는 1반부터 4반까지 있었는데, 1반은 대추리에서 가장 남쪽 구석, 미군기지 울타리 옆이었다. 대추리에서 가장 어려운 사람들이 살던 동네이고 천주교 신자들도 있었다. 그들은 그 동네에 미군이 살던 방 두 칸짜리 집을 얻었다. 얼마 지나지 않아 그 옆에 집 한 채가 비자 그 집까지 세를 얻어 한 채에는 여자들이 살고 다른 한 채에는 남자들이 살았다.

대추리 사람들은 처음에는 평화바람 아홉 명을 이상하게 생각했다. 서로 형제는 아니고, 그렇다고 모두 천주교 신자도 아닌데 20대부터 70

대 노인까지 남녀 구별 없이 같은 집에서 사니 신기하고 걱정스러운 것 같았다. 끼니 때가 되면 찾아와 기웃거리고 가끔 반찬이나 김치도 갖다 주었다.

대추리는 낮은 산과 평지가 조화를 잘 이루고 저수지와 나루터가 가까워 물 걱정 없이 농사를 짓던 곳이었다. 대추리 조상들은 3, 4백 년 전부터 마을 앞으로 깊숙이 들어온 갯벌을 막아 논으로 일구어 농사를 지었다. 일제강점기 말, 일본 해군시설보급대가 징용자를 뽑아 비행장을 건설했다. 일부 농민들이 땅을 잃었으나 일본이 곧 패망해 큰 피해는 없었다. 그런데 1952년 옛 일본 해군 302부대 자리에 미군 K-6기지가 주둔한 뒤, 중장비를 이용하여 비행장을 넓히고 주민들을 쫓아냈다. 주민들은 수백 년 정든 고향을 버리고 이주를 해야 했다. 그때가 하필 가을 추수기였다. 주민들은 새벽이면 마을 가까이 있던 곤지나루 야산에다 임시로 천막집을 짓고 살면서 추수를 마쳐야 했다. 그러면서 주민들은 조상들이 물려준 고향 뒷산과 마을, 피와 땀이 서린 농토들이 중장비의 굉음 속에 사라지는 것을 지켜봐야 했다. 보상금 따위는 없었다. 주민들은 다시 갯벌을 손수 일구기 시작해 문전옥답으로 만들어 놓았다. 그런데 그 문전옥답을 다시 빼앗기게 되었던 것이다.

대추리와 도두리에는 '황새울영농단'이 있었다. 김지태 이장을 중심으로 김택균·신종원 세 사람이 형제처럼 일을 하고 있었다. 영농단에는 온갖 농기계와 연장이 다 갖춰져 있어 황새울 너른 들판의 논농사를 모두 기계로 할 수 있었고 농기구도 스스로 고쳐 썼다. 사람들은 늘 같이 일을 하고, 밥과 술을 나눠 먹으며 즐겁게 지냈다. 문정현 신부는 대추리에서 오랫동안 만들어진 마을공동체와 문화를 그대로 느낄 수 있었다. 황새울이 내려다보이는 야트막한 언덕에는 대추리 주민들이 손수 지은 소박한 성당도 있었다. 아침저녁으로 마을을 걷다 보면 대추리 주민들의 손때가 묻은 마을 곳곳에서 평화가 묻어났다. 대추리 주민, 그들의 삶 자체가 평화였다. 그는 그 평화를 지키고 싶었다.

주한미군기지 이전 계획이 발표된 뒤 마을에서는 줄초상이 났다. 일제강점기 때부터 세 번이나 땅을 빼앗긴 노인들은 그 두려움과 좌절을 감당할 수 없었던 것이다. 초상이 나면 온 주민이 함께 장례를 치렀다. 삼일장 내내 마을 사람들이 모두 힘을 모았다. 대추리에는 전통장례 풍습이 그대로 남아 있어 상여를 메고 나갔다. 상여꾼을 굳이 모으지 않아도 수가 채워졌다. 상여 앞에서 선창을 하고 하관과 봉묘를 하는 모든 일을 함께했다. 대추리가 사라진다면 그런 아름다운 마을의 문화마저 사라질 터였다.

"인간의 문화란 게 뭐야? 사람이 자신이 태어난 곳에서 살아남기 위해 만들어 낸 것이지. 언어·관습·예술이 다 그런 것인데, 사람들이 자신의 삶의 자리에서 쫓겨나 뿔뿔이 흩어져 버리면 그 문화가 무너지는 거잖아. 나는 대추리에 들어가 살면서 비로소 마을공동체를 지키는 것이 무엇인지 깊이 깨달았어. 대추리 노인들은 1952년 원래 마을에서 쫓겨나기 이전에 어디에 우물이 있고, 어디에 소나무가 있었는지까지 훤히 다 그려 낼 정도였어. 그런 노인들에게 또다시 대추리를 떠나 새로운 문화 속으로 들어가라는 것은 죽으라는 소리나 마찬가지지."

황새울영농단의 세 지도자는 이런 노인들의 아픔을 알기에 공동체를 보존하려고 애썼다. 이들은 2003년 7월 1일 대추리·도두2리·안정리 주민들로 '미군기지 확장반대 평택시 팽성읍 대책위원회'를 꾸려 줄기차게 투쟁했다. 그러던 2004년 9월 1일, 주민 동의 없는 국방부의 일방적인 특별법 공청회에서 항의하던 주민대표들과 평택지역 사회단체 회원들이 경찰에 강제연행되었다. 그날 저녁부터 대추리·도두리 주민들은 '우리 땅 지키기 팽성 주민 촛불행사'를 시작했다.

대책위 대표단 중 몇 명은 대농이었다. 특히 김지태 위원장은 보상을 받고 떠나도 잘 먹고살 수 있을 정도였다. 그런데도 대추리를 지키겠다고 앞장서자 일부에서는 김 위원장이 더 많은 보상을 원한다고 뒷말을 했다. 문정현 신부는 사람이 살아온 배경을 고려하지 않고 오로지 돈으로만 평가하는 세태가 안타깝기 짝이 없었다. 2004년 12월 정부의 지장물 조사(정부가 지정한 수용대상 지역에 대한 토지 및 물건 조사)가 시작되자 대책위 안에서 의견이 분분했다. 조사에 응해 감정평가를 잘 받아 충분한 보상을 받자는 사람들과, 조사에 응하게 되면 이미 모든 문제를 돈으로 해결하게 되기 때문에 '땅을 내줄 수 없다'는 명분을 잃는다며 하지 말자는 사람들로 갈린 것이다.

2005년 들어 정부의 지장물 조사가 임박할 무렵 '미군기지 확장반대 평택시 팽성읍 대책위원회'의 김지태 위원장과 대학 때 학생운동을 함께했다는 김 아무개란 사람이 문정현 신부를 식사에 초대해 지장물 조사에 대한 의견을 물었다. 문정현 신부는 지장물 조사를 받아들여서는 안 된다는 생각을 분명히 밝혔다. 그런데 이후 김 아무개란 사람은 지장물 조사를 찬성하는 편에 서서 자기 이권을 챙겼다. 그러더니 이번에는 프랑스 천주교 주교회의 산하의 인성회(CCFD)라는 단체 때문에 예전부터 알고 지내던 기독교농민회 쪽 여성이 음식을 잔뜩 해가지고 오는 등 과잉친절을 베풀었다. 또 작은 자매의 집으로는 청와대 민정실 직원들이 찾아와 남북한 농어민의 일을 맡아서 해달라는 뜬금없는 제안을 하기도 했다. 그가 정부의 회유책에 휘말릴 리 없었지만 한때 함께 천주교 사회운동협의회에서 일을 하던 운동권 출신이 찾아와 회유를 할 때는 몹시 화가 났다. 그는 자신들을 찾아온 이들에게 말했다.

"너 이러려고 운동했어? 당장 가 버려! 지금 미군기지 확장 때문에 내가 사는 대추리·도두리 주민들이 땅을 뺏기고 집도 절도 없이 나갈 판인데, 나더러 너희들이 제안하는 관변단체로 가란 말이야?"

그가 대추리에 있는 동안 경찰과 검찰은 계속해서 소환장을 보냈다. 여중생 범대위 때의 일을 비롯한 지난 일들에 관한 것이었다. 대추리 주민들이나 문정현 신부를 위축시키려는 의도였을 것이다. 그는 소환장을 받고도 계속 가지 않고 버티다가 나중에 프랑스 라르자크를 방문하기 위해 유럽으로 갈 때 자진출두해 조사를 받았다. 그러나 조사는 형식적인 것일 뿐이었다. 그 뒤로도 계속 소환장을 보내더니 급기야 공항에서 소환하려고까지 했다.

지장물 조사를 받아들이지 않기로 한 주민들은 거부투쟁을 벌이기로 하고 시민사회단체들과 함께 2005년 5월 22일 '평택미군기지 확장 저지를 위한 범국민대책위원회'를 결성했다. 또한 주민들과 평화바람은 2월 21일부터 지장물 조사를 하러 오는 국방부 조사단, 즉 한국토지공사·대한주택공사·감정원에서 농지와 도두리·대추리에 대한 물건 조사를 하는 것을 막기 위해 구역을 셋으로 나눠 지켰다. 주민들은 각 구역을 지키고 있다가 조사단이 경찰과 합세해 들어오면 서로 연락을 해서 트럭과 오토바이를 타고 몰려가서 쫓아냈다. 한순간도 자리를 뜰 수 없어서 그 자리에 솥단지를 걸고 김치찌개를 해서 밥을 먹었다. 주민들은 아직 겨울이 다 가지 않은 허허벌판에서 온종일 세찬 바람과 맞서며 2월 21일부터 3월 14일까지 국방부 조사단을 막아 냈다.

그러나 대추리의 투쟁 상황은 언론의 무관심으로 사회에 잘 알려지지 않았다. 그는 다시 카메라를 들고 주민들의 투쟁을 동영상으로 찍어 인터넷에 올렸다. 역시 밤을 새워 영상을 편집하고 직접 내레이션도 입히며 열심히 만들었다. 대추리의 상황이 서서히 알려지면서 일부 언론에서도 조금씩 관심을 갖게 되었다. 평화바람과 주민들도 서로 가까워졌다.

봄이 오자 주민들은 날마다 촛불행사를 하는 중에도 모내기 준비를 시작했다. 평화바람도 얼떨결에 함께 농사일을 했다. 그 와중에 지장물 조사에 응한 사람들은 보상에 동의하고 마을을 떠나기 시작했고 빈집이 생겼다. 국방부에서는 마을을 떠나는 사람들에게 그냥 이삿짐만 가지고 나가는 게 아니라 빈집에 사람이 들어와 살지 못하도록 유리창을 깨고 창틀까지 다 빼 버리게 해서 동네 분위기가 흉흉해졌다. 평화바람은 빈집을 고쳐서 사람들이 대추리에 들어와 살게 하여 '평화촌'을 만들자고 제안했다.

그해 5월부터는 마을주민들과 함께 '평택 미군기지 확장반대 주민 순례단'을 만들어 일주일에 3일씩 전국 순례길에 나섰다. 평택 미군기지 확장의 실상을 알리고, 7월 10일 평택 평화대행진 행사를 알리기 위한 순례였다. 또 날마다 평택역에서 평화대행진 참가를 홍보했다. 평화대행진은 말 그대로 처음부터 평화적인 행사로 계획했다. 대추리에서 본정리로 가는 미군기지 울타리를 따라 평화의 길을 조성하고, 나무 심기, 소원쪽지 달기처럼 온 가족이 함께 참여할 수 있는 마당을 열고자 했다.

그동안의 노력 덕분에 2005년 7월 10일 평택 평화대행진에는 많은 사람들이 모였다. 제주에서 해군기지를 반대하는 강정마을 주민들까지 와서 대추초등학교가 넘칠 정도였다. 참가자들 중에는 생명평화단체 사람들, 우리들처럼 지역 공부방에서 온 아이들, 가족 단위로 온 개인들이 섞여 있었고 운동권도 참여했다. 그런데 행진 도중 일부 단체에서 미군기지의 철조망을 거둬 내기 시작했다. 문정현 신부는 경찰에 빌미를 주는 행동을 하면 안 된다는 생각에 속이 탔지만 그 많은 참여자들의 행동을 일일이 막을 수는 없었다. 평화로운 행사가 되길 바랐던 이들 모두 안타까워했다. 결국 경찰은 그것을 빌미로 기물파손 운운하며 평화대행진을 폭력행사로 몰아 갔고 대응도 강력했다.

평택 범대위가 참가자들의 행동을 일일이 통제하고 폭력을 막았다 해도 경찰은 행사를 방해해 폭력을 유도했을 것이다. 다양한 성향의 사람들이 많이 모이면 주최 측에서 통제할 수 없는 흥분된 행동이 나오고, 때로는 평화로웠던 집회가 프락치들에 의해 오히려 폭력적으로 되는 사례도 비일비재했기 때문이다. 그때 경기도 경찰청장이었던 사람이 훗날 임기 중에 가장 가슴 아팠던 일이 대추리 문제였다고 말할 만큼 대추리에서 경찰은 철저하게 미국 편이었다.

그런데 평화대행진 이후 진보적인 운동권 안에서 갈등이 생기기 시작했다. 평택 범대위에 들어와 있지는 않았지만 앞으로 황새울에서 함께 농사를 지으며 대추리를 지키려 했던 사람들이 그날 행사의 폭력성을 우려하며 빠져나가 버린 것이다. 그날의 폭력사태는 결코 대추리 주민들이나 시민단체들이 의도한 것들이 아니었다. 그렇게 폭력을 탓하기보다는 평화를 위해 함께하려는 노력이 필요한 때였다. 문정현 신부는 숲은 보지 못하고 나무만 보려는 그들의 태도에 화가 났다. 그러나 오두희는 "신부님도 그들에게 화를 내고 실망하기에 앞서 그들이 대추리에 남아 함께하도록 대화하고 설득하는 리더십이 필요했다."고 말했다. 문정현 신부 역시 그 부분을 인정하면서도 한편으로는 자신이 나서서 막았다 해도 그들이 대추리에 남지 않았을 거라고 생각했다.

라르자크에서 얻은 교훈

우여곡절 끝에 행진이 끝난 뒤, 프랑스 주교회의 산하 인성회에서 일하는 리디아라는 사람을 통해 대추리 주민들과 라르자크를 방문할 기회를 얻었다. 프랑스 라르자크에서 군사기지 반대운동을 10년간 해온 경험이 대추리에도 도움이 될 거라는 생각으로 오두희·조현지·팽성 대책위 사무국장 김택균·김지태 위원장 부인인 조인순과 함께 보름 동안 프랑스와 독일, 이탈리아를 방문하게 되었다.

라르자크의 땅은 1만5천ha가 될 만큼 넓었지만 온통 자갈밭이라 농사보다는 양을 치는 데 알맞았다. 1970년 프랑스 정부는 그 땅을 군사기지로 바꾸겠다고 발표했다. 그 뒤 라르자크 주민들은 10년간 반군사기지 운동을 펼쳤다. 그 과정에서 전 유럽에서 예술인을 비롯한 평화운동가들이 라르자크로 들어와 긴 싸움을 함께했다. 결국 미테랑 대통령이 군사기지 설치 계획을 포기하는 선언을 하기에 이르렀다.

라르자크 반군사기지 운동은 조제 보베라는 세계적인 농민운동가를 키워 냈다. 그는 양심에 따른 병역거부자로 22살 때 라르자크에 들어가 반군사기지 운동을 했다. 그 뒤에도 그는 그곳에 살면서 소농운동, 유전자조작농산물(GMO) 반대운동 등 신자유주의 반대운동을 이끌었다. 1998년에는 프랑스에서 유전자조작 작물 재배 자체를 금지시키는 법안을 통과시키는 성과도 거뒀다.

라르자크는 평택 대추리와 흡사한 면이 많았다. 라르자크 주민이 내세웠던 "라르자크 땅은 우리가 지킨다. 이 땅은 우리의 생명, 끝까지 지킨다."는 구호는 "이 땅은 우리 목숨, 질긴 놈이 이긴다."는 대추리의 구호와 비슷했다. 라르자크의 투쟁은 비폭력이라는 원칙이 정해져 있었다. 이탈리아의 한 수도공동체가 비폭력 평화운동을 관철시키기 위해 단식을 하면서 주민들과 긴 토론을 벌인 결과였다. 라르자크에서 파리까지 800㎞가 넘는 길을 트랙터를 타고 가서 에펠탑에다 양 60마리를 풀어놓는 시위를 한 것이 좋은 예였다.

그들이 방문했던 2005년, 라르자크에는 다양한 평화·생명공동체들이 만들어져 있었다. 군사기지 반대운동을 하며 모인 예술인과 활동가들이 계속 그곳에 살면서 평화운동과 유기농산물 협동조합을 만들고 유전자조작 반대·반핵운동을 하고 있었다. 라르자크는 방문단에게 큰 인상을 남겼다. 라르자크를 떠나 독일과 이탈리아를 방문했을 때도 그곳의 미군기지 상황과 주민들의 반대운동을 볼 수 있었다. 그런데 여행 중에도 대추리에서 주민들이 계속 국방부와 부딪치고 있다는 소식이 들렸다. 몸과 마음이 편치 않았다. 그래서 여행이 더 힘들었다.

여행이 다 끝나갈 무렵 이탈리아의 아시시에 들렸다. 문정현 신부가 성을 돌아보느라 지쳐 성 글라라 대성당 앞에 앉아 있을 때였다. 지나가던 여행객들이 그가 앉은 자리 앞에다 동전을 놓고 가기 시작했다. 아마도 걸인이나 노숙자처럼 보였던 모양이다. 여행의 마지막 날 밤에는 로마의 한 광장에 들러 쉬면서 애창곡인 「김삿갓」「흙에 살리라」「주한미군 철수가」 등을 일행들과 흥얼거렸다. 그러다 거리의 악사들이 광장에 있는 노천카페에서 아코디언·첼로·바이올린을 흥겹게 연주하며 노래하는 모습을 보고 그들에게 다가갔다. 그는 거리 악사의 아코디언 연주에 맞춰 「산타루치아」를 큰 소리로 2절까지 다 불러 냈다. 그러자 노천카페에 있던 사람들이 "브라보!"를 연발하며 박수를 쳐 주었다. 초라한 동양 노인이 이탈리아어 노래를 부르니 모두 신기해하는 것 같았다. 여행 내내 대추리에서 들리는 어두운 소식에 의기소침했던 일행은 그렇게 울적한 마음을 털어 냈다. 그의 광대 기질은 그렇게 자신에게나 함께하는 이들에게 힘이 되어 주었다.

유럽에 다녀온 뒤, 김택균 사무국장이나 주민들은 군사기지 문제로 고통을 겪는 곳이 대추리만이 아니라는 것을 알게 되었다. 앞으로 싸울 방법에 대해서도 새롭게 고민을 하게 되었다. 그들은 유럽에서 보고 온 것을 응용해 대추리 평화촌을 시작했다. 빈집을 청소해 변호사 상담실을 만들고, 찻집과 사진전시실, 게스트하우스도 만들었다. 또 폐교된 뒤 '평택두레풍물보존회'가 들어와 전통문화 체험장으로 쓰면서 주민 행사장으로, 어린이 놀이터로 쓰이던 대추초등학교에다 '솔부엉이 주민도서관'을 만들었다.

한편 국방부는 대추초등학교를 기지이전대책 상황실과 주차장으로 쓰려 했다. 대추초등학교는 1968년 마을주민들이 쌀을 모아 손수 지은 것이어서 마을주민들에게는 큰 자부심이고 자랑거리였다. 주민들은 대추초등학교를 국방부에 내줄 수 없었다. 미디어 활동가들은 대추초등

대추리, 2006

학교 안에 '들소리 방송국'을 꾸려 주민들의 상황을 영상으로 만들어 촛불집회 때마다 방영했다. 주민들이 아나운서가 되고 대본·기사 작성까지 했다. 들소리 방송국이 활동하면서 그의 영상작업은 줄어들 수 있었다. 또 다큐멘터리 사진작가 노순택은 '솔부엉이 하루 사진관'을 열고, 30여 명의 화가들은 교실 창문마다 대추리 주민들의 초상화를 그려 넣었다. 대추리에 모인 예술인들은 '들이 운다'라는 프로젝트를 진행해 벽화를 그리고, 벽에 시를 써넣고, 비닐하우스 콘서트를 열었다.

대추리 평화마을

그해 10월, 나와 공부방 아이들은 평화바람의 초대를 받아 대추리 마을 담장에 벽화를 그리러 갔다. 아이들과 함께 대추리 골목을 돌고, 대추리 공소 너머 황새울 들판을 보았다. 아이들은 부서지고 깨진 빈집들을 보며 눈물을 글썽이고 분노했다. 오랜 세월 동안 만들어진 마을공동체가 사라져 가고 있었다. 대추리는 한 아이가 태어나 가족과 마을 사람들 손에서 자라고 그 마을 안에 있는 학교를 나와 그 마을에 있는 땅을 일궈 일하고 사랑하고 부모가 되는 것이 가능한 살아 있는 마을공동체였다. 그곳엔 오랫동안 마을 사람들의 건강을 책임져 주는 보건소가 있고, 마을 사람들이 스스로 지은 성당도 있었다. 문정현 신부가 감동했던 것처럼 전통장례 풍습이 그대로 살아 있고, 품앗이가 살아 있는 공동체였다. 국가가 그 공동체를 뿌리 뽑는 데는 많은 시간이 걸리지 않았다.

대추리의 빈집에는 지킴이들이 들어와 마을 사람들과 함께 살고 있었다. 대추초등학교에는 들소리 방송국과 솔부엉이 도서관이 있고, 초등학교 창문마다 마을주민들의 초상화가 그려져 있었다. 그렇게 모두 대추리를 지키기 위해 힘쓰고 있었지만 주민들을 위협하는 국가의 폭력이 너무 거대해 보였다. 그래도 아이들은 문정현 신부가 말하듯 대추리를 꼭 지킬 수 있을 거라고 믿었다. 아이들은 대추리 어귀에 있는 담장 한가운데 대추리를 지키는 할아버지 신부님을 그렸다. 그리고 그 할아버지 손을 잡고 있는 자신들과 대추리 아이들도 그렸다. 만석동에 사는 동안 늘 재개발이 되는 걸 두려워하며 살았던 아이들은 자신의 삶터를 지키려는 대추리 사람들에게 동병상련의 마음을 느꼈다. 아이들은 자신들의 그림이 대추리를 지키는 수호신이 되길 바랐다.

미국의 이라크 침공이 임박해지고 세계 곳곳의 사람들이 인간방패를 자처하며 이라크로 갔을 때 우리 아이들은 공부방 한구석에 평화방패를 만들었다. 그리고 학교에 다녀오면 날마다 꽃을 접으며 이라크 아이들이 죽지 않기를, 전쟁이 멈추기를 기도했다. 그리고 자기들이 손수 만든 피켓을 들고 광화문으로 대학로로 나갔고 거기서 할아버지 신부님을 또 만났다. 효순이·미선이 추모집회 때 만났던 그 할아버지 신부를 보며 아이들은 '아, 문정현 신부님은 우리랑 똑같은 마음이구나.' 하고 느꼈다. 아이들은 그런 문정현 신부가 대추리에 살며 땅을 지키는 것을 당연한 것으로 받아들였다. "왜 신부님이 거기 계세요?"라고 묻는 아이가 하나도 없었다. 우리 아이들에게 대추리는 우리 동네와 마찬가지로 꼭 지켜 내야 할 곳이었다.

그런 간절한 마음으로 대추리를 찾은 이들은 우리 공부방 식구들만이 아니었다. 이라크 파병 반대를 시작으로 모인 양심에 따른 병역거부 운동단체 전쟁없는세상·작은 평화·피자매연대처럼 크지는 않지만 소신을 갖고 평화운동을 해온 단체나 개인들의 방문도 이어졌다. 2006년부터는 이윤엽·최병수·유연복을 비롯한 예술인들이 더 많이 들어오기 시작했다. 그래서 나중에는 원주민보다 지킴이들이 더 많아졌다. 그렇게 사람들이 북적거리자 평화바람 식구들이나 주민들은 평화마을이 이루어진 것 같다고 느꼈다.

황새울 대작전, 그 후

2005년 12월 11일, 2차 평택 평화대행진이 열렸다. 프랑스 라르자크의 조제 보베, 남미의 국제농민단체인 비아캄페시나(Via Campesina, 농민의 길) 회원, 일본 오키나와의 평화운동가들이 대추리를 방문해 함께 연설을 했다. 이어 대추리 범대위는 2006년 1월 2일부터 2주 동안 전국 트랙터 순례를 했다. 그때 구호는 "올해도 농사짓고 내년에도 농사짓자."였다. 그래서 3월 논에 직파를 할 때 전국농민회에서 트랙터를 가지고 와서 함께 논갈이를 하고 발대식을 했다. 범대위와 『한겨레21』은 1월 16일부터 '평택 평화의 땅 1평 지키기' 모금운동을 펼쳐 나가기도 했다.

한편으로 정부는 2006년 4월까지 몇 번이나 대추초교에 대해 강제행정대집행을 하겠다고 엄포를 놓았다. 그 무렵 동아일보를 비롯한 보수 언론들은 "거의 직업 수준의" 시위대 때문에 미군기지 이전에 차질이 있다고 비난했다. 동아일보는 '횡설수설'이란 칼럼에서 '시위 동업자'

'시위 전문가' 따위의 신조어를 만들어 내기도 했다. 그때 문정현 신부가 쓴 메모에 그의 심정이 드러나 있다.

"데모, 긴 세월 했어. 데모, 전문가라 할 거야. 데모, 그러고도 남지. 데모, 참 지겨웠어. 데모, 참 싫어. 데모, 정말 싫어. 데모, 안 하면 참 좋겠어."

2006년 5월 초. 몇 차례 엄포만 놓던 강제 행정대집행을 5월 4일에 실시하겠다는 통보가 왔다. 마을 주민들의 피와 땀, 역사가 고스란히 살아 있는 아이들의 학교를 하필 어린이날 전날 점유하겠다고 한 것이다. 마을주민들과 대추리 지킴이들은 몹시 긴장했다. 그래서 전국 곳곳에 대추리를 지키러 와 달라는 도움의 문자메시지를 전하고, 천주교정의구현전국사제단도 대기했다. 모두 다 초조한 마음으로 밤을 새우고, 신부들은 대추초교 지붕 위에 올라가서 살폈다. 새벽 5시, 동틀 무렵 포클레인을 앞세운 용역 700여 명과 12,000명이나 되는 전투경찰이 새까맣게 몰려왔다. 그러나 행정대집행을 막기 위해 대추초교에 모인 지킴이들은 1000여 명이 전부였다.

헬기가 철조망을 실어 나르고 공병대가 들어와 철조망을 치기 시작했다. 멀리 안성천 쪽에서는 부교를 놓고 온갖 중장비를 동원한 병력이 들어와 초소와 막사를 지었다. 군 병력만 2700명이었다. 국방부 말대로 '여명의 황새울 대작전'이었다. 그를 비롯한 사제단은 지붕 위에서 "병력 철수"를 외쳤다. 그러나 그 시간 대추초등학교를 지키던 노동자·학생·주민들은 곧 진압당하고 말았다. 비명 소리가 들리고 지킴이들이 피투성이가 된 채 교실 밖으로 끌려나왔다. 곤봉과 방패에 맞은 이들이었다. 운동장에서는 대추리 노인들이 통곡을 하며 경찰들의 무자비한 폭력에

대추리, 2006

항의하고 있었다.

　오후가 되자 특공대는 지붕 위에서 버티던 13명의 사제를 억지로 끌어내리기 위해 사다리차를 동원했다. 그는 끝까지 지붕 위에서 버티려 했으나 연행자들을 석방할 것을 전제로 오후 5시쯤 내려오고 말았다. 한순간에 대추초등학교가 무너져 내리는 것을 지켜본 노인들이 울부짖고 한쪽에서는 서러움과 분을 이기지 못한 사람들이 까무러쳤다. 연행된 사람만 600명이 넘었고, 200여 명이 입건되고 40여 명이 구속되었다. 부상자도 200명이 넘었다. 그날 저녁 촛불집회는 통곡의 집회였다. 다음 날 다시 전투경찰이 마을로 몰려와 군화를 신은 채 집 안으로 들어가 숨어 있는 사람들을 체포해 갔다. 그렇게 무력으로 행정대집행을 한 뒤 정부는 대추리를 고립 상태로 만들어 놓았다. 대추리 어귀를 차단해 들어오려는 사람을 일일이 확인하고 주민들조차 주민등록증을 제시하게 했다. 사제단 신부들이 월요일마다 미사를 드리러 올 때도 번번이 허락을 받아야 했다. 그런 중에도 철조망 너머 황새울 들판에서는 모가 무럭무럭 자라고 있었다. 그걸 바라보는 농민들의 애통한 심정은 말로 다 표현할 수 없었다.

　황새울 대작전을 치른 대추리에 내가 간 것은 보름이 지난 뒤였다. 아이들과 함께 촛불문화제에 참석하기 위해 트럭에 인형극 무대를 싣고 대추리로 갔다. 대추리 어귀에서 경찰들이 막았다. 공부방의 이모 삼촌들이 경찰들과 실랑이를 하는 동안 공부방 아이들이 경찰들한테 자신들의 학생증을 맡기겠느니, 우린 위험한 사람들이 아니라느니 하며 항의를 했다. 30여 분간의 실랑이 끝에 교사들의 공무원증을 맡기고 들어갈 수 있었다. 미군기지를 돌아 폐허가 된 초등학교 운동장을 보자

아이들이 눈물을 글썽이더니 여기저기서 코를 훌쩍였다. 마치 자신들의 학교가 무너진 것처럼 서러워했다.

그날 우리는 '하느님 나라'를 주제로 한 인형극을 공연했다. 음향이나 조명 시설은 형편없었지만 아이들은 전쟁, 재개발 따위가 없는 평화로운 하느님 나라를 간절히 바라는 마음으로 공연을 했다. 그날 만난 대추리 주민들은 많이 지쳐 있었다. 문정현 신부 역시 몸과 마음이 많이 지쳐 보였다. 그러나 그는 여전히 대추리를 절대 내줄 수 없다고, 반드시 지켜 낼 것이라고 말했다. 촛불문화제가 끝나고 대추리를 나오는 나의 발걸음은 몹시 무거웠다.

그런 상황에서 주민들은 6월 7일로 예정된 정부와의 두 번째 대화를 수용하기로 했다. 김지태 위원장이 대화를 위해 6일 평택경찰서로 자진 출석했다. 그런데 경찰은 그 자리에서 김 위원장을 구속해 버렸다.

"그때부터 대추리 주민들은 허깨비가 되었어. 혼 빠진 사람처럼 촛불집회를 해도 멍해지고, 노인회장은 마음이 아프다는 이유로 촛불집회를 빠지고, 폐허만 남은 대추초등학교만 멍하니 쳐다보고……. 그때 금년에도 농사를 짓자 하고 직파를 하고 거의 다 심었거든. 그게 몇만 평쯤 돼. 모가 5센티 이상만 나면은 작물로 인정한다고 했는데 한 5센티 정도 나왔을 때 행정집행 나온 거지. 철조망 너머 파종해 놓은 논을 보고도 갈 수도 없으니 그 심정을 누가 알아? 정말 그 심정, 아, 이거는 정말 통곡할 일이지, 노인회장 부인은 터벅터벅 철조망까지 가서 보리 싹을 바라보다가 비틀거리며 돌아오고……. 정말 국가권력이 못할 짓을 했어.

가장 안타까운 게 김지태 위원장 어머니가 눈물로 세월을 보내는 거였어. 정말 볼 수가 없었지. 견딜 수가 없어서 경찰서에 가서 단식을 선포했어. 김지태를 석방하기는 어렵겠지만 그래도 할 수 있는 일은 그것 밖에 없구나 해서 단식을 시작한 건데, 노인들이 와서 안 된다고 말리는 거야. 그래서 여기서는 안 되겠구나 해서 차를 몰고 서울에 올라가서 청와대로 간 거지. 그런데 막상 청와대 앞으로 들어가는 게 쉽지 않았어. 내 승용차는 검문하는 데서 막힐 게 분명하니까. 그래서 관광버스를 타고 가서 청와대 분수 앞에 자리를 잡고 단식을 선포했지.

가자마자 끌어낼 줄 알았더니 못 끌어내데. 그 대신 방문객을 통제해서 지지방문을 오는 사람들과 번번이 부딪쳤지. 내가 거기서 단식을 하니까 대추리 노인들이 모판을 가져와 분수대 앞 화단에다 물을 대고 모내기를 했어. 그것이 대추리의 상징이었지. 대추리 논에 심어야 할 모를 청와대 앞에 심는 걸 보니 착잡했어. 그런데 2006년 6월 9일 청와대에서 6·10 항쟁을 기념하는 만찬이 열린다는 소문이 들리더라고. 누구는 청와대에서 만찬을 즐기고 누구는 대추리 주민들 때문에 단식을 해야 하나 하는 생각에 화도 나고 서글퍼졌지. 게다가 나는 월드컵이랑 뭔인연이 있는지 효순이·미선이 때도 월드컵 응원으로 그 억울한 죽음이 가려지더니, 이번에도 월드컵 경기 때라 청와대 앞 화단에 있으면 광화문에서 월드컵 응원하는 소리가 들렸어. 그때마다 2002년 효순이·미선이 추모 촛불집회 생각이 났지."

세상은 대추리 주민의 삶이나 그의 단식에 관심이 없었다. 청와대는 눈 하나 꿈쩍하지 않았다. 그는 21일 만에 단식을 접었다. 착잡했다.

"그때 통일광장(비전향장기수 모임) 할아버지, 민가협 부모님들 같은 분들이 지지방문을 왔었어. 천주교정의구현전국연합의 변연식이나 박순희가 와서 동조단식을 해주고 릴레이단식도 해주었지만 소용이 없었지.

그때 가끔 예전에 같이 일하다가 정권에 들어간 이들도 찾아왔어. 힘없는 졸자한테 그래 봤자 소용없지만 화가 나서 뭐라 했지. '우리가 그동안 정말 사람을 위해 살았지 어떤 권력을 위해서 살지 않았잖나? 과거에 민주화운동 과정에서 그 많은 사람들이 체포되고 그 많은 사람이 실종되고 고문으로 죽고, 그러면서도 군사정권에 항거하며 살지 않았나? 그런데 민간정부가 들어와서도 효순이·미순이가 죽고 대추리가 이 지경이 됐다. 너는 지금 대추리 주민들을 탄압하는 편에 서 있다. 이미 과거의 동지지 지금은 아니다.' 그게 그때 내 심정이었어."

평택 범대위에서는 민주사회를 위한 변호사모임과 함께 5월 4일의 행정대집행 이후 설치해 놓은 철조망과 군 막사에 대한 '군사보호시설 설정'의 위법성에 대한 행정소송을 제기했다. 그러나 재판부는 처음부터 군의 손을 들어 주었다. 대추초등학교가 무너진 뒤, 촛불집회는 농협창고로 옮겨 계속 열렸지만 주민들의 사기는 점점 떨어졌다. 결국 정부와 협상을 해야 될 때라는 생각이 들었다. 그러나 그 자신은 협상에 응할 생각이 없어 며칠을 술로 살았다.

"촛불문화제에서 그래도 분위기를 살려 보려고 온갖 광대노릇 다했지. 사기 좀 높여 보려고 정말 온갖 짓을 다했어. 그런데 주민들은 행정대집행이 무섭다, 겁에 질린다면서 분위기가 자꾸 침체되더라고. 결국 마을총회를 했어. 정부 측과 대화를 해서 이 문제를 해결하자, 김지태도 나와야 하고, 우리도 더는 버틸 수 있겠냐? 하는 분위기였지. 그런 과정을 지켜보는 마음은 어휴, 견딜 수가 없었어. 캔맥주 두 개 사 가지고 영농단 옥상 올라가서 황새울 벌판에 철조망이 쳐진 것을 캠코더로 담다가 울고, 캔맥주가 떨어지면 마을 가게에 가서 또 2개를 사서 저쪽 도두리 가

는 쪽에 쪼그리고 앉아서 울고, 저 내리 쪽 고추농사하던 쪽으로 가기
위해 경찰을 몇 번이나 거쳐서 가 거기서 또 맥주를 마시고 울고.

내가 그러니까 마을지도자 신종원, 김택균이 나를 만나러 왔다가 아
무 말도 못하고 가고, 또 그냥 가고 그러더라고. 그걸 지켜보던 오두희가
우리 밖으로 나갑시다, 해서 마을을 벗어나서 이야기를 했지. 그때 신종
원과 김택균이 그러더라고. 신부님, 이제 정부와 협상에 응해서 끝을 봐
야겠습니다. 내가 잠시 침묵해 있다가 그랬지. 그래, 싸우는 사람은 주
민인데 주민들이 더 싸울 수 없다면 더 이상 싸울 수 없는 거 아니겠어?
자네 둘만 싸울 수 있는 것도 아니고……. 그이들을 이해했지. 대추리는
빼앗길 수밖에 없구나 했어.

말은 그렇게 했지만 억장이 무너지는 것 같았어. 그런데 대추리를 지
키려고 들어왔던 지킴이들이 반발했어. 울컥 화가 났지. 나는 대추리를
절대 빼앗기지 않겠다고, 내가 죽지 않는 한 자기 발로 걸어서 나가지는
않겠다고 다짐했던 사람이야. 그런데 내 입장만 주장할 수 없잖아. 겁에
질리고 지쳐 있는 주민들을 억지로 끌어 일으켜 갈 수는 없는 일이잖아.
'평화통일을 여는 사람들'을 비롯한 평화지킴이들에게 마을 사람들의
마음을 조금만 더 헤아리라고 말했지. 이미 촛불집회도 웃음이 없어진
상황이었어. 참 침울한 집회였다고. 어떻게 용기를 불어넣어 줄 수 있어?
이것은 개인으로서는, 몇 단체로 감당할 수 없는 일이야. 이런데 주민들
보고 견디라, 견디라 할 수 없잖아. 더 이상 견디라고 말을 못하는 것이
너무 마음 아팠어. 주민들의 숨통을 조이는 정부와 대항하는 게 울분
이 터지고, 그 울분을 삭히는 게 보통 힘든 일이 아니었지. 평통사 사람
들이 협상에 반발하는 것에 화도 났지만 근본적으로는 그이들의 심정

도 이해했어."

그는 늘 스스로 말하듯 래디컬한 사람이었다. 한번 싸움을 시작하면 죽더라도 끝까지 가야 직성이 풀리는 사람이었다. 모든 투쟁에 임할 때 그의 마음은 한결같았다. 그래서 자신을 원망하는 평화지킴이들의 주장을 나쁘다고 생각하지는 않았다. 그러나 그로서는 주민들의 입장을 고려하지 않을 수 없었다. 그렇게 대추리를 떠나야 할 시간이 다가오고 있었다. 철조망이 쳐진 대추리의 너른 들판을 볼 때마다 가슴이 미어지고, 그 땅을 뒤로 한 채 고향을 또다시 떠나야만 하는 주민들을 보면 연민이 북받쳐 올랐다. 그러나 그는 타오르는 분노대로 행동할 수 없었다. 지킴이들은 대추리의 역사가 될 만한 것들을 그러모으고, 마을 구석구석을 영상으로, 사진으로 남겼다.

그러는 와중에 문정현 신부의 사제서품 40돌이 다가왔고 기념미사가 열렸다. 2006년 12월 26일, 장소는 마지막으로 촛불집회를 해오던 농협 창고였다. 그는 대추리를 지키기 위해 예술가들이 그려 놓은 그림이 있는 그곳에서, 날마다 주민들과 촛불문화제를 열어 의지를 다졌던 그곳에서 사제서품 40돌을 맞았다. 주민들과 150여 명의 사람들이 모였다. 그날 전종훈 신부, 김인국 신부, 문규현 신부를 비롯한 30여 명의 사제가 참여했다. 그날 강론을 맡은 김인국 신부가 그의 삶을 치하하며 말했다.

"길 위의 신부는 시적인 표현이고, 그 내용은 노숙자예요. 신부 40년 노숙자 40년을 축하드립니다. 앞으로 계속 그리하실 것이라 믿습니다."

대추리 주민들은 문정현 신부는 누구인가라는 빈칸 메우기에 "고마우신 분" "좋은 양반" "술 마시기 좋은 친구" "희망을 주는 사람" "장난꾸러기" "산타 할아버지"라고 썼다. 그렇게 그는 눈물로 사제서품 40주년 기념미사와 잔치를 보냈다. 제풀에 지쳐서가 아니라 그 투쟁에 가장 아프고 힘들어하는 이들 때문이었다. 대추리에서도 그는 그렇게 내려와야 할 순간을 맞이해야 했다.

언제나 지는 싸움이어도

2007년 4월 7일. 바람은 여전히 싸늘했지만 대추리와 황새울 들판 곳곳에 파릇파릇 새싹이 돋아나고 마늘 싹이 훌쩍 자라 있었다. 그날, 대추리의 마지막 문화제 '매향제'가 열렸다. 주민들과 매향제에 참가한 이들이 모여 황새울 벌판, 대추리와 도두리를 잇는 길에 세웠던 최평곤 작가의 '문무인상'을 태우러 갔다. 하늘도 주민들과 대추리 지킴이들의 애통한 마음을 아는지 점점 바람이 거세지고 하늘에 구름이 끼기 시작했다. 고사를 드리고 대나무로 만들어진 높이 $10m$의 문무인상을 태우는 동안 문정현 신부와 노인들은 얼싸안고 울고 또 울었다. 사람들은 다시 소원지와 희망의 솟대를 실은 꽃배를 메고 대추초교 운동장으로 모였다. 마을 사람들은 향나무에다 절절하고 애틋한 마음을 새겼다. "떠나기 싫다." "다시 돌아온다, 황새울아." "대추리 평화" 그리고 자신들의 도장과 대추리 유물, 지금까지 대추리를 지키기 위해 싸워 왔던 자료와 사진들을 그러모아 항아리에 넣었다. 그리고 땅에다 향나무 판과 항아리를 묻었다. 문정현 신부는 내내 울음을 그치지 못했다. 그가 매향제를 마치며 울먹이며 맺은 말은 지금까지도 가슴을 저미게 만든다.

"(…) 우리는 기억할 것이다. 사시사철 황새울의 풍경 그리고 저녁노을과 철새들의 장관을. 935일의 촛불, 마을에 가득 찼던 작품들. 뿐만 아니라 5·4 행정대집행, 철조망, 검문소, 정부의 잔인성도 기억할 것이다. 골고다 언덕 예수의 수치로 기억할 것이다.

우리의 치욕, 패배, 울분을 잊지 않을 것이다. (…) 평등의 세상을 꿈꾸는 모든 사람들에게 희망의 씨앗이 될 것이다. 때가 되면 부끄러운 자, 당당한 자 둘 다 한눈에 보일 것이다. 우리는 패배의 고배를 마셨고 정부는 승리의 개가를 부르지만 주한미군의, 정부의 폭력은 지속적으로 백일하에 드러날 것이다. 우리는 제국주의의 군대, 국가의 폭력 앞에서 인권의 소중함을 배웠다."

그날, 대추리 주민들이 935일 동안 들었던 평화의 촛불이 꺼졌다. 대추리와 함께했던 3년이란 시간이 그렇게 끝났다. 문정현 신부는 1년은 유랑길에서, 2년은 대추리에서 주민들과 함께했다. 기쁜 일보다 슬픈 일이 더 많았다. 주민들의 삶의 자리가 빼앗겨 가는 과정을 지켜보아야 했기 때문이다.

대추리에 오기 전, 그의 싸움에는 물러섬이 없었다. 그러나 대추리에서는 자신의 뜻대로 치고 나갈 수가 없었다. 사실 그가 선택한 길 위의 삶, 길 위의 신부의 길은 이기는 길이 아니었다. 낮은 이들과 함께하는 삶은 언제나 지는 싸움이었다. 그가 아무리 분노를 쏟아 내도, 목숨을 건 단식을 해도 결국 그는 투쟁을 접어야 했다. 그러나 싸울 때만큼은 몸을 사리지 않고 자신이 앞장섰다. 민주화운동을 할 때나 장계성당에서나 국가보안법투쟁 때, 소파 개정투쟁 때도 그는 자신의 목소리를 한껏 높였다. 그러나 대추리에서는 그가 경찰과 맞서려 앞으로 나가면 자신보다 나이 든 할머니들이 쫓아와 함께 맞섰다. 그러다 노인들이 여기저기 다치는 걸 보면 어쩔 수 없이 뒤로 물러서야 했다. 대추리를 지키겠다고 들어간 그곳에서 그는 무력감을 느끼는 시간이 더 많았다. 국가폭력의 엄청난 힘과 그 폭력에 희생당하는 주민들을 지켜보는 것은 고통스러운 일이었다. 때로는 그 현실을 눈뜨고 볼 수 없어서, 혹은 다른 사람을 용납할 수 없어서 대추리를 뛰쳐나가고 싶은 생각까지 들었다. 자기 몸 하나 감옥 갈 각오도 할 수 있었지만 '평택 미군기지 확장 저지 범국민대책위원회'의 조직적 결정을 따라야 하니 참을 수밖에 없었다.

그런데 정부는 주민들과의 마지막 협상에 '문정현 신부도 함께 떠나게 하라'는 조건을 걸었다. 그런 상황을 받아들이는 것이 쉽지 않았다. 그런데 그 과정에서 송기인 신부, 오충일 목사를 비롯한 민주화 동지가 찾아와 그가 대추리를 떠날 때 보기 좋게 떠날 명분을 주겠다며 입원을 하라고 권유했다. 그들은 그에게 명분이란 아무 의미가 없다는 것을 알지 못했다. 그는 주민들이 다 떠난 뒤 평화바람과 함께 맨 마지막으로 대추리를 나왔다.

"대추리 싸움은 이제까지 내가 해온 싸움과는 달랐어. 뭐든 사건을 접하면 내가 나서서 싸울 때가 많았지. 하지만 대추리에서는 범대위의 결정을 따라야 하고, 또 주민들의 입장을 고려해야 하니까 그러지 못했지. 그렇지만 대추리에서의 2년을 성서적으로 해석하면 의미 있는 일이었다고 생각해. 성서 말씀, 교회 문헌을 통해 보면 우리 교회는 가난하고 소외되고 억압받고 쫓겨나고 변두리 인생들, 이런 사람들과 함께해야 하지. 그것이 우리 교회의 신원이야. 그런 의미에서 대추리에서 쫓겨나는 사람들, 탄압받는 사람, 감옥에 끌려가는 사람, 그들과 모든 걸 젖혀 놓고 몸과 마음을 함께한 것이 바로 그리스도인의 길이라고 봐. 그 시간이 아무리 힘들었어도 조금도 후회가 없고, 교회 전체의 기조는 적어도 이래야 한다고 생각해. 기득권보다는 이런 고통받는 사람과 함께하는 것이 더 우선이라는 것이 교회의 입장이고 내 입장이야. 가난한 사람을 우선적으로 선택하고 그들과 함께 살고 같이 쫓겨나는 것, 그것이 성서적인 의미가 있어."

대추리에서 나온 뒤, 그는 심한 공황 상태에 빠졌다. 장계성당에서 맛보았던 공동체적 삶이 살아 있는 곳이 대추리였고 그래서 더욱더 그곳을 지켜야겠다는 마음이 간절했을 것이다. 그러나 그가 함께 싸워야 하는 이들은 투쟁에 익숙한 운동권이 아니었다. 그는 혼자 앞장설 수도 없고 총대를 멜 수도 없었다. 그의 말대로 쫓겨나는 이들과 함께 살고 그들과 같이 쫓겨나는 것이 어떤 것인지 처절하게 경험해야 했다. 대추리에서 쫓겨난 이들은 4년 가까이 임시거주지 생활을 하다가 2010년 11월 새 정착지에 입주했다. 그러나 그 기름진 황새울 벌판과 대대로 살아왔던 집 대신 받은 보상금으로는 새 정착지 입주금을 대기도 빠듯했다. 보상비가 적은 주민들은 빚까지 졌다. 평생을 농사를 지으며 살아온 이들은 공공근로에 매달리거나 일용노동자로 전락했다. 문정현 신부로서는 충분히 예상했던 일이었다. 결코 지는 것을 상상하며 갔던 길이 아니었지만 그는 패배를 받아들여야 했다. 그리고 그 패배를 받아들이는 것은 쫓겨난 사람들의 고통을 계속 가슴에 담고 어깨에 짊어지고 가야 하는 것이었다.

그는 그 길이 예수의 길이라고 받아들였다. 그리고 대추리가 그 길의 끝이라고 생각했다.

3

착한 사마리아인의 땅, 용산 남일당

대추리에서 작은 자매의 집으로 돌아온 뒤 그는 텃밭을 일구기 시작
했다. 그러나 땅을 파고 밭을 일구는 일이 힘에 부쳤다. 스스로 농부의
아들이라는 자부심이 있었는데 삽질, 호미질 하나 변변히 하질 못했다.
그런 자신에게 화가 나고 점점 약해지는 자신이 서글퍼졌다. 그는 마음
을 다스려 보려고 대추리에서 어깨너머로 본 서각을 해보기로 했다.

대추리에서 만난 이윤엽 작가가 인사동에 함께 가서 서각도구를 마
련해 주었다. 혼자 붓글씨를 써서 "껍데기는 가라" "행복하여라, 평화를
위해 일하는 사람들" 같은 글을 새겨 보았다. 그러나 뜻하는 대로 잘되
질 않았다. 그러는 사이 그는 작은 자매의 집을 그만두어야겠다는 생각
을 굳혔다. 작은 자매의 집을 그만두고 은퇴한다는 것은 현직 사제로서
가질 수 있는 모든 권한을 내놓는 것과 마찬가지였다. 그런 이유로 은퇴
를 말리는 사람들도 있었다. 그러나 그는 작은 자매의 집과 아이들을 위
해 은퇴를 결심했다.

교구의 허락을 받고난 뒤에는 자신의 유일한 가족인 작은 자매의 집
아이들과 이별해야 할 슬픔으로 힘든 시간을 보내야 했다. 2008년 1월
24일, 은퇴미사를 했다. 원래는 은퇴미사 같은 것조차 하지 않으려 했지
만 자신의 마음대로 할 수는 없는 일이었다. 작은 자매의 집을 눈물로
떠난 뒤 그는 그쪽으로 발길조차 하지 않았다. 아이들을 향한 그리움을
참는 것은 후임 사제와 새로운 책임자를 맞이한 작은 자매의 집에 대한

예의였다.

작은 자매의 집을 나와 그는 군산 옥봉리로 내려갔다. 은퇴를 결정한 뒤 인혁당 사건으로 받은 민주화운동 보상금으로 집을 사 수리를 시작했다. 은퇴한 사제로 평범하고 편한 삶을 선택할 수 있었지만 그는 계속 세상 속에서 살고 싶었다. 끝까지 복음을 따라 살려면 현장에서 살아야 한다고 생각했다. 나이가 들었어도 다른 수도자들이나 사제들이 경험하지 못하는 현장의 삶을 포기할 수 없었다. 2008년 3월 15일 군산에서 집들이를 하고 오두희, 구중서, 딸기와 함께 공동체생활을 시작했다.

평화바람과 유랑생활을 하고 대추리에서도 공동생활을 했지만 젊은이들과의 새로운 공동체생활은 쉽지 않았다. 그는 사제로서 늘 대접받는 삶을 살았다. 사제관에는 언제나 그를 시중드는 사람들이 있었다. 밥, 빨래, 청소 모든 걸 누군가에게 맡기며 살았다. 그런 삶이 몸에 배었지만 은퇴한 뒤에라도 자신의 몸 하나라도 스스로 건사하며 살고 싶었다. 그래서 부엌 정리나 청소라도 하며 젊은이들을 도우려 했지만 성에 찰 리 없고 때로는 젊은이들을 오히려 힘들게 하기도 했다.

군산에서의 삶은 무료했다. 광우병 촛불집회, 경부운하 반대를 위한 '생명의 강을 모시는 사람들'에서 마련한 종교인 100일 순례 등에 참여하고 군산 미군기지 확장 문제도 함께 고민했다. 일본 오키나와 평화대행진에 참여하고 새롭게 일어 공부를 시작하기도 했다. 그러나 자신을 필요로 하는 곳이 없는 것 같은 외로움과 상실감을 느꼈다. 한시도 쉼 없이 투쟁의 현장에 있던 그에게 옥봉리의 삶은 지나치게 한가했다. 세상은 여전히 변하지 않았고 가난하고 약한 이들의 삶은 더욱 어려워져

가고 있었다.

그 무렵 2007년 해군기지 후보지로 선정된 제주 강정마을에서 갈등이 커져 가고 있었다. 국방부는 1992년부터 제주도에 해군기지를 세우려 했다. 해군기지 건설은 단지 국방부의 군사적 목적뿐만 아니라 무기회사의 이윤, 동북아지역을 중국과 러시아에 대항하는 전쟁기지로 만들려는 미국의 지배전략과도 밀접하게 관련이 있었다. 주민들은 유네스코가 지정한 생물권보전구역에 포함된 강정마을의 아름다운 자연과 평화가 파괴되는 것을 볼 수 없다며 일관되게 반대를 하고 있었다. 그러자 국방부는 '민군복합형 크루즈항 건설'이라는 기만적 이름으로 해군기지 건설을 추진하려 했다. 제주도 해군기지는 평택·군산에 이어 새로운 전쟁벨트를 만들려는 시도였다.

평화바람은 제주 강정마을 주민들의 싸움을 돕기로 했다. 강정마을 주민들의 투쟁을 지원하기 위해 제주 은갈치와 고등어, 귤을 판매하기 시작했다. 그와 평화바람은 이 일에 '돌하루방 상단'이라고 이름을 붙여 우선 연고가 닿는 성당과 단체를 돌며 장사를 시작했다. 문정현에게 제주 강정마을은 또 다른 대추리고 부안이었다. 그러나 강정마을에 대한 지원은 그가 용산 남일당으로 들어가면서부터는 계속할 수 없었다. 그에게 강정마을은 아직도 짐처럼 남아 있다. 강정마을 주민들의 투쟁은 2011년 현재도 끝이 나질 않았다. 여론의 무관심, 국방부와 정부의 언론플레이로 주민들의 투쟁은 여전히 외롭게 계속되고 있다.

추기경의 선종, 용산의 죽음

2009년 1월 그는 동생 문규현 신부와 이스라엘로 성지순례를 다녀왔다. 그리고 오랫동안 아팠던 어깨를 수술하기로 날짜를 잡았다. 그런데 1월 20일, 가톨릭노동사목 20주년 연수회에서 돌아오자마자 용산참사 기사를 보게 되었다.

언론에서는 참사의 원인이 철거민들이 망루를 만들고 시너를 가지고 올라간 탓이라고 했다. 그러나 그의 눈에는 경찰의 무리한 탄압이 먼저 보였다. 원인을 따지기 전, 사람이 여섯이나 죽었다. 그중 다섯 명이 철거민들이었다. 억울한 죽음에 가슴이 찢어지는 듯했다. 아코디언조차 들 수 없게 악화된 어깨의 통증을 잊을 만큼 가슴이 아팠다.

2월 16일, 김수환 추기경의 선종 소식이 들렸다. 다른 사제들이 서울로 향했지만 발길이 떨어지지 않았다. 아픈 몸 때문만은 아니었다. 텔레비전 화면에서 본 화려한 명동을 가득 메운 추모행렬 때문이었다. 공중파 방송에서는 앞을 다퉈 김수환 추기경에 대한 다큐멘터리를 방영했다. 소외된 이들의 벗, 착한 목자로 살다 간 큰 어른에 대한 추모가 사람들의 마음을 뒤흔들었다. "고맙습니다. 서로 사랑하세요."라는 말은 이명박 대통령마저 인용했다. 그러나 그는 고맙지도 사랑할 마음도 들지 않았다. 착잡하기만 했다.

평생 소외된 이들의 벗이었다는 김수환 추기경이 선종했고, 그를 기리는 이들의 행렬이 끊이지 않고 있었다. 적어도 그런 김수환 추기경을 추모하기 위해 그 행렬에 선 사람들이라면 얼마 전 화마에 죽어 간 가난한 이웃, 용산 철거민들의 분향소에도 다녀가야 했다. 적어도 그의 깜냥으로는 그랬다. 그런데 오히려 가난하고 보잘것없는 여섯 명의 죽음이 김수환 추기경의 죽음에 묻히고 있었다. 그는 수많은 열사를 먼저 보내고도 살아 있는 자신의 삶이 늘 부끄러웠다. 자신의 제자이며 스승이라고 말하는 조성만, 노동운동을 함께한 박복실, 선배이자 친구였던 서로벨또, 그들의 안타깝고 억울한 죽음이 또다시 눈앞에 있었다. 그의 어머니는 감옥에 갇힌 그를 만난 자리에서 순교자가 되라고 말했다. 어렸을 때부터 순교의 삶을 자신의 삶으로 받아들이며 살았다. 그러나 그는 이웃과 정의를 위해 순교한 열사들을 수없이 먼저 보내야 했다.

며칠 동안 번민의 시간을 보낸 그는 병원진료를 위해 서울로 올라가는 길에 정의구현사제단이 주최하는 김수환 추기경 추모미사에 갔다. 그런데 막상 가 보니 추모미사는 민주화운동기념사업회 이름으로 하는 것이었다. 그의 눈에 김영삼, 김대중, 노무현 정권을 거치며 정치판으로 간 옛 동지들이 보였다. 쓸쓸했다. 그는 한구석에서 미사를 드리고 군산으로 내려왔다.

그런데 그날 밤, 용산참사 현장에 가 있다는 인권운동가 박래군과 김덕진이 연행되는 꿈을 꾸었다. 용산참사범국민대책위원회에서 일하는 두 인권운동가들한테 소환장이 날아왔다는 이야기를 들은 탓인 것 같았다. 그는 다음 날 아침, 곧장 서울로 올라가 순천향병원으로 갔다. 병원 영안실에는 유가족들이 모여 있었다. 체포령이 떨어진 전국철거민연합 남경남 의장도 있었다. 망연자실해 있는 유가족들한테 어떤 위로의 말을 전해야 할지 막막했던 그는 유가족들 앞에서 눈물을 터뜨리고 말았다. 단 한 번도 만난 적 없는 수염이 허연 노신부가 눈물을 터뜨리는 모습에 유가족들은 눈이 휘둥그레졌다. 그러나 곧 고마운 마음에 두 손을 맞잡았다. 문정현 신부가 그 유가족들 앞에서 아무런 말을 할 수 없었던 것은 그들에게는 어떤 위로의 말도 참위로가 될 수 없음을 잘 알고 있었기 때문이다.

그날 영안실을 나와 인권활동가들과 가진 술자리에서였다. 송경동 시인이 옆으로 다가가 말했다.

"신부님, 신부님께서 여기 와 주셔야겠습니다. 저희들한테 어른이 아무도 없습니다. 여기 와 계셔 줄 분은 신부님밖에 안 계십니다."

마음이 흔들렸다. 어쩌면 그의 마음은 이미 남일당에 가 있었는지 모른다. 그러나 그는 마음을 숨기고 말했다.

"송경동 시인, 내가 활동량이 많이 줄었네. 대추리에서 활동하던 거 오십 프로도 이십 프로도 안 돼. 몸이 안 좋아졌네."

송경동 시인은 그의 말에는 아랑곳하지 않았다.

"그래도 앉아라도 주셔야겠습니다."

시인의 절절한 마음을 잘 알기에 더 변명도 못하고 말했다.

"자주 와서 참석하고 그럴게. 노력할게."

군산으로 돌아오는 길, 성대한 추기경의 장례식을 보면서 불타 죽은 서민들의 억울한 죽음이 가슴을 파고들었다. 김수환 추기경을 추모하는 행렬은 3킬로미터가 넘는데 다섯 명의 영정 앞에 선 추모객은 30미터도 안 되었다. 가난한 사람들을 위해 헌신했다는 김수환 추기경을 추모하는 저 사람들의 마음이 진정이라면 남일당의 억울한 죽음에도 그만큼의 애도 행렬이 있어야만 했다.

40년 전 기억이 또다시 떠올랐다. 인혁당 사건 관련자들이 사형선고를 받은 지 하루 만에 교수대에 올라 주검이 됐던 날, 그는 하루 종일 그들의 시신을 지키기 위해 경찰과 싸우다 지쳐 전주로 돌아가야 했다. 강남버스터미널로 가는 길, 거리의 사람들은 아무 일도 없다는 듯이 평화로웠다. 문정현 신부는 예수가 십자가에 못 박혀 죽던 날, 예루살렘 사람들 역시 그랬을 거라는 생각으로 눈시울이 뜨거워졌다. 남일당에서 돌아오던 날도 그랬다. 그는 그렇게 거리에서 다시 한 번 예수와 마주쳤다.

집으로 돌아간 그는 다음 날 새벽 첫차로 서울로 올라갔다. 살기 위해, 혹은 자신들의 권리를 위해 한강철교 위로, 공사 현장의 크레인 위로, 굴뚝 위로 올라가야 했던 노동자들의 모습이 눈에 선했다. 용산의 철거민들도 살기 위해 망루로 올라가야 했다. 문정현 신부는 억울하게 죽은 다섯 명이 남긴 가족들 곁에 있어야겠다고 생각했다.

결국 남일당으로

문정현 신부가 남일당으로 들어갈 때만 해도 용산참사는 철거민들의 폭력적인 시위로 인한 희생이라고 생각해 시민사회단체마저 섣불리 연대를 결정하고 있지 못할 때였다. 대중들의 외면은 당연한 것인지도 몰랐다. 그러나 그는 한통속이 된 용역과 경찰들에 의해 벼랑 끝에 몰린 철거민들에게 화염병 따위는 문제가 되지 않는다고 생각했다. 그에게는 인화물질이 있다는 걸 뻔히 알면서도 컨테이너를 들어올리고 물대포를 쏘아 댄 경찰의 무모한 진압이 더 큰 폭력이었다. 빨갱이라고 민청학련 사건 가족들마저 외면하던 인혁당 가족들 곁에 섰던 그때처럼, 그는 다시 남일당 유가족과 용산 4구역 철거민들 속으로 들어갔다. 국가폭력에 맞서는 일이 인혁당 가족에 대한 연민으로 시작되었듯, 자신의 생애 마지막 싸움터라고 생각했던 용산으로 들어간 것 역시 유족과 철거민 열사들에 대한 연민 때문이었다. 그는 어느새 대추리의 힘겨웠던 투쟁을 잊었다. 지금 이 순간 자신의 눈앞에 펼쳐진 끔찍한 현실과 거기서 고통받는 철거민밖에는 아무것도 보이지 않았다.

곧이어 그의 평생 동지인 평화바람의 오두희가 남일당으로 오고, 평화바람의 꽃마차도 남일당 건물 옆으로 자리를 옮겼다. 그리고 대추리에서 그랬듯이 현장 활동가들이 빈집으로 하나둘 모여들었다. 레아카페 자리에는 방송국과 미술관이 차려졌다. 그들은 이미 여기저기 현장에서 만났던 동지들이고 대추리에서 2년을 사는 동안 함께했던 사람들이기도 했다. 그들은 노래, 미술 등 각자의 재주를 통해 낮은 사람들과 함께하고 권력에 맞서고 있었다. 또 2008년 미국산 쇠고기 수입 문제로 타올랐던 촛불을 경험한 평범한 시민들도 용산으로 하나둘씩 모였다. 그렇게 그는 예기치도 못한 또 다른 유랑을 시작했다.

2009년의 용산참사는 이명박 정부의 학살이었다. 철거민들은 단지 살기 위해 망루를 지었다. 시너를 가지고 올라갔지만 자기방어용이었다. 그런데 경찰은 그들을 단 하루 만에 테러리스트로 몰고 강제진압을 했다. 다섯 명의 철거민과 한 명의 경찰이 죽었다. 이명박 정권은 그 학살을 수습하는 과정도 몰염치했다. 시신 다섯 구를 가족 동의도 없이 부검한 뒤, 순천향병원 영안실 냉동실에 넣어 버렸다. 박정희·전두환 정권에서나 있었던 일이 그대로 재현되었다. 그리고 범대위 핵심 간부들에게 체포영장을 발부했다. 그러나 용산참사는 누가 봐도 명백한 공권력의 폭력이었다. 경찰들의 잘못된 진압작전과 거짓들이 속속들이 드러날 시점, 경찰은 연쇄살인범 강호순의 얼굴을 공개하며 용산참사 사건을 호도했다.

그는 하루 종일 남일당에서 유족들과 철거민들과 함께 지내다 저녁이면 숙소로 돌아와 평화바람이 찍은 영상을 편집해 인터넷에 올렸다. 부안에서, 대추리에서 그랬던 것처럼 그는 남일당에서 벌어지고 있는 폭력을 세상에 알리기 시작했다. 그리고 3월 28일부터 남일당 현장에서 미사를 시작했다. 거처도 용산 4구역으로 옮겼다. 첫 강론 때 문정현 신부는 자신이 남일당으로 들어올 수밖에 없었던 까닭을 이렇게 털어놓았다.

"대추리에서 쫓겨난 뒤 마음도, 어깨고 허리고 다리고 아프지 않은 곳이 없어 화를 다스리고 텃밭이나 가꾸고 기도하며 조용히 살아왔습니다. 그런데 용산에서 참사가 일어났습니다. 이분들은 살려고 망루에 올라갔습니다. 그런데 살기는커녕 숯검정이 되어 내려왔습니다. 테러집단이 되었습니다. 자해공갈집단이 되었습니다. 참사의 현장을 우리는 지켜보았습니다. 군 작전이었습니다. 적진을 탈환하는 모습이었습니다. 경악스러운 장면이었습니다. 아연실색할 일입니다. 가족들은 졸지에 테러리스트, 자해공갈단의 아내가 되고 말았습니다. 이명박 정부는 국민이 피눈물을 흘리는 한을 품게 하고 있습니다. 저희는 영정 앞에서 가족들 앞에서 할 말을 잃을 뿐입니다…….

이명박 정부! 유신, 5공의 길을 가고 있습니다. 하기야 그들의 후예가 아닌가요? 당신들의 말로는 사필귀정입니다. 단지 용산참사와 같은 희

생을 얼마나 치러야 할지, 그것이 안타까울 뿐입니다. 추기경님의 추모
행렬을 보고 용산참사를 덧씌우며 생각해 왔습니다. 추기경님을 추모한
다면 여기 와서 조문해야 합니다. 가장 낮은 곳에, 가장 고통받는 곳에,
가장 박해받는 곳에 와 있어야 합니다. 그러지 않고 이웃 사랑을 말할
수 있겠습니까? 유가족의 한을 풀어야 합니다. 희생된 분들의 명예가
회복되어야 합니다. 그리하여 조속히 장례를 치러 평안히 눈을 감고 누
워 있게 해야 합니다.

저는 집 안에 편안히 앉아 있을 수가 없었습니다. 종교인으로서 내 자
신이 부끄럽고 죄스러워서입니다. 그래서 이 자리에 머물면서 매일 위령
미사를 드리고자 합니다. 희생자들의 영원한 안식을 위해 기도할 것입니
다. 억울하게 구속·수배된 자들의 자유를 위해 기도할 것입니다. 이
명박 정부의 회개를 위해 기도할 것입니다. 그리스도교는 지금 사순절
기간입니다. 진정한 해방의 부활을 맞이할 수 있기를 기도합시다. 여러
분, 함께해 주시기 바랍니다."

그렇게 남일당에서 날마다 미사가 시작되자 정부와 경찰은 긴장했다.
용산구청은 4월 1일 사고현장에 붙어 있던 용산참사 희생자들의 영정
을 뜯어 갔고, 다음 날에는 범대위 활동가들이 사용하던 간이화장실을
치웠다. 그렇게 대치가 계속되었다.

부활절을 앞둔 성금요일 그는 미사 강론에서 말했다.

"예수님은 길에서 태어나셨습니다. 길에서 사시다 길에서 죽으셨습니
다. 병들고 가난한 사람, 고통받는 사람, 소외된 사람, 변두리로 쫓겨난
사람들과 함께 사는 것, 예수님께 이것은 아버지의 뜻이었습니다. 이들
과 친숙했던 예수님은 권력과 기득권에게 큰 위협이었습니다. 예수님은

안보차원에서 제거당합니다. 결국 체포되었습니다. 채찍질을 당했습니다. 조롱을 당했습니다. 거짓 증언으로, 흉악범으로, 신성모독죄로 극형을 받아 처형되었습니다. 십자가의 길은 예수님의 수난을 묵상하게 합니다……."

그는 유가족과 철거민들을 보면 칠흑 같은 어둠 속에 있는 것 같았다. 살기 위해 망루로 올라간 이들의 가족과 이웃들은 다 같이 벼랑 끝에 서 있었다. 용산참사가 일어난 지 100일이 넘도록 정부와 서울시, 경찰은 아무런 변화가 없었다.

착한 사마리아인들의 땅

그러나 절망이 깊은 곳에서 희망이 싹트는 법이었다. 철거민들과 유족들이 달라져 갔다. 4구역 철거민들과 유족들은 점점 투사가 되었다. 매일미사에도 사람들이 꾸준히 찾아왔다. 이름 모를 수많은 사람들이 죄스러운 마음으로 남일당을 찾았다. 가난한 다섯 명의 철거민과 한 명의 경찰이 억울하게 화마에 휩싸여 죽어 가는 동안 아무것도 하지 못했다는 죄책감과 빚진 마음으로 찾아온 것이다.

나 역시 일주일에 한 번이라도 용산에 가려 애썼다. 공부방 식구들도 이제 겨우 걸음마를 시작한 아기들을 데리고, 때로는 공부방 아이들과 함께 용산을 방문했다. 공부방 아이들은 사순절 동안 학교에서 돌아오면 공부방 구석에 촛불을 켜 놓고 돌아가며 기도를 했다. 철거민들의 억울한 죽음의 진실이 꼭 밝혀지길, 또다시 그런 불행이 일어나지 않기를,

우리 동네는 철거되지 않고 오래오래 남아 있기를 빌었다. 고등학생이던 한 아이는 용산에 갈 때마다 남일당에 있는 문정현 신부와 철거민들의 모습, 주상복합건물이 병풍처럼 둘러싼 용산 남일당과 4구역을 사진에 담았다. 자신들이 살아가야 할 사회의 어둠을 보고 절망했지만, 한편으로는 자신의 권리를 깨닫고, 억울한 죽음의 진실을 밝히기 위해 함께하는 철거민들을 보면서 빛과 희망 또한 보았다고 말했다.

문정현 신부가 말했듯이 용산 남일당은 강도 만나 죽은 시신이 누워 있는 곳이고, 남일당을 찾아와 향에 불을 밝히고 기도를 하는 이들은 착한 사마리아인들이었다. 그리고 그들은 용산참사의 억울함을 세상에 증거하는 증인들이었다. 그는 미사에 참석하는 이들에게 꽃을 들고 와 달라고 부탁했다. 그는 남일당의 슬픔과 분노가 추모객들이 가지고 오는 꽃을 통해 희망이 되고 평화가 되기를 바랐다.

"나는 착한 사마리아 사람 비유를 많이 이야기했어. 강도 만난 사람에게 누가 참이웃인가? 용산이 바로 그 사례지. 억울한 죽음, 그런 피해를 알고도 다가오지 못했던 사람들, 종교인들, 그러나 착한 마음을 가진 사람은 이들과 함께하지 못했다는 마음으로 거길 왔던 거지. 바로 그 사람들이 증거자의 역할을 한다고 믿어. 어떤 사건에 대해 진실을 볼 줄 알고 거기에 몸과 마음을 바쳐서 헌신한다면 연대로 이어지고 힘이 되는 거지. 많은 이들이 국가의 그 엄청난 폭력에 몸을 움츠리지만 언젠가는 계란으로 바위를 깨는 날이 있을 거라고."

많은 이들이 용산을 외면했다. 문정현 신부는 세상의 무관심에 절망하고 안타까워했다. 그러면서도 그는 역사가 가진 진실의 힘을 믿었다. 세상의 무관심 속에도 용산 현장을 찾는 이들에게서 희망을 보고 있었던 것이다.

나는 용산 남일당에서 비로소 문정현 신부를 끊임없이 움직이게 하는 힘이 무엇인지 알았다. 남일당 유족들을 진심으로 섬기는 그의 모습을 보면서 예수의 연민과 희생이 그가 끊임없이 불의에 저항하게 하는 힘이라는 것을 알았다. 전쟁터와 같은 용산에서 하루하루 견뎌 내는 것도 바로 그 힘 때문이었다.

하루 종일 경찰과 대치하고 나서 저녁마다 매일미사를 드리는 일은 쉽지 않았다. 다행히 서울 도시빈민사목위원회의 이강서 신부가 서울교구 사제 연례 피정을 용산참사 현장에서 열고 난 뒤, 피정이 끝난 5월 1일부터 아예 남일당에 머무르기로 했다. 이강서 신부는 남일당 주임신부가 되고 문정현 신부는 보좌신부가 되었다. 남일당 주변으로 활동가들도 더 모였다. 레아카페 건너편 포장마차에는 미술관이 생겼다. 예술인들은 그곳에다 주민들의 삶의 조각을 모으고 이야기를 담았다.

그러나 경찰의 감시와 폭력은 끝이 없었다. 유족들과 철거민들은 집회의 자유도, 표현의 자유도 누릴 수 없었다. 유족들은 경찰과 싸우다가 무시로 실신하고 몸져누웠다. 경찰뿐만 아니라 검찰도 사기꾼·범죄집단이나 마찬가지였다. 애초부터 공정한 재판을 기대하기 어려웠지만 수사기록마저 은닉했다는 것이 드러났다. 용산참사 희생자들의 변호인들은 검찰이 수사기록 3000쪽을 은폐한다는 것을 알고, 5월 1일·6일의 재판에서 변론을 거부했다. 5월 14일 유족들과 범대위는 성명서를 발표하고 수사기록 3000쪽을 공개하라고 요구했다. 5월 19일, MBC는 'PD수첩'에서 용산 문제를 다루며 수사기록 3000쪽을 은닉한 사실을 보도했다. 경찰과 검찰의 거짓이 속속 드러났지만 유족과 철거민들의 상황은 조금도 달라지지 않았다. 용산 남일당을 지키는 경찰들조차 유족들에게 자신들도 진실이 무엇인지 안다고 고백하며 미안해할 정도였다.

5월 16일 오체투지 순례단이 서울로 들어왔다. 문정현 신부는 그들이 서울에 들어오면서 용산 남일당에 들러주길 바랐다. 사람들의 관심에서 사라지는 용산참사를 어떻게든 기억하게 하고 싶었다. 그래서 직접 남태령까지 가서 오체투지 순례단을 맞이했다. 그러나 오체투지 순례단은 순례단대로의 일정이 있었다. 그때 일에 대해 문규현 신부는 이렇게 말했다.

"우리도 2차 오체투지 순례를 시작할 때 용산에 대해 이미 언급을 했어요. 용산을 넘어서지 않고는 평화를 이야기할 수 없고 통일을 이야기할 수 없으니까. 그런데 형님은 우리 오체투지 순례단이 용산 남일당에 들러 외장을 쳐 주기를 바랐어. 그런데 우리 순례단은 묘향산까지 간다는 목표가 있었으니 지체할 수 없는 형편이었다고.

형님은 그게 섭섭해서 '나 오늘 맘 많이 상했어.' 하시는 거야. 내가 그 마음을 뻔히 알지. 그래서 내가 '형님 나 좀 도와주쇼. 어떻게 하겠소?' 그러는데 이 양반이 눈물까지 흘리는 거야. 미치겠더라고. 그래서 이강서 신부한테 이 일을 어떻게 했으면 좋겠냐고 물었지. 그래서 결정난 게 108배를 하자는 거였어. 그 108배는 여기 용산에서 계속 함께하지 못하는 속죄행위요, 용산참사 희생자들에게 보내는 우리의 사랑 표시요, 정의의 표시요, 모심의 표시다. 그러고는 우리 순례단에게도 동의를 구했지. 108배를 하고 우리의 길을 가자, 그리고 끝까지 용산을 안고 오체투지 기도를 할 거다. 그리고 오체투지가 끝나는 날 만나자.

그런데 형님은 끝까지 화를 풀지 못했지. 그렇게 용산에서 108배를

용산, 2009

하고 우리 오체투지 순례단은 또다시 길을 떠났지만 휴전선을 못 넘었
지. 오체투지가 끝나고 사제단 대표가 곧장 남일당으로 갔어. 거기서 사
제단이 미사를 시작하게 된 거야. 6월 16일부터 사제단의 단식기도가
시작되었지."

　문정현 신부는 용산참사가 사람들의 기억 속에서 잊히는 것이 안타
까웠고, 어떤 기회를 통해서든 용산의 진실을 세상에 널리 알리고 싶었
다. 그가 오체투지 순례단에 무리한 요구를 한 것도 그 때문이었다.

　한편 5월 20일부터 재개발 조합은 용산참사가 일어났을 때 철거용역
이 물대포를 쏘던 건물에 펜스를 쳤다. 그 건물은 남일당처럼 증거보전
이 필요한 곳이었다. 그러나 용역과 경찰은 자신들이 저지른 불법행위
를 철저히 감추려는 속셈으로 철거를 하려고 작업을 시작한 것이었다.
유가족과 전철연 회원들이 이에 항의하자 경찰은 유족과 철거민들을
연행하고 폭력을 행사했다.

　언론이나 정부는 그런 폭력 행위에 대해 모르쇠로 일관했지만 다행히
천주교에서는 점점 관심이 높아졌다. 6월 4일에는 천주교 서울대교구
김운회 주교(서울 가톨릭사회복지회 대표이사)가 천주교 서울대교구청 주교
관에서 용산참사 유가족 5명과 이강서 신부를 만나 약 한 시간가량 이
야기를 나눴다. 2009년 6월 15일 사제들은 「전국사제 1178인의 결의」를
발표했다. 그 결의는 앞으로 한 달간 전국 각 성당에서 날마다 민주주의
의 회복과 생명평화를 위한 미사를 봉헌하고, 전국의 모든 신자들이 용
산참사 현장을 방문하여 말없이 죽어 가는 수많은 생명들을 추모하는
평화운동을 전개하고, 주마다 각 교구를 순회하며 우리 사회의 화해와
상생을 위한 전국사제시국기도회를 개최한다는 것이었다. 그리고 전종

훈 신부 등 예닐곱 명의 사제들이 이날부터 용산참사 현장에서 민주주의 회복과 새로운 국가공동체 건설을 호소하며 무기한으로 단식기도회에 들어갔다.

사제단의 기도가 있기 전, 5월 23일 노무현 전 대통령이 죽음을 맞았다. 안타깝고 애통했다. 그러나 문정현 신부를 더 슬프게 한 것은 김수환 추기경의 죽음 때와 마찬가지로 노무현 전 대통령의 서거로 용산의 억울한 죽음이 더 잊혀지는 것이었다. 노무현 대통령 임기 동안 효순이·미선이의 촛불, 이라크 파병, 부안 핵폐기장 선정, 평택 미군기지 확장 같은 큰 사건을 겪었고 그때마다 그는 노무현 정부와 맞서야 했다. 노무현 전 대통령을 애도하는 마음이 없었던 것은 아니지만 국민장이 열리던 5월 29일, 용산 명도소송이 강제로 집행될 때는 억장이 무너져 내렸다.

전 정권이나 현 정권 아래서 언제나 비호를 받아 온 건설자본은 그렇게 당당하게 용역과 집달관을 대동하여 철거민들과 유족을 유린했다. 그런데도 유족과 철거민들은 이를 악물고 날마다 경찰과 대치하며 남일당을 지켜야 했다. 어떻게 해서든 그 억울한 죽음의 진실을 밝혀야 했고, 자신들의 삶의 자리를 지켜야 했다. 노무현 전 대통령의 억울한 죽음과 철거민 다섯 명, 경찰관 한 명의 억울한 죽음의 크기가 다를 수는 없는 일이었다.

7월 8일부터는 용산4구역 상공철거민들이 생존권쟁취와 서울시 살인개발을 규탄하는 노숙농성을 시작했다. 장마가 시작돼 장대비가 계속 쏟아졌지만 철거민들은 스티로폼을 바닥에 깔고 습기 가득 찬 비닐 속에서 24시간 철야농성을 했다. 4구역 철거민들은 분향소를 지키며 찾아오는 사람들을 맞이하고, 집회를 열고, 하루 세 끼 식사 준비를 했다. 대부분이 여성들이었던 4구역 주민들은 유족들과 함께 남일당에서 살다시피 하면서 집안일은 거의 돌보지 못했고 아이들 양육마저도 포기해야 했다. 그들은 공동체생활을 하며 서로를 동지로 생각하며 자신들처럼 고통받는 사람들에 대한 관심을 갖기 시작했다.

한 생명을 살리기 위해서라면

문정현 신부는 7월 20일 인터넷 신문 『프레시안』의 좌담 프로그램으로 5년째 탁발순례 중인 도법 스님과 다시 만났다. 평화바람과 같은 시기에 시작한 탁발순례였지만 그는 도법 스님과 자신이 걸어 온 길이 같으면서도 다르다고 느꼈다. 도법스님은 용산 문제는 한 사회의 양심이나 인격 측면에서 다뤄져야 한다고 말했다. 용산 문제 당사자들이 서로 이해관계가 맞지 않아 해결을 못한다면 국가의 국정자문위원과 각 종교계를 대표하는 종교 지도자들이 해결해야 한다고 생각했다. 그러나 문정현 신부는 이명박 정권 주변의 자문위원이나 종교계 원로들이 용산 문제를 이해하는 건 불가능하다는 입장이었다. 그래도 도법 스님은 기자회견이라도 해서 "어른들이 어른 노릇을 해주십시오." 하고 공개적으로 호소해야 한다고 생각했다. 용산의 해결 방법에 대해서는 문정현 신부와 도법 스님이 서로 맞지 않았지만 종교에 대한 이해나 역할에 대해서는 일치했다.

"불교가 존재하는 이유는 개개인들로 하여금 삶을 잘 살아가도록 하기 위해서, 그리고 사회적으로 보면 이 사회가 좋은 사회가 되도록 만들기 위해서죠. 일상의 삶 속에서 불교의 사상과 정신이 적용되어야 그 사람의 삶이 바람직하게 만들어지지 않겠습니까? 그런데 지금 불교는 현장과 분리돼 있어요. 불교적 삶과 일반적인 삶이 분리돼 있다, 이게 문제죠. 그 결과가 용산참사를 낳게 만들었고, 그런 비극이 벌어졌는데도 수습하려는 노력이 안 나타납니다. 삶이 수행이 되고 수행이 삶이 되고, 현장이 불교적으로 돌아가고, 불교가 현장에서 함께하고……. 이런 수행론을 우리가 확립하지 못하면 불교가 이 사회에 있어야 할 이유가 없습니다. 존재의 의미를 잃어버리는 거죠. 또 불교의 미래 역시 부정적이고 절망적일 수밖에 없습니다.

개인적으로는 불교계 전체가 이런 문제에 관심을 가지고 방향을 모색했으면 좋겠습니다. 8월에 열리는 야단법석과 '움직이는 선원'이 그런 시도이지요. 그런 과정 속에서 삶이 수행이 되고 수행이 삶이 되어지는 수행방법을 찾으려 합니다. 종교는 보편적 가치입니다. 동서고금 남녀노소 빈부귀천 누구에게나 공평하게 적용될 수 있는 가치를 말로 잘 설명해 주고, 사람들이 그 법칙에 따라 잘 살아갈 수 있도록 안내하고 모범을 보여 주는 게 종교죠. 기독교, 불교, 이슬람교처럼 이름과 모양은 다르지만 가르치고자 하는 내용은 보편적입니다.

그런데 지금 한국 종교는 본질적인 내용은 못 보고, 배타적이고 공격적인 현상만 되풀이하고 있어요. 본래 취지에 대해 기본상식이 잘못돼 있거나 부족하거나 없어서 그렇습니다. 사람들이 어떤 방향으로 어떤 길을 가야 좋을지 혼란에 빠져 있다는 건 결국 종교에 책임을 물어야 하는 문제입니다. 그 현상 중 하나가 독실한 신자라고 하는 이명박 대통령이 보여 준 모습이라고 할 수 있습니다."

문정현 신부는 도법 스님 말에 깊이 공감했다. 그는 현장과 떨어진 종교는 존재 이유가 없다고 생각했다. 용산 문제에 대한 해법에는 차이가 있었지만 새만금·대추리·부안·용산·제주도·지리산에서 벌어지는 비인간적이고 반생명적인 행태들은 돈이 원인이라는 것에 생각이 일치했다. 종교도, 양심도 무릎을 꿇게 하고 인간적인 품위도 다 잃어버리게 한 돈, 자본에 대한 우리의 태도가 변하지 않으면 안 된다는 데는 서로 이견이 있을 리 없었다. 그날 문정현 신부는 도법 스님에게 말했다.

"스님은 천천히, 저 지리산 꼭대기에서 아래를 들여다보며 있고, 나는 산 아래에서 멧돼지 하나 살리려고 헤매며 돌아다니고 있다. 그런데 그게 다 서로 맞아 들어간다고 본다."

정말 그는 멧돼지 한 마리를 살리겠다고 온 산을 헤매며 돌아다니고 있는 형국이었다.

세리들과 죄인들이 모두 예수님의 말씀을 들으려고 가까이 모여들고 있었다. 그러자 바리사이들과 율법학자들이, "저 사람은 죄인들을 받아들이고 또 그들과 함께 음식을 먹는군." 하고 투덜거렸다. 예수님께서 그들에게 이 비유를 말씀하셨다. "너희 가운데 어떤 사람이 양 백 마리를 가지고 있었는데 그 가운데에서 한 마리를 잃으면, 아흔아홉 마리를 광야에 놓아둔 채 잃은 양을 찾을 때까지 뒤쫓아 가지 않느냐? 그러다가 양을 찾으면 기뻐하며 어깨에 메고 집으로 가서 친구들과 이웃들을 불러, '나와 함께 기뻐해 주십시오. 잃었던 내 양을 찾았습니다.' 하고 말한다."

루카 15, 1-6

그는 용산 남일당에 있으면서도 쌍용자동차·홈에버·기륭전자의 비
정규직 노동자들 문제에도 계속 관심을 기울였다. 7월 28일에는 쌍용
자동차 가족들이 요청해 열린 천주교정의구현전국사제단과 수원교구
공동선실현을 위한 사제모임이 집전하는 미사에 참여하였다.

8월 20일경, 오세훈 서울시장이 천주교 서울대교구장과 조계종 총무
원장과 회동을 했다는 소문이 들렸다. 서울시는 그전부터 개신교 목사
들을 통해 대안을 제시하고 유족들이 그 대안을 받아들이지 않자 윽박
지르기도 했다. 서울시가 천주교와 조계종 관계자를 만난 뒤에도 달라
지는 것은 없었다. 오히려 서울시는 사제가 나서 중재하라는 어처구니
없는 요구를 했다. 문정현 신부는 정부의 몫을 종교인에 미루는 행위에
몹시 분노했다.

그 와중에 김대중 전 대통령이 세상을 떠났다. 용산참사가 일어난 뒤
로 김수환 추기경, 노무현 전 대통령과 김대중 전 대통령이 세상을 떠난
것이다. 온 나라가 진심으로 애도했고 영결식은 화려하고 아름다웠다.
세 사람 모두 생전에 그와 인연이 있는 사람들이었다.

"그분들의 죽음에 덧붙여 어떤 이야기도 하고 싶지 않아. 그러나 세상
이 그들을 추모하고 그들의 죽음을 안타까워했다면, 가난한 사람들의
벗이었던 김수환 추기경님을 따르는 이들이나 10년간 그들의 정치를
지지했던 사람들은 용산 남일당에 와 꽃 한 송이라도 바쳐야 한다고 생
각해. 그러나 세상이 세 사람을 애도하는 동안 용산참사 희생자들은 철
저히 잊히고 말았어. 오히려 더 철저히 잊혔지. 노무현 전 대통령이나 김
대중 전 대통령의 장례 행렬이 지나갈 때 남일당 분향소 앞에서 잠깐이

라도 멈춰 주었다면 얼마나 좋을까 기대를 했어. 그런데 모두 남일당을 그냥 지나가고 말았어."

김대중 전 대통령의 영결식 이틀 뒤, 봉은사 주지 명진 스님이 1000일 기도 뒤 용산참사 현장에 와 분향을 했다. 유족과 범대위는 명진 스님의 방문에 위로를 받았다. 그러나 사건이 장기화되면서 유족과 철거민들은 점점 지쳐 갔다. 유족과 철거민, 혹은 유족들 사이에서 갈등이 싹트기 시작했다. 몇몇 사람들은 문정현 신부가 용산 남일당에 오면서 오히려 농성이 길어졌다고 원망하기도 했다. 용산참사의 진실 규명과 정부의 사과, 살인적인 재개발 정책의 재고와 철거민들의 현실적인 주거생계 대책 없이 돈으로 적당히 타협하는 방법은 있을 수 없다고 고집하는 문정현 신부의 입장에 동의하지 않는 이들도 있었다.

그런 상황에서 이명박 정부의 새 총리로 지명된 정운찬 후보자가 인사청문회에서 용산 문제를 해결하겠다고 말했다. 그리고 추석인 10월 3일 용산 남일당을 방문했다. 많은 사람들이 참사가 일어난 지 8개월이 넘도록 정부가 책임을 인정하거나 사과를 한 적이 없는 것에 비하면 진일보한 일이라고 평가했다. 정 후보자는 "다섯 분의 고귀한 생명을 앗아간 불행한 사태가 발생한 지 250여 일이 지나도록 장례조차 치르지 못한 것에 대해 자연인으로서 무한한 애통함과 공직자로서 막중한 책임감을 통감한다."고 말했다. 그리고 유족들의 요구와 호소에 경청하는 모습을 보였다. 그러나 딱 거기까지였다. 유족과 구체적인 문제를 나누기 시작하자 정 총리는 "중앙정부가 직접 나서기는 어렵고 당사자간 원만한 대화가 이뤄지도록 분위기를 조성하는 데 최선을 다하겠다."고 말했다. 이명박 정부는 그때까지 그랬던 것처럼 나서지 않겠다는 뜻이었다.

유족들은 결국 변한 것이 없음을 깨달았다.

정의구현사제단은 10월 12일 '고 이상림·양회성·한대성·이성수·윤용헌 용산참사 희생자들을 추모하고 용산참사의 올바른 해결을 촉구하는 제12차 전국사제시국기도회'를 열었다. 그리고 미사가 끝난 뒤 문규현 신부는 용산 남일당에서 단식기도에 들어갔다. 오체투지로 쇠약해진 몸이 회복되기도 전에 단식기도를 하며 날마다 경찰들과 실랑이를 해야 했던 규현 신부는 10월 22일 새벽, 심장마비로 쓰러졌다. 전날 열린 용산참사 재판에서 검찰이 망루 농성자 9명에게 중형을 선고하자 큰 충격을 받았던 것이다.

동생이 의식불명 상태로 있는 동안 문정현 신부는 자신의 심장까지 멎을 것 같은 고통 속에서 며칠을 보냈다. 자신 역시 심장 약을 먹고 있는데 동생이 먼저 쓰러지고 나니 눈앞이 캄캄했다. 유족들도 규현 신부의 심장마비가 자신들 때문인 것처럼 걱정하고 애를 태웠다. 고 윤용헌 씨의 유족인 유영숙 씨는 그때 일을 떠올리며 눈물을 글썽였다.

"어휴, 문규현 신부님 쓰러지셨을 때는 정말 눈앞이 캄캄했죠. 저는 원래 천주교 신자는 아니었어요. 그래도 매일미사를 드리는 것이 큰 힘이 되었어요. 사건이 해결은 되지 않고 경찰들과 벌이는 싸움에 온몸이 지쳐 갈 때였으니까요…….

원래 태어날 때부터 신생아망막증을 앓았던 막내는 순천향병원과 남일당을 오가며 학교에 다니느라 스트레스를 받아 망막출혈이 와서 수술을 해야 했고, 큰애는 교수가 자기 아버지를 도시의 테러범이라고 하는 바람에 마음의 상처를 입기도 했어요. 유족과 철거민들이 한마음으로 갈 때는 덜 힘들었지만 사건이 장기화되면서 서로 힘든 시간을 보내고 있었어요.

그런데 하루는 어떤 수녀님이 제게 성모송이 적힌 상본(像本)을 주고 가시더라고요. 힘들고 마음이 흔들릴 때마다 기도했어요. 하늘에 있는 애들 아빠한테도 내가 흔들리지 않고 진실을 밝힐 때까지 투쟁하게 해 달라고 기도했어요. 그런데 문규현 신부님이 쓰러지신 거예요. 신부님께서 그대로 돌아가시면 내가 그 무거운 짐을 어떻게 하나? 제발 신부님을 살려 달라고 간절히 기도했어요. 달력에다 신부님 병세를 날마다 기록하면서요. 신부님이 호흡기를 빼신 것, 처음 사람을 알아보신 날까지 다 기록했어요. 그때 기도했죠. 신부님이 일어나시면 성당에 다니겠다고.

그런 일들을 겪으면서 애 아빠가 전철연에서 같은 철거민들과 함께 싸우면서 자기보다 어려운 사람 좋아하고, 배고픈 사람들 불러다 먹이고 했던 것이 다시 생각났어요. 그래서 기도했어요. 현구 아빠, 내가 끝까지 싸우겠다. 끝까지 진실규명하고, 4구역 철거민들과도 끝까지 가겠다. 그러니 내 앞에 와 달라고. 그런데 어느 날 정말 애 아빠가 제 안으로 들어오는 것 같은 걸 느꼈어요."

유영숙 씨는 용산참사를 통해 이웃의 고통이 내 고통이 되는 경험, 내 고통을 통해 이웃의 아픔을 보는 경험을 한 것이다. 유영숙 씨는 장례식이 끝나고 서대문 집으로 돌아온 뒤, 자신처럼 삶의 자리에서 쫓겨나는 이들에게로 가서 연대투쟁을 하고, 명동성당에서 기도를 드리는 문정현 신부를 꼬박꼬박 찾았다. 그는 문정현 신부가 사순절 동안 십자가의 길 기도를 바치는 동안 십자가를 짊어진 예수의 고통을 온몸과 마음으로 느꼈다. 예수가 멘 십자가는 바로 자신의 남편과 동지들이 메고 간 십자가였고, 자신의 십자가였다. 그는 남편의 억울한 죽음과 용산 남일당에서의 1년을 통해 문정현 신부가 가는 길에 함께 발을 디뎠다.

문규현 신부는 40일간의 투병 끝에 기적처럼 몸을 회복했지만 쓰러지면서 다친 척추와 심장은 완치가 힘들다는 진단을 받았다. 그런데도 규현 신부는 12월 1일 퇴원하자마자 용산참사 현장을 찾았다. 용산 남일당 유족·철거민들과 점심밥을 나눠 먹은 뒤 규현 신부는 사목지인 전주 평화동성당으로 떠났다. 그렇게 문정현·규현 신부의 길 위의 삶이 이어졌다.

기다리고 설득하는 길

문정현 신부와 오랫동안 함께했던 이들은 그가 대추리를 거쳐 용산 남일당에 이르러서 활동방식이 변했다고 느꼈다. 여전히 불의를 보면 물불 가리지 않고 뛰어들고, 약자들이 고통받는 현장이라고 생각하면 앞뒤 가리지 않고 달려가는 것은 마찬가지였지만 막상 현장에 서면 자신의 뜻을 관철하기 위해 앞장서 나가기보다는 후배들이나 당사자들이 앞장서도록 한 발 물러서는 모습이 보였다. 물론 그럴 때마다 그 자신은 성이 안 차 속상해했다.

겨울로 접어들면서 용산 남일당의 분위기는 더 침체되었다. 문정현 신부는 미사 때마다 여전히 평화를 외치고 있었지만 얼굴에 서린 근심을 감출 수가 없었다.

"와, 그때 참말 힘들었지. 왜냐면, 나는 용산참사의 본질과 그 싸움의 원리가 눈에 분명히 보였어. 재개발 사업의 일방적인 추진, 그것 때문에 억울한 세입자가 생겼고, 경찰의 강제진압으로 인해 발생한 사망자와 유족이 있고, 재판은 공정하게 진행되지 않고, 더욱이 사라진 검찰 기록 3000쪽이 있었잖아. 나는 재판 중에 변호인들이 변호를 포기하고 법정에서 뛰쳐나갔을 때 그들이 옳다고 생각했어. 용산참사의 본질을 파헤치고 진실을 규명하려면 3000쪽 없는 재판은 공정한 재판이 될 수 없잖아. 나는 그게 옳았다고 생각해.

어쨌든 생각들이 다르니까 새로운 변호인단이 구성돼서 재판을 했지만 결국 엄청나게 가혹한 재판 결과가 나왔지. 그러면서 유족들이 의기소침해지고……. 어쨌든 나는 그 뒤로 재판에 안 갔어. 그렇지만 재판을 거부해야 한다는 내 입장을 유족들에게 강요할 수는 없었지. 가족들이 재판을 원하는 상태에서 내 마음대로 주장할 수는 없었으니까. 이것도 지켜만 본 거지. 마음은 아팠고.

지금도 나는 전 변호인단과 현 변호인단이 같이 재판에 임해야 된다고 보거든. 어쨌든 추석을 지나면서 서울시와 정운찬 총리 쪽에서 협상안을 제시하기 시작했지만 사제단은 비교적 근본적인 입장에서 생각했지. 그렇지만 유족들은 운동권이 아니잖아. 그분들한테 운동권식 행동을 요구하는 데 주춤하게 되었지. 그러면서도 이 싸움이 근본적인 것을 벗어나는 게 안타깝고 마음이 아팠어. 그런데도 내가 참은 걸 보면 즉석에서 바른 말을 하고 치고 나가던 성격은 참 무디어진 거 같아. 그게 좋은 건지 나쁜 건지 모르겠지만…….

유보 없이 앞장서고 싸우던 게 기다리고 설득하는 걸로 바뀐 것 같아. 그렇지만 내 개인적으로는 조금도 물러설 수 없다, 최후의 일각까지 한 사람이 남더라도 버텨야 한다는 입장이었지. 우리가 협상을 요구할 이

유가 없다. 이제 이 학살이 해를 넘어가게 된다. 또 한 주기가 돌아온다. 1년이 돌아온다. 설이 끼어 있다. 빼앗길 대로 빼앗긴 우리에게 아쉬울 건 없다. 아쉬운 게 있는 쪽은 권력이다. 그게 분명했지만 내 생각을 강요할 수는 없지. 절대로 그럴 수 없는 것이지. 격려를 할 수는 있지만 이래야 한다, 나를 따라야 한다, 그렇게 말할 수 없지.

유족들, 4구역 사람들, 전철연 사람들이 가여웠어. 측은지심. 그래서 협상이란 말이 나오기 시작하고 사람들이 술렁거리는 상황을 보며 처절한 마음이 들었는데도 침묵으로 일관할 수밖에 없었어. 그러는 와중에 전철연과 4구역 세입자의 갈등, 4구역 세입자끼리의 갈등, 유족과 세입자의 갈등이 커지면서 1년 가까이 함께 해먹던 밥도 한자리에 앉아 먹지 못할 지경까지 갔어. 그래서 나도 그 자리에 있지 못해 주위만 빙빙 돌아야 할 때도 있었어.

그렇다고 현장을 떠날 생각이 있었던 건 아닌데……. 내 앞에서 말을 조심하는 것이 눈에 보이는 거야. 결국 협상이 되고 우리가 남일당을 떠나야 할 게 결정되던 날, 그날은 내게 없어. 내내 술을 마시고 쓰러졌으니까. 협상이란 게 사실은 정부와 검찰, 건설재벌에 빗장을 열어 준 거지. 그렇게 될 줄 뻔히 알았으니 더 애통해."

그는 전철연이 서둘러 망루를 지을 수밖에 없었던 까닭을 이해하면서도 안타까워했다. 망루를 짓기 전 같은 배를 탄 철거민들과 충분한 협의를 거쳤어야만 했다. 때때로 전철연의 행동에 문제를 느꼈지만 그렇게 하지 않으면 거대한 건설재벌과 공권력에 맞서오지 못했을 거라는 생각에 측은한 마음을 접을 수 없었다. 그는 또 순천향병원 영안실과 남일당을 오가며 사느라 지쳤던 유족들의 고통스러움도 충분히 이해했다.

사전구속영장이 발부되고 수배 상태에 있던 남경남 전철연 대표나 인권운동가 박래군의 처지도 충분히 이해가 되었다. 날마다 경찰과 싸워야 했던 그 시간을 다시 되풀이하고 싶지 않았을 4구역 어머니들도 마찬가지였다. 그러면서도 그대로 접으면 용산참사에 대한 진상규명뿐 아니라 제대로 된 생계대책도 이루어지지 않을 거라는 걸 알기에 가슴이 미어졌다.

그는 어디에 있든 단지 자신이 억압받는 자, 빼앗긴 자의 편에 서 있는 것으로 만족하는 것이 아니라 문제해결을 위해 온몸과 마음을 다 쏟았다. 대추리에서 쫓겨 나온 지 2년. 용산에서도 다시 그 아픔을 겪어야 한다는 것은 용납이 되지 않았다. 그는 다섯 명의 억울한 죽음과 무고한 경찰의 죽음까지 명예회복을 이루고, 철거민들의 삶의 자리를 지켜 내고 싶었다. 그러려면 끝까지 싸워야 했다. 그러나 여러 통로를 통해 금전적인 회유가 들어왔다. 원칙을 강조하는 문정현 신부의 입장은 유족들에게조차 제대로 받아들여지지 않았다.

어쩌면 그가 아니었다면 용산 남일당 참사는 몇 달 만에 타결을 보았거나 흐지부지 잊히고 말았을지 모른다. 물론 문정현 신부보다 앞서서 용산 남일당을 찾은 이들이 있었다. 광화문에서 촛불을 들었던 이름 없는 시민들과 인권운동가들, 대추리를 찾았던 예술가들이었다. 초기에는 언론들도 용산참사 쟁점에 대해 문제제기를 했다. 그러나 용산은 점점 잊고 있었다. 그가 용산에 주저앉아 매일미사를 드리지 않았다면 정의구현사제단을 비롯한 수많은 신부들이 찾아오는 일도, 그만큼의 사회적 이슈를 만들어 내는 일도 없었을지 모른다. 그가 거기 없었다면 유족이나 4구역 철거민들이 그 힘든 시간을 보내지 않았어도 될지 모른다. 그러나 그랬다면 많은 이들에게 용산은 더 철저하게 잊히고 말았을 것이다.

점점 겨울이 다가올수록 유족들 사이에서, 혹은 유족과 4구역 철거민들 사이에서 갈등이 깊어졌다. 저마다 사연이 있고, 저마다 할 말이 있었을 터였지만 문정현 신부는 그 갈등에 휘말려들고 싶지 않았다. 유족과 4구역 철거민들은 신부들을 통해 위로받고 사제들이 편을 들어 주기를 바랐지만 그런 것은 문정현 신부의 방법이 아니었다. 그가 바라는 것은 갈등을 끌어안고 끝까지 가서 진실을 밝혀내는 것이었지만 그 길은 점점 멀어지고 있었다.

용산 남일당에 다시 겨울이 찾아왔다. 매일미사를 드릴 때마다 난로를 켜고 비닐을 쳐 추위를 막았지만 남일당을 찾는 이들의 발길이 점점 줄어들었다. 눈이라도 온 날은 바닥이 꽁꽁 얼어 미사 내내 발을 동동 굴러야 했다. 우리 공부방 식구들은 겨울이 온 뒤에도 아이들에게 양말을 두 겹 세 겹 신기고 목도리도 몇 겹을 두른 채 용산 남일당을 찾았다. 성탄절을 앞두고는 성탄카드와 선물을 들고 용산을 찾았다. 그런데 용산에 갈 때마다 점점 지쳐 가는 유족과 4구역 철거민들이 보였다.

세밑이 다가오고 있었다. 각 종교계의 대표들에 의해 협상이 이루어졌다. 그러나 그 자리에 문정현 신부나 이강서 신부는 없었다. 유족들 중에는 그래도 끝까지 싸우겠다는 이도 있었다. 장례식이 끝나고 나면 진실이 묻힐 거라는 두려움 때문이었다. 그러나 다 함께 갈 수 없다면 의미 없는 일이었다.

"협상안이 오고갈 때 착잡했지만 나는 진실은 언젠가 드러난다고 믿어. 과거의 많은 사례들을 보면 국가권력 앞에 유죄였던 것이 무죄로 되는 것이 여럿 있잖아. 아무 죄가 없는 사람이 국가폭력에 의해서 죄인으로 둔갑했다가 나중에 결국 무죄로 드러나는 사례가 많지. 인혁당 사건도 그렇고. 용산참사 당시의 진압 경찰 중에도 남일당을 보며 눈물로 지난날을 회고하고 참회하는 사람이 있었다고. 기동타격대로 공격을 하다가 희생된 경찰관 아버지도 아들의 죽음에 대해서 시위대에게 탓을 돌리지 않았잖아.

많은 사람들이 현장을 보았고, 그 현장을 지키던 사람들도 똑똑히 본 진실이 있어. 법관이 어떤 형을 내리더라도 용산참사의 진실은 언젠가는 드러나. 진실을 말하지 않을 때, 말해야 함에도 말하지 않을 때, 길에 박힌 돌이라도 튀어서 말한다는 이사야 예언서의 말도 있잖아.

유신도 봐. 결국 제 오른팔한테 죽어서 권력이 무너졌잖아. 어떤 방법으로든지 때가 오면 무너지기 마련이야. 나는 이 정권이 이런 식으로 나간다면 멀지 않다고 봐. 이렇게 막무가내로 가다 보면……. 그렇다고 용산참사를 비롯해서 공권력에 의해 벌어지는 온갖 짓들이 그냥 뒷짐 지고 기다린다고 해결되는 건 아니지. 산 사람들은 진실을 위해 해야 할 일을 다해야지."

협상안이 타결되는 과정도 원만하지는 않았다. 그러나 장례식을 치르지 않을 수는 없었다.

용산을 떠날 때가 되자 문정현 신부는 1년 가까이 함께했던 이들과 헤어져야 한다는 슬픔에 힘이 들었다. 사실, 용산에서의 하루하루가 몹시 힘겨운 시간이었다. 그러나 용산을 찾아오는 선한 사마리아인들, 동료 사제들, 레아카페의 예술가들과 함께했던 시간들은 한없이 소중했다.

용산 남일당에 오가던 젊은 사제들과 새로운 관계가 싹텄고, 새로운 동지관계도 생겼다. 용산은 길 위의 신부 문정현에게 새로운 여정이었다.

"사람을 보면 그렇게 희망적이지 않아. 그런 건 유신 때도 느꼈어. 자기 일이 아니면 무심하고, 명명백백 아닌 일에도 아니라고 말하지 못하는 사람도 많지. 그렇지만 촛불집회를 보면 또 놀라게 돼. 나도 놀라고 모두 놀랄 만큼 힘이 나오는데, 그 힘이 어디서 나오는 것일까? 누구라도 제물을 바쳐서 희생이 되면, 그 씨앗이 땅에 떨어져서 새싹을 낼 수 있는 것이구나 생각해. 혹은 다 죽어 가는 사회고, 다 썩어 빠진 사회라 할지언정 새싹이 돋아나는 경우도 있구나 하고 새싹, 새 생명이 나오기를 기대하는 거지. 대추리 때도, 용산 때도 빼앗긴 이들과 함께하기 위해 찾아오는 사람들이 있었잖아. 그 힘을 믿는 거지."

2010년 1월 10일, 참사가 일어난 지 355일 만에 장례식이 열렸다. 비로소 냉동고에서 나와 자유롭게 하늘로 올라가는 영혼을 위로하는 것인지, 아니면 진실을 끝내 밝히지 못한 것을 억울해하는 것인지 계속 눈이 내렸다.

장례식이 끝나고 1주기 문화제가 열린 뒤, 유족과 철거민들은 흩어졌다. 다시 생계를 위해 일을 해야 했고, 누군가는 자신과 같은 처지의 사람들과 연대를 다짐했다. 또 다른 이들은 작은 용산이라 하는 '두리반'이나 또 다른 철거현장으로, 제주도 강정마을로 혹은 해고노동자 투쟁의 현장으로 갔다.

2010년 11월 11일 대법원은 용산참사건 철거민들의 상고를 기각했다. 특수공무집행방해치사상 등의 명목으로 7명의 철거민들이 징역 3~4

년을 확정받았다. 대법원은 경찰의 진압작전이 정당한 공권력행사라는 제1심 및 항소심 판결을 그대로 인정했다. 화재의 원인도 철거민들이 망루 내부에서 던진 화염병 때문이라는 원심 판결을 확정했다.

철거민들의 마지막 선택이었던 망루 농성을 하루 만에 강제로 막으려 했던 경찰의 진압이 적법하다는 인증을 받았고 망루 농성을 한 철거민들은 범죄자가 되었다. 조중동 신문을 비롯한 기득권 세력들은 대법원 판결이 법치정신을 되살려 주었다며 환영했다. 경찰은 망루 안에 인화물질이 있다는 걸 알고 있었으면서도 농성을 하는 철거민들이 화염병을 치우도록 유도하는 사전적 조치를 전혀 취하지 않은 채로 강제진압을 시도했다. 시민의 생명이나 안전을 고려하지 않은 경찰의 진압을 적법했다고 하는 것은 국가폭력을 정당화하는 일이다. 사법부마저 정권으로부터 독립해 있지 않은 현실이 그대로 드러나는 순간이었다.

그는 용산에서의 300여 일이 그렇게 끝난 것이 못내 안타까웠다. 그러나 대추리에서 그랬듯이 주민들의 선택을 받아들였다. 그 선택을 받아들이는 과정에서 1년 가까이 함께했던 이들과 생각이 달라 섭섭하고 화도 났지만 자신이 바꿀 수 없는 것은 그대로 인정하고 받아들였다.

"박래군은 대추리에서 만난 동지지. 오랫동안 인권운동사랑방을 해온 사람이고. 인권운동가로서 대추리에 투신해서 엄청난 탄압을 받고 징역살이도 하고 벌금도 물고. 확실한 동지였지. 박래군은 용산참사 범국민대책위의 집행위로 몸담고 있다가 수배를 당하고 영장까지 발부된 상황에서 근 1년 동안 순천향병원 영안실에 갇혀 지내야 했어.

나중에 명동성당 영안실로 자리를 옮긴 뒤에 협상을 이끌고 자진출두해 감옥에 가게 되었지. 나도 같이 감옥에 있어야 하는데 혼자 여기

와 있는 게 많이 괴로워. 물론 용산 범대위 집행위원장으로서의 처신은 내 생각과 달랐지. 하지만 확실한 동지임에는 틀림없어. 그리고 그의 선택에 참견하고자 하는 마음도 없었어. 유족이나 4구역 사람들, 범대위, 전철연의 입장들이 거미줄처럼 엉켜 있었고, 자신은 수배 상태에 있었으니 내 마음에 동의가 안 되더라도 그것을 제지하고픈 마음은 없었어. 그래도 용산에 대한 결정이 내려진 뒤, 마음에 안 들어 몹시 괴로웠지. 그래서 내가 있는 자리를 떠나서 철거현장을 걸어 보기도 하고, 안타까운 마음에 눈물도 흘리고……. 그런 게 한두 번이 아니야. 그런 마음을 행동으로 보이는 것은 자제를 했어. 그러나 용납은 안 됐지.

하지만 내가 그 거미줄 같은 상황을 다 꿰뚫을 수 없고 인간의 한계도 있는 것이기 때문에 동의는 못하나 저지도 못하는 그런 입장이었지. 남경남 의장도 전철연을 이끄는 대표로서의 여러 가지 상황이 있는 것이니 이해하려 애썼지. 나는 한 사람의 행동에 아쉬운 점이 있더라도 그 사람이 옳은 길을 가는 과정에서 생기는 이견은 받아들이는 편이야. 섣불리 믿음을 거두지 않아."

그렇게 큰 아쉬움을 안고 용산을 떠나 문정현 신부는 다시 군산 옥봉리로 돌아왔다.

다시 길 위에 선 그가 할 수 있는 일은 그들과 함께 내내 목 놓아 우는 일이
전부일지도 모른다. 그러나 그는 길을 떠날 것이다. 지금 이 순간, 고통받고 억압받는
이들 곁에 함께하는 것, 그것이 사제인 그가 해야 할 몫이기 때문이다. 그 길이 바로
그의 벗인 예수가 가는 길이기 때문이다.

7부
다시 길 위에 서서

1

옥봉리로 돌아오다

대추리 때만큼은 아니지만 남일당을 나온 뒤 그는 또다시 공황 상태
에 빠졌다. 그는 대추리에서 나와 잠시 관심을 가졌던 서각을 제대로 배
우기 위해 지리산 산내로 갔다. 4박 5일 동안 아침 7시부터 저녁까지 쉬
지 않고 서각을 배웠다. 그때만큼은 오로지 서각에만 전념해 잡념을 떨
쳐 낼 수 있었기 때문이다. 군산에 돌아와서는 성서 구절을 서각으로
파면서 마음을 정리하려 애썼다. 처음 서각을 한 구절은 신동엽 시인의
시구인 "껍데기는 가라"였다.

"4대강 걷기를 할 때였어. 충북 어디였는데 금강 상류에 그분이 쓴 시
가 비에 새겨져 있더라고. 거기에 쓰여 있던 '껍데기는 가라'라는 구절
이 심금을 울렸어.

사회운동을 하면서도 껍데기들을 참 많이 봤거든. 겉으로는 밑바닥
에서 고통받는 사람들과 함께한다고 하면서 내적으로는 정치적인 야욕,

312

세력화에 힘을 쏟는 이들을 많이 봤지. 진짜 알맹이는 어려운 사람, 고통받는 사람들과 함께하는 건데 겉으로만 그렇고 속은 정치적 야욕으로 가득 차 있는 것은 껍데기다, 하는 뜻으로 받아들여지더라고.

내가 서각을 잘하게 되면 '껍데기는 가라'는 시구를 다시 잘 써서 파보고 싶어. 단 여섯 글자지만 내게 주는 메시지가 무척 컸어."

그렇다고 하루 종일 서각을 할 수는 없는 노릇이었다. 하지만 서각을 놓으면 온갖 잡념들이 그를 괴롭혔다. 제대로 해결되지 않은 용산 문제, 4대강을 비롯한 사회적 현안에 대한 걱정이 뇌리를 떠나지 않았다. 용산참사가 일어나기 전 그는 경부대운하 반대에 앞장설 생각이었다. 국민들의 반대여론에 밀려 4대강 사업으로 바뀐 뒤에도 문정현 신부는 변함없이 반대했다.

2004년과 2005년에 평화유랑을 다니며 이 땅의 강과 산, 생명이 어떻게 파헤쳐지고 망가지는지 눈으로 확인하면서 그는 환경 문제에 더 깊은 관심을 갖게 되었다. 경부대운하든 4대강 사업이든 돌이킬 수 없는 재앙을 가져올 것이 뻔했다. 용산 남일당에서 나온 뒤, 그는 늘 마음속에 두고 있던 4대강 사업을 저지하는 데 무슨 일이든 하고 싶었다. 그러나 마음뿐이었다. 그가 4대강 반대운동이 어떻게 되는지 궁금해하면 함께 사는 평화바람 식구들이나 후배 사제들은 그의 건강을 걱정하며 쉬라고 했다. 그때마다 섭섭한 마음을 감출 수 없었다.

"사지가 움직이는 한은 생각대로 가야 하지 않아? 근데 내 생각대로 가지 않고 참고 있으려니 오히려 더 힘든 거지. 내 마음은 저기 가 있는데 몸은 여기 와 있으니…… 몸을 못 움직이면 영 불가능하지만 아직은 사지가 움직이니까 마음도 더 가지. 쉬라는 게 사실 나를 더 힘들게 할 수 있다고. 몸과 마음이 따로 노는 걸 견디기가 힘들지.

4대강이 궁금해서 후배 신부들한테 전화를 하면 '신부님, 뭐가 그렇게 궁금하세요? 우리 젊은 사람들이 어렵지만 열심히 하고 있어요.' 하는데, 괜히 울컥해. 한편으로는 미안하고, 또 한편으로는 양수리를 비롯해 4대강 사업이 벌어지는 곳을 직접 보고 싶고 그래. 이러다가 누워 버리면 어쩔 수 없는 거고."

그는 꽤 유명한 사람이다. 길 위의 신부란 명칭이 말해 주듯 그는 옳지 못한 일이 벌어지는 현장, 힘없는 이들이 부당하게 억압당하고 고통받는 현장을 외면하지 않았다. 불의를 참지 못하고 몸을 사리지 않는 성격 때문에 깡패 신부라는 오명을 얻을 만큼 정부나 기득권을 가진 이들에게서 늘 견제를 받았다. 2000년대 이후로는 언론의 주목도 많이 받았다. KBS·MBC 같은 공영방송에서도 그의 다큐멘터리를 방영했고, 2001년에는 『오마이뉴스』가 선정한 '올해의 인물'이 되었다. 2002년에는 전국 시민활동가가 뽑은 '2002년 최고의 시민운동가'에 뽑혔고 한겨레 통일문화상, 4월혁명상도 받았다. 시사잡지의 표지모델이 된 적도 여러 번이다.

그는 어떤 일이든 마음이 가는 자리에 항상 몸도 가 있는 사람이다. 그와 같은 뜻을 가진 동료 사제나 활동가들 중에는 늘 유보 없이 싸움으로 뛰어드는 그의 존재를 부담스러워하는 이도 있다. 어떤 이들은 그가 명망가로 살기를 원한다고 생각했을 것이고, 오지랖이 넓어 간섭 안 하는 일이 없다고 입을 비쭉거렸을 수도 있다. 그러나 그는 그런 시선을 마음에 두지 않고 자신의 뜻대로 움직여 왔다. 그런데 이제 자신의 육체적 한계를 직면해야 할 때에 와 있었다. 그는 용산에 있는 동안 더 심해진 어깨와 관절 통증으로 고생했다. 그를 가장 괴롭히는 것은 아픈 몸이 아니라 노쇠한 몸 때문에 활동의 제약을 받는 것이다. 그는 여전히 아코디언 연주를 멋지게 하고 싶고, 4대강 현장에도 가고 싶다.

"나는 명망가가 됐든 유명세를 무는 사람이 됐든 간에 안주할 수는 없어. 생각을 갖고 있고 알맹이를 가지고 있는 한, 내가 할 수 있는 뭐든 하고 싶은 거야. 내가 이름을 팔아먹기 위해 운동을 하고 현장으로 달려간다면 나는 껍데기일 수밖에 없지.

내가 4대강에 관심을 갖고 가 보고 싶어 하는 건, 4대강 사업은 지금 당장 막아야 하는 일이라는 생각 때문이야. 그렇다고 남이 하는 일을 가로채고 남보다 앞서서 나가거나 하고 싶지 않아. 사제단 일이 됐든 어느 교구의 일이 됐든 그걸 넘어서지 않으려고 하는 게 내 마음이야. 유명세 같은 것 때문에 그걸 유지하려고 한다면 그런 나는 껍데기일 뿐이겠지. 그저 내 마음이 거기에 있으니 몸을 대고 싶은 것뿐이야. 솔직히 내 눈에는 4대강 반대투쟁도 뭔가 미흡해 보이고, 제주 해군기지 문제, 교회의 문제에도 신경이 쓰여."

그러나 그가 할 수 있는 것은 기도뿐이었다. 자신의 뜻대로 움직일 수 없는 하루하루가 쌓일수록 무료함과 우울증도 커졌다. 그러면서도 한편으로는 나이 많은 사제와 함께 사는 평화바람 세 사람에게 불편을 주지는 않을까 조심스러웠다. 그는 자신의 역할이 함께 사는 세 젊은이들의 일을 뒷받침해 주는 것이라고 생각했다. 그래서 경제적인 면이나 살고 있는 집을 가꾸는 일에 신경이 많이 쓰였다. 특히 군산 집을 방문하는 이들을 환대하고 좀 더 편하게 머물다 가게 하고 싶은 마음에서 집을 계속 고치고 싶었다. 그러나 그것도 생각뿐이었다. 일일이 다른 사람의 손을 빌려야 하는 일인데다 경제적으로도 무리였다. 서각을 본격적으로 해볼 요량으로 작업실을 꾸미는 것도 성에 차지 않았다.

오랫동안 사제로 살아온 그는 꼼꼼하고 단정한 삶에 익숙해 있었다. 그러나 함께 사는 젊은이들은 자유분방했다. 마음속으로는 젊은이들의 삶을 이해하자 해도 불뚝불뚝 성이 나는 건 어쩔 수 없었다. 그가 힘든 하루하루를 보내는 것과 달리 다른 평화바람 식구들은 군산 미군기지 문제로, 용산 남일당의 1년을 영화로 만드느라 각자 분주했다.

무력감의 나날들

평화바람 식구들도 그가 뭔가에 노여워하거나 힘들어하고 있다는 걸 느끼고는 있었다. 그러나 서로 마주 앉아 이야기할 엄두를 내지 못한 채 며칠을 보내는 중이었다. 그러던 어느 날 나는 문정현 신부로부터 메일을 한 통을 받았다. 잠시 집을 나갔다 왔다는 것이다. 말하자면 가출이다.

"용산 후유증이라고 할까? 하루하루 보내는 것이 무미건조한 거 같고 그래서 방에 앉아서 성서 잡지나 『참사람되어』에 있는 글을 읽으며 보냈지. 내가 일을, 육체노동을 할 수 있으면 딱 좋겠는데, 허리가 아프고 어깨도 아프고 하니까 육체노동이 힘이 들어. 그러다 호수를 보면 마음에 따라서 호수 모양이 달라지고……. 혼자서 못 견디겠더라고.

그날따라 집에 구중서밖에 없었는데 한나절 무료하게 지내고 나서 오후 3시쯤, 에이, 집에서 나가 봐야 되겠다, 어디 가서 바람을 쐬거나 하루라도 자고 와야지, 나가야지 생각을 했지. 집을 나가면서 대추리 때 평택역에서 한 달 동안 천막농성하면서 노숙자랑 생활하던 게 생각나더라고. 그래서 터미널 가면 노숙자들이라도 있을까? 노숙자한테 말 걸고 술이나 한잔 마시고 들어와야겠다 하고 터미널에 갔는데 그런 사람들이 전혀 없어.

그래, 버스 시간표를 봤지. 그런데 대중교통을 잘 이용 안 하니까 시간표도 잘 못 읽겠더라고. 한참 시간표를 쳐다보며 연구를 하니까 고창을 가는 게 젤 낫겠더라고. 시간을 보니까 30분이나 남았어. 터미널 주변을 서성였지만 나를 알아보는 사람이 없고, 말을 걸어 얘기할 사람도 없어.

시간이 돼서 고창 가는 버스를 탔는데 아주 빨리 가더라고. 김제로 쭉 뚫린 길로 가니 1시간 만에 갔어. 가면서 이런저런 생각을 많이 했지. 고창에 도착해서 내리니까 깜깜해. 저녁 8시가 다 돼 가는데 뭐 어디 가서 술 마시기도 그렇고, 혼자 자기도 그렇고, 마음이 변해서 다시 버스표를 끊었어. 8시 표를 끊어서 버스에 올라타면서 '이거 군산 가죠?' 하니까 기사가 '어? 조금 전에 내렸잖아요.' 그러더라고. 그래도 기사가 더 묻지는 않데.

그런데 버스가 군산으로 갈 때는 올 때와 달리 온갖 데를 다 다녀. 줄포, 격포, 부안, 김제, 만경……. 이렇게 돌아서 오니 갈 때보다 훨씬 시간이 많이 걸려서 군산터미널에 도착했어. 내려 보니까 9시가 넘어서 10시가 다 돼 가더라고. 택시 타려고 길을 건너고 보니까 김밥집이 있어서 잔치국수 한 그릇 사 먹었지. 그때 문득 드라마 「이산」 생각이 나더라고. 나야 뭐 「이산」이 몇 시에 하는지도 모르고 어쩌다 텔레비전에 나오면 보고 그랬는데, 문득 10시 넘으면 「이산」을 한다는 생각이 들었어. 그래서 부지런히 국수를 먹고 택시를 타고 왔어."

그는 집에 돌아온 뒤에도 마음을 풀지 못했다. 함께 사는 이들한테 섭섭했기 때문이 아니라 외로움과 한계를 마주한 뒤 오는 무력감 때문이었을 것이다.

그가 돌아온 뒤에도 서로 눈치만 보다가 며칠이 지나 평화바람 식구들이 자리를 마련했다. 그리고 문정현 신부 가출 사건에 대해 이야기를 나눴다. 이미 지난 이야기라고 피하고 싶어 하는 그에게 식구들은 그간의 일을 물었다. 평화바람 식구들은 그가 집을 나서게 된 까닭이 자신들이 제대로 대접하지 못해 섭섭했던 것 때문은 아닌지 걱정했다. 그 말에 그는 고개를 저었다.

"그런 건 이유가 아니야. 얘기가 나왔으니 말인데 나야말로 1966년 12월 16일 서품 이후 황태자로 살았지. 그것이 그립거나 그렇게 살지 못해 마음이 상한다거나 그런 건 아니야.

사제관에 있으면 언제나 세 끼 밥, 청소, 빨래까지 내 손 하나 까딱하지 않아도 다 해결이 됐지. 그러면서도 나를 도와주는 이들의 수고를 생각해 주지도 않았어. 사제생활을 하는 동안 의식주는 호화롭게, 과하게 살았지. 아, 그런데 이 사실이 나한테는 그리움이 아니라 내가 꼭 그렇게 살았어야 하는가 하는 아쉬움, 아니 더 나아가 나 자신에 대한 책망으로 이어진다고. 의식주 문제만큼은 은퇴 뒤에라도 자기가 해결한다는 게 내 철칙이었는데 긴 세월을 그렇게 누리기만 하며 살았지. 그게 습관이 되었다고. 이제라도 내가 밥 해먹고, 내가 빨래하고, 내가 내 방 청소하는 것이 마땅한데 그것도 잘 안 돼. 육체노동도 해야 한다고 내 스스로 말하면서 이제는 나이가 들어서 허리, 무릎, 어깨가 성치 않으니 그것도 못하고 아쉬움밖에 안 남지. 참 한심스러워.

이제나마 평화바람 활동가들하고 사는데 그들한테 추호도 그전에 나를 수발하던 사람들이 해주던 걸 기대하지 않지. 그들이 자기 일에 충실하기 바랄 뿐이고. 물론 그렇게 편안한 삶을 누린 것에 비하면 불편하긴 하지. 그동안 살아온 배경으로부터 완전히 자유로울 수도 없고. 그렇지만 그것은 내가 극복해야 할 과제라고 생각해. 그동안 과분하게 살아온 삶에 대해 뉘우치고 새로운 길을 가는 거지. 지금 다른 선배 동료 은퇴 신부들은 어떻게 사는지 모르지만 나는 은퇴 후에 내 삶의 형태에 대해서 만족하고, 선택 잘 했다, 여생을 잘 선택했다고 생각해."

그러나 그는 여전히 필기구를 여기저기 흘리고 다니는 식구들한테 화가 났고, 벗은 양말이며 옷가지들이 뒹구는 방을 견디지 못했다. 새벽 일찍 일어나 젊은이들이 깨지 않도록 밥을 갈거나 싱크대 정리를 했는데도 알아주지 않으면 섭섭했다. 그래서 그는 여전히 불뚝불뚝 성을 내고 마땅치 않은 얼굴로 집안을 살피고 다녔다. 그렇지만 그는 무슨 일이든 함께 사는 이들의 의견을 묻고 합의된 대로 따르려고 애썼다.

평화바람 식구 중 가장 막내인 딸기는 20대 후반이다. 가톨릭 신자가 아닌데도 칠십 노사제와 별 탈 없이 잘 지낸다. 그러나 가끔은 문정현 신부를 이해하기 힘들고 때로는 티격태격 말다툼도 한다.

"갈등이 없을 수가 없죠, 음식 문제부터. 이 집을 고칠 때도 내가 보기엔 그냥 수리 정도로 끝내면 좋겠다 싶었지만 신부님은 완전히 리모델링을 하셨잖아요. 사는 사람이나 이 집을 방문하는 사람들이 편리하게 살아야 한다고 생각하셨죠. 제 눈에는 너무 부르주아적으로 보이기도

했어요.

 그렇지만 신부님은 사회적 명성이나 지위에 비해 권위적이지 않으셨어요. 내가 신부님을 만나서 가장 인상 깊었던 게 손녀뻘 되는 내게 존대를 하신 거였거든요. 우리 신부님 좋은 점은 우리가 뭔가 지적하면 그 당시에는 화를 내도 다음에 다시 되풀이하지 않는다는 거예요. 예를 들면 우리가 신부님 서각글씨가 삐뚤빼뚤하다고 뭐라 하면 삐치시죠. 그러나 다음 날 새벽부터 당장 붓글씨를 연습하셔요. 집에서 담배 피우시는 걸 가지고 뭐라 한 뒤에는 절대 거실이나 식당에서 피우시지 않잖아요. 당장 신부님 방에 환풍기를 달고 거기서 피우시죠. 이제까지 당신이 살아온 삶을 한꺼번에 바꾸실 수는 없겠지만 우리가 지적하는 부분을 받아들이고 바꾸시려는 모습을 보면 놀라워요. 사제가 아니라 평범한 가정의 가장도 그렇게 하기 힘들잖아요."

 군산에서 그는 아무 일도 없이 무료한 삶을 사는 것처럼 보였지만 문정현 신부는 일흔의 나이로는 아무도 도전하지 않을 공동체생활을 잘해 나가고 있었다. 그러면서 4대강 반대 미사에 참여하러 서울을 오갔다. 그러다 끝내 명동성당에서 기도를 시작한 것이다.

군산, 2008

2
대나무처럼 꼿꼿하게, 때로는 꽃처럼 부드럽게

2010년 11월 4일부터 6일까지 '문정현 콘서트'가 열렸다. 제목은 '길 위의 신부 문정현의 칠순잔치'였지만 실상은 인권재단 '사람'의 박래군이 추진하는 인권센터 건립기금을 마련하기 위한 자리였다. 인권재단 '사람' 쪽에서 그의 칠순을 핑계로 콘서트를 하겠다고 했을 때 그는 서각기도 중이었지만 자신을 마음대로 쓰라고 내놓았다. 포스터를 만든다고 꽃관을 쓰라면 쓰고 사진도 찍었다. 그러나 공연을 코앞에 앞두고도 공연의 내용이 뭔지, 사흘 동안 계속되는 공연에서 자신의 역할이 무엇인지 자세히 아는 것이 없었다. 어차피 자신을 필요대로 쓰라고 내놓은 터이니 내용이 어떻든 상관없다는 듯했다.

11월 4일에는 '길 위의 신부를 만나다'라는 제목으로 공선옥·노순택·박래군이 출연해 문정현 신부에 대한 이야기를 나누고, 둘째 날에는 명계남과 여균동의 「아큐, 어느 독재자의 고백」이 공연되었다. 마지막 날에는 가수들이 무대에 올랐다. 자신의 이름으로 올린 공연에서 문정현 신부는 날마다 잠깐씩 무대에 올랐고 그때마다 쑥스러워했다. 무대에서 나눠지는 이야기 중에는 그가 동의하지 않는, 동의할 수 없는 말도 나왔지만 그는 그 무대를 만든 이들의 뜻을 존중해 주었다. 좋은 뜻을 가진 후배들이 마련한 그 무대를 마음을 다해 존중해 주는 그의 모습에 나는 홀로 고개를 숙였다. 그것이 바로 문정현 신부가 가진 힘이었다.

무대에 등장한 이들은 문정현 신부에 대해 분노의 신부, 길 위의 신부,

울보 신부, 평화의 신부…… 등등 여러 이름을 붙였다. 그 어느 이름도 문정현 신부와 걸맞지 않은 것이 없었다. 고집불통에다 다혈질인 그가 그렇게 다양한 모습을 가질 수 있었던 것은 자신을 기꺼이 내어놓을 수 있는 자유로운 사람이었기 때문이다. 그는 자신의 신념과 가치에는 한 치의 양보도 없었지만 그 신념과 가치를 실현하기 위해 자신의 벽을 허무는 데도 망설임이 없었다.

사흘간의 공연에서 노무현 전 대통령에 대한 이야기가 나올 때마다 문정현 신부는 불편했다. 그는 어떤 정권과도 거리를 둔 사람이었다. 그가 추모하고 애도하고 가슴 아파하는 것은 언제나 권력에 의해 고통받는 이들뿐이었다.

"난 원래 권력 옆에는 가지 않는 사람이야. 내 자신이 누구인지 지키기 위해서, 내 신원을 지키기 위해서였어. 나는 관과 권력과는 항시 거리를 두면서 사는 사람이었지. 누가 보기에는 내가 권력과 가까운 사람일 수 있겠지만 내 자신은 권력과 가까이한 적이 없었어. 그걸 지금까지 지켜 왔어. 김대중 전 대통령과의 인연은 깊지만 새만금을 추진할 때 크게 실망했지. 사실 김대중 전 대통령은 당선되기 전에 새만금에 대해 반대 입장이었지. 그런데 대통령이 된 뒤 달라졌지. 정치인들, 권력자들은 사안이 옳고 그르냐보다 자기의 행동이 표와 연결이 되느냐 안 되느냐가 관건인 것 같아. 바로 그런 점이 나와 맞지 않는 대목이었지.

김대중 대통령이 당선되기 전, 나와 단둘이 이런저런 사안을 가지고 이야기한 적이 있었어. 그때도 내가 말하는 원칙에 대해 '신부님 옳습니다. 그렇게 돼야 합니다. 그렇지만 정치는 다릅니다.' 하고 말하는 거야. 나는 이 말의 뜻에 대해서 긴 시간 동안 생각을 해왔어. 김대중 씨는 대통령이 되기 전에도 이 말을 수없이 반복해서 했지. 그때마다 나는 정치는 꼭 옳은 걸 추구하는 것이 아니로구나 하고 생각했어. 정치란 권력을 위해 때로는 어려운 것을 접어 둘 수도 있는 거구나. 그런데 나는 그게 용납이 안 되거든. 나는 옳은 것이란 옳은 걸 따라가는 것이어야 한다고 생각해. 그래서 아무리 권력자라 해도 옳은 것을 저버리고 딴짓을 한다면 내게는 아무것도 아닌 사람이 돼.

나는 권력자라도 진실을 위해서 때로는 목숨도 바칠 수 있는 것이 정치인이고 지도자여야 한다고 생각해. 나로서는 백 번 생각해도 그런데 '정치는 다릅니다.' 하더라고. 그래서 나는 저 사람들과는 함께 갈 수 없구나 하고 생각했지.

김대중 전 대통령이 가택연금됐을 때 모나미 볼펜에다 편지를 집어넣어서 보낸 적도 있어. 아마 생일날 초대를 받았던 거 같은데, 그때 나는 답신으로 김대중 대통령이 정치인이 아니라 인권운동가로서 나타난다면 언제든지 함께하겠다고 회신했지. 정치인이라고 해서 정치적인 이유로 진리를 비껴가는 게 나는 용납이 되지 않아. 그래서 한 발짝 뒤에 서 있으면서 그분을 무조건 지지하는 게 아니라 지적할 것은 지적했지.

노무현 정권 때도 마찬가지야. 유신 때부터 함께 해온 분들이 운동권도 정치적 세력화를 해야 한다고 기존 정당에 들어갔잖아. 들어가는 명분이 '호랑이를 잡기 위해서'였으니까 호랑이 소굴로 들어갔으면 호랑이를 잡아야 하는데 호랑이에게 먹혀 버리는 꼴을 봤지. 그래서 정치화와는 거리가 멀어. 내 신분, 내 신원이 가난하고 고통받고 소외된 사람들과 머물러 있는 것이고, 그들이 있는 곳에 있어야 하니까. 그래서 권력 때마다 옳지 않은 문제에 반대했고 그때마다 재판을 받고 집행유예 형을 받고 그랬지. 노무현 대통령 때 받은 판결이 지금도 집행유예 기간으로 남아 있어.

나는 노무현 전 대통령의 죽음에 대해서는 여러 가지 의문이 들어. 그렇게 죽는다고 결백이 입증되는 것도 아니고 회피되는 것도 아닌데 왜 자기 생명을 저버렸을까 하는 안타까움도 있지. 나는 솔직히 많은 동지들, 아스팔트에서 함께 뒹굴고 싸우다가 정치권으로 들어간 과거의 동지들이 좀 잘못 판단했다고 생각해. 그들이 아스팔트에서 싸울 때의 그 초심을 버리지 않았으면 좋지 않았을까 생각을 하지. 그게 맞는지 어떤지는 모르겠어. 그러나 내 입장에서는 인권, 민권, 통일, 노동자, 농민을 위해 부르짖던 초심을 잃지 않고 철저하게 살았더라면 이런 결과가 나오지 않았을 거라고 생각해. 호랑이를 잡으러 들어갔으면 호랑이를 잡았어야 하는데 호랑이와 동화되어 엉거주춤 있다가 한나라당에게 권력을 빼앗겼잖아. 그 사람들이 정치권에 갔을 때는 잘하길 기대했고, 지지하는 바가 없지 않았지만 기성 정치인들과 똑같이 변질되는 걸 보고 실망이 컸어. 이라크 파병, 매향리 문제라든가, 새만금 문제, 부안 핵폐기장 문제, 대추리 문제까지……. 난 그 사람들이 자기를 저버리고 살았다는 생각이 들어. 많은 이들이 그들을 이해해야 되지 않느냐고 하지만 나는 용납이 안 돼."

그는 끝까지 현장에 남은 사제다. 함께 독재정권과 맞섰던 많은 동료 사제들이 새로운 정권과 손을 잡거나 세상일로부터 벗어나 다른 길을 갔다. 그러나 그는 근본적으로 변하지 않은 세상을, 아직도 억압받고 빼앗기고 쫓겨나는 이들이 있는 현실을 외면할 수 없었다. 그는 외롭더라도 현장에 남는 길을 선택했다.

인간적인, 너무나 인간적인

문정현 신부가 사제의 길을 선택했을 때 그의 가족은 영광으로 받아들였다. 그 길이 부귀영화가 따르는 길이라서가 아니었다. 그의 부모님은 아들이 순교자가 되는 것을 두려워하지 않는 참사제가 되길 바랐다. 그는 순교의 삶을 자신의 삶으로 받아들이며 평생을 살았다.

'순교자'라고 하면 거룩한 성인의 모습을 떠올리는 이들에게 문정현 신부는 어울리지 않을지 모른다. 신중하고 매사에 배려심 깊으며, 모든 행동이 반듯하고 금욕적이며 종교적인 인물이 성인의 상징이라면 문정현 신부는 그와 전혀 가깝지 않다. 그는 아직도 불뚝불뚝 화를 잘 내고, 급하며 까다롭다. 또 사소한 일에 삐치기는 얼마나 잘 삐치는지, 그 성격을 맞추느라 곁에 있는 사람들이 피곤할 때도 많다. 술을 좋아하고 맛있는 음식을 먹는 것도 좋아한다. 소박한 분식집에서 라면을 먹거나 포장마차에 앉아 떡볶이나 만두를 먹는 것을 좋아하지만 기왕이면 좋은 재료로 정성껏 만든 음식을 먹는 걸 더 좋아한다. 커피와 담배도 즐긴다. 인스턴트 커피든 다방 커피든 가리지 않고 마시지만 기왕이면 원두를 볶아 직접 내린 커피를 더 좋아한다. 더럽고 지저분한 환경보다는 깨끗하고 단정한 환경을 좋아한다.

그러면서도 그는 유랑의 삶을, 대추리와 남일당의 불편한 잠자리를 기꺼이 받아들였다. 서툰 서각으로 성서 구절을 새기다가 실수를 하면 버럭 화를 냈다가도 누군가 자신의 작품에 칭찬을 하면 금세 환하게 웃는다. 나는 칭찬을 받으면 그렇게 좋아하는 어른을 다른 데서는 본 적이 없다. 어린아이들 속에 있을 때는 사제의 권위나 위엄 따위는 하나도 찾아볼 수 없는 개구쟁이가 된다. 그는 세상의 일에 초월해 있는 도인이 아니다. 오히려 세상일에 온 신경이 곤두서 있고 그 때문에 화를 내고 조바심을 낸다. 그래서 사람들을 찾아가고 밤새워 이야기를 하고 그 사람 안에서 희망을 본다. 그는 권력이나 부를 탐하지 않으나 '얼리어답터'라는 소리를 들을 정도로 새로운 디지털 기기, 새로운 악기를 탐하기도 잘한다. 지금도 그는 아이폰을 들고 트위터, 페이스북을 오가며 젊은이들 못지않게 사회적 소통을 시도한다. 유명한 운동권 신부인 덕분에 문제가 터질 때마다 사람들은 그의 이름을 원했다. 수많은 성명서나 단체에 그는 자신의 이름을 올렸다. 그러나 그는 이름만 내고 마는 명망가가 아니었다. 그는 어떤 시위, 어떤 현장에든 맨 끝까지 남아 있는 사람이었다.

40년을 운동권 신부로 살았지만 문정현 신부는 조직 따위에는 관심이 없다. 그러니 자신의 이름으로 그 흔한 연구소 같은 걸 만들어 본 적이 없고, 자신을 따르는 이들을 자기편으로 묶는 일 따위에도 관심이 없다. 스스로 '문정현의 사람들'이라고 하는 이들은 그가 측은지심에, 혹은 불의에 눈감지 못해 일을 벌이면 자발적으로 혹은 또 사고를 친 노신부가 걱정이 돼 마지못해 뒤치다꺼리를 하게 된 사람들이다. 그들은 그의 여생을 든든히 후원해 줄 능력은커녕 은퇴한 노신부에게 근사한 저녁 한번 살 만한 능력조차 없다. 그래서 그는 자유롭다.

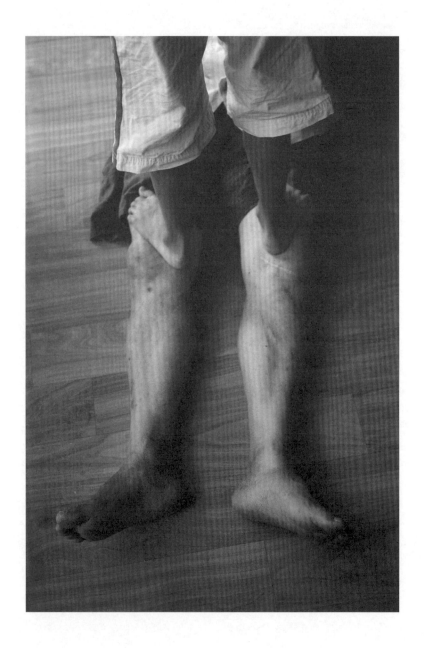

군산, 2008

예수의 마음에 드는 사제

명동 한복판을 걷는 그를 보면 영락없는 노숙자다. 한겨울 내내 겨울 햇볕 아래 서각을 한 탓에 얼굴은 검게 탔고 허연 백발은 늘 모자에 짓눌려 있다. 추위를 막느라 덧입은 패딩점퍼에 방한화, 거기에 지팡이까지 들고 명동거리를 나서면 사람들이 흘끗거리며 지나간다.

나는 그런 문정현 신부와 걸어가는 게 참 좋다. 20여 년 전, 그를 처음 보았을 때는 나와는 다른 세계에 사는 사람처럼 느껴졌다. 나름대로 빈민운동을 하겠다고 지역에 들어가 있었지만 내가 하는 일이라고는 하루 종일 아이들과 놀거나 상처 입은 아이들과 심리전을 하다가 나가떨어지는 게 전부였다. 굵직굵직한 사회적 이슈 때마다 앞장서는 그와 함께 가는 동지라는 생각은 꿈에도 하지 못했다. 그런데 지금은 그 문정현 신부가 참 만만하다. 변함없이 가난하고 보잘것없는 이들 곁에 있는 문정현 신부가 든든하고 멋지다.

그렇다고 나는 그에게 기대거나 속상한 일을 털어놓거나 위로받으려 하지는 않는다. 문정현 신부는 자상한 사제는 결코 아니다. 아마 누군가 그에게 지치고 아픈 마음을 위로받으러 갔다면 그의 무뚝뚝함에 혹은 무심함에 오히려 상처를 입을지 모른다. 그런데도 그의 길에 함께 서면 마음이 편안해지고 힘이 난다. 문정현 신부와 한패라는 것이 신이 나고 자랑스럽다. 문정현 신부는 참 멋진 동지이고 벗이다. 예수가 제자들과 당신이 사랑하는 땅의 사람들에게 벗이 되었던 것처럼 말이다.

스무 살에 만났던 예수가 전지전능하고 높은 곳에 계신 분이었다면, 위엄과 권위로 가득 찬 존재였다면, 나는 감히 그 예수를 따라 살겠다고 생각하지 못했을 것이다. 영세를 위해 교리 책으로 교리 수업을 받고 기도문을 외우고 전례의식부터 몸에 익혀야 했다면 아마 중간에 교리 받는 걸 포기했을지 모른다. 나는 교회를 알기 전에 예수를 만났고, 그 덕분에 예수를 따르는 길로 가는 한 모퉁이에 설 기회를 얻었다. 그리고 그 길 위에서 문정현 신부를 만났다.

나는 문정현 신부를 통해 짠맛을 잃지 않은 교회, 빛을 잃지 않고 등불이 되는 교회를 만났다. 그 교회는 높은 첨탑의 교회에, 세련된 21세기의 교회 건물에 있지 않다. 교회는 "신자들은 모두 함께 지내며 모든 것을 공동으로 소유하였다. 그리고 재산과 재물을 팔아 모든 사람에게 저마다 필요한 대로 나누어 주곤 하였다. 그들은 날마다 한마음으로 성전에 열심히 모이고 이 집 저 집에서 빵을 떼어 나누었으며 즐겁고 순박한 마음으로 음식을 함께 먹고, 하느님을 찬미하며 온 백성에게서 호감을 얻"(사도행전 2, 44-47)는 곳이다. 그러나 현실의 교회는 그때의 교회 모습에서 점점 멀어져 가고 있다. 예수가 선포한 하느님 나라로부터도 이미 너무 멀리 멀어졌다.

어떤 권력가가 예수님께, "선하신 스승님, 제가 무엇을 해야 영원한 생명을 받을 수 있습니까?" 하고 물었다. 그러자 예수님께서 그에게 이르셨다. "어찌하여 나를 선하다고 하느냐? 하느님 한 분 외에는 아무도 선하지 않다. 너는 계명을 알고 있지 않느냐? 간음해서는 안 된다. 살인해서는 안 된다. 도둑질해서는 안 된다. 거짓 증언을 해서는 안 된다. 아버지와 어머니를 공경하여라." 그가 예수님께 "그런 것들은 제가 어려서부터 다 지켜 왔습니다." 하고 대답하였다. 예수님께서는 이 말을 들으시고 그에게 이르셨다. "너에게 아직 모자란 것이 하나 있다. 가진 것을 다 팔아 가난한 이들에게 나누어 주어라. 그러면 네가 하늘에서 보물을 차지하게 될 것이다. 그리고 와서 나를 따라라." 그는 이 말씀을 듣고 매우 슬퍼하였다. 그가 큰 부자였기 때문이다.

루카 18, 18-23

문정현 신부는 온몸으로 그리스도의 초기교회를 실현하며 살았다. 그는 사제로서 오늘의 교회에서 환영받지 못하는 가난하고 보잘것없는 이들에게 위로와 힘을 주었다. 그는 주교의 마음에 드는, 가톨릭교회의 마음에 드는 사제는 아니었을지 모르나 예수의 마음에 드는 참다운 사제인 것은 분명하다.

3

다시 길을 떠나다

문정현 신부는 253일간의 명동기도와 사순절 동안의 '십자가의 길'을
끝내고 드리는 부활성야미사를 이 시대의 가장 낮은 곳에서 드리고 싶
어 했다. 문정현 신부가 선택한 곳은 인천 만석동에 있는 기차길옆작은
학교였다. 내가 있는 공부방이 이 시대의 가장 낮은 곳은 아니었다. 그
러나 그곳에는 그의 친구들이 있었다. 2002년 이후 거리에서, 평택 대추
리에서, 만석동에서, 용산 남일당과 명동성당에서 마음을 모았던 아이
들. 이 시대의 가장 낮은 곳에 있지는 않지만 힘없고 별 볼일 없는 이들.

2011년 4월 23일, 그날 10평 남짓한 공부방 안에 이제 막 백일을 넘
긴 아기부터 4, 50대가 된 이모, 삼촌까지 다 모였다. 2002년 광화문에
서 촛불을 들고 문정현 신부를 처음 보았던 아이들이 대학생이 되었고,
평화바람과 같은 평화유랑단을 꿈꾸던 대학생, 청년들은 아기 엄마 아
빠가 되어 있었다. 빛의 예식이 시작되고 우리는 어둠 속에서 촛불을 들
었다. 문정현 신부가 부활초를 들고 "그리스도 우리의 빛"이라고 외쳤다.
그리고 그 불을 우리들에게 전달했다. 어둠 속에서 촛불이 하나둘 켜졌
다. 캄캄한 어둠 속에 있는 우리에게 유일한 빛은 예수였다. 그렇게 예수
의 부활을 기념하는 미사가 시작되었다.

2000년 전, 예수의 부활은 화려하거나 요란하지 않았다. 무덤에서 나
온 그는 자신을 따르던 여자들과 제자들에게 "평안하냐?"고 물었다. 제
자들은 부활한 그를 알아보지 못했으나 예수는 제자들을 찾아가 고기

를 같이 잡고 아침을 차려 주었다. 그리고 세상 끝날까지 함께 있을 거라고 말해 주었다. 세상 끝날까지 함께 해줄 예수, 그 예수가 바로 문정현 신부와 우리의 시작이고 끝이다.

그날 문정현 신부는 강론에서 간음하다 잡힌 여자 이야기를 해주었다.

예수님께서는 올리브 산으로 가셨다. 이른 아침에 예수님께서 다시 성전에 가시니 온 백성이 그분께 모여들었다. 그래서 그분께서는 앉으셔서 그들을 가르치셨다. 그때에 율법학자들과 바리사이들이 간음하다 붙잡힌 여자를 끌고 와서 가운데에 세워 놓고, 예수님께 말하였다. "스승님, 이 여자가 간음하다 현장에서 붙잡혔습니다. 모세는 율법에서 이런 여자에게 돌을 던져 죽이라고 우리에게 명령하였습니다. 스승님 생각은 어떠하십니까?" 그들은 예수님을 시험하여 고소할 구실을 만들려고 그렇게 말한 것이다. 그러나 예수님께서는 몸을 굽히시어 손가락으로 땅에 무엇인가 쓰기 시작하셨다. 그들이 줄곧 물어 대자 예수님께서 몸을 일으키시어 그들에게 이르셨다. "너희 가운데 죄 없는 자가 먼저 저 여자에게 돌을 던져라." 그리고 다시 몸을 굽히시어 땅에 무엇인가 쓰셨다. 그들은 이 말씀을 듣고 나이 많은 자들부터 시작하여 하나씩 하나씩 떠나갔다. 마침내 예수님만 남으시고 여자는 가운데에 그대로 서 있었다. 예수님께서 몸을 일으키시고 그 여자에게, "여인아, 그자들이 어디 있느냐? 너를 단죄한 자가 아무도 없느냐?" 하고 물으셨다. 그 여자가 "선생님, 아무도 없습니다." 하고 대답하자, 예수님께서 이르셨다. "나도 너를 단죄하지 않는다. 가거라. 그리고 이제부터 다시는 죄짓지 마라."

요한 8, 1- 11

문정현 신부가 따르는 예수는 심판하고 단죄하는 존재가 아니었다. 또 율법학자나 바리사이들이 따르는 율법과 엄격한 관습에 갇힌 존재도 아니었다. 예수는 새 포도주를 헌 가죽 부대에 담는 어리석고 완고한 존재가 아니었다. 그는 유다인들이 함께하기 꺼렸던 세리와 어울렸고 죄인과 함께 음식을 나눠 먹었다. 오로지 하느님만을 위해 거룩하게 보내야 하는 안식일에 예수와 제자들은 배고픈 이들을 위해 밀 이삭을 뜯고, 병자를 치료했다. 항의하는 바리사이에게 예수는 말했다.

"다윗과 그 일행이 먹을 것이 없어 배가 고팠을 때, 다윗이 어떻게 하였는지 너희는 읽어 본 적이 없느냐? 에브야타르 대사제 때에 그가 하느님의 집에 들어가, 사제가 아니면 먹어서는 안 되는 제사 빵을 먹고 함께 있는 이들에게도 주지 않았느냐?" 이어서 그들에게 말씀하셨다. "안식일이 사람을 위하여 생긴 것이지, 사람이 안식일을 위하여 생긴 것은 아니다. 그러므로 사람의 아들은 또한 안식일의 주인이다."

마르코 2, 25-28

문정현 신부는 부활성야미사에서 우리에게 그런 예수를 기억하게 해주었다. 예수는 마치 유행가 가사처럼 사랑밖에 모르는 존재였고, 그 사랑으로 십자가 위의 죽음을 받아들이고 부활했다. 그리고 그 사랑이 다시 문정현 신부를 길 위에 서 있게 했고, 보잘것없는 우리들이 감히 예수를 따라 살게 이끌었다. 미사는 예수를 기억하는 제사이고, 부활미사는 우리 안에서 부활한 예수를 다시 만나는 자리였다. 예수는 최후의 만찬 때 제자들과 성찬례를 거행하며 말했다.

"이것을 받아 나누어 마셔라, 내가 너희에게 말한다. 나는 이제부터 하느님의 나라가 올 때까지 포도나무 열매로 빚은 것을 결코 마시지 않겠다." 예수님께서는 또 빵을 들고 감사를 드리신 다음, 그것을 떼어 사도들에게 주시며 말씀하셨다. "이는 너희를 위하여 내어 주는 내 몸이다. 너희는 나를 기억하여 이를 행하여라." 또 만찬을 드신 뒤에 같은 방식으로 잔을 들어 말씀하셨다. "이 잔은 너희를 위하여 흘리는 내 피로 맺는 새 계약이다."

루카 22, 17-20

문정현 신부는 영성체를 축성한 뒤, 초롱초롱한 눈으로 빵을 기다리는 아이들에게 말했다.

"자, 이 빵과 포도주를 먹고 나면 예수님처럼 그렇게 해야 한다."

아이들은 그 의미를 제대로 알 리 없었지만 우렁차게 대답했다.

"네."

그날 우리는 문정현 신부와 부활성야미사를 드리며 예수의 몸과 피를 나누었다. 그리고 예수가 말한 대로 우리는 그를 기억하고, 자신의 몸을 내어 준 예수처럼 살기로 약속했다. 부활한 예수는 제자들에게 나타나 말했다.

평화가 너희와 함께! 아버지께서 나를 보내신 것처럼 나도 너희를 보낸다.

요한 20, 21

예수의 몸과 피를 나눠 먹은 우리는 예수의 제자가 되었고 그렇게 사명을 부여받았다. 어린아이들은 미사 때마다 나눠 먹는 빵이 무엇을 의미하는지 아직 잘 모른다. 그러나 그 빵을 나눠 먹는 공동체 식구들이 한몸이라는 것, 어떤 어려움이 있더라도 늘 함께 해왔고 앞으로도 그럴 것이라는 것을 몸으로 기억하고 있었다.

아직 첫영성체를 하지 못한 아이들은 축성을 하지 않은 빵을 나눠 먹으며 언젠가는 자신도 언니 오빠들처럼 공부방 이모 삼촌처럼 저 빵과 포도주를 마실 거라는 기대를 품는다. 예수의 몸과 피를 나눠 먹은 이들은 예수가 그랬던 것처럼 자신도 그렇게 나누며 살아야 한다는 것을 자연스럽게 배운다.

예수의 벗으로 사는 길

나는 만석동에 들어와 살면서, 그리고 아이들을 만나면서 예수의 길을 따르는 것이 비장하고 고통스럽기만 한 길이 아니라는 걸 알았다. 무엇보다 문정현 신부의 길을 보면서 예수의 길은 머리로 재면서 가는 길이 아니라는 것도 다시금 깨달았다. 그리고 부활성야미사를 드리면서 문정현 신부를 움직이게 하는 힘의 원천이 바로 "예수가 사랑한 대로 사랑하며 산 것"임을 새삼스레 깨달았다.

예수는 그 시대에 환영받지 못한 존재였다. 그를 따르는 제자들 역시 마찬가지였다. 예수는 제자들에게 세상이 "너희를 미워할 것"이라고 말했다. 그러나 "너희가 세상에 속한다면 세상은 너희를 자기 사람으로 사랑할 것"이라고도 했다. 예수의 길은 세상의 미움을 사는 길이고, 결

대추리, 2004

코 편안하거나 높임받는 길이 아니다. 그러나 예수는 그 길에서 자신이 사랑한 세리와 죄인, 과부와 고아, 병자와 이방인들과 어울렸고 그들을 위해 십자가의 죽음을 받아들였다. 예수가 기꺼이 그 죽음을 받아들인 것은 자신이 사랑한 그 땅의 사람들 때문이었고, 자신을 땅으로 보낸 성부의 사랑을 믿기 때문이었다.

문정현 신부가 그 어떤 순간에도 머뭇거리지 않고 현장에 투신하는 삶을 살 수 있었던 것은 그의 타고난 기질과 대대로 내려온 순교자 집안의 깊은 신앙심, 그리고 바로 하느님이 자신을 사랑한다는 믿음 덕분이었다. 그를 현장으로 이끌고 세상의 고통으로 부르는 성령과 자신의 벗이 되어 기꺼이 함께한 예수가 문정현 안에서 하나가 되었기 때문이다. 그것이 그가 다른 사람들보다 당당했던 이유고, 겁이 없었던 이유다.

문정현 신부는 부활절미사를 끝으로 8개월 동안 남의집살이를 했던 명동성당을 떠났다. 그는 4대강 사업 중단을 촉구하기 위해 월요일마다 열리는 여의도 정의구현사제단 미사에 참석할 것이고, 명당성당에서 다 하지 못한 서각작업도 계속할 것이다. 그리고 건강을 추스른 뒤, 다시 유랑의 길에 오를 것이다.

언제 끝날지 모르는 그 유랑에 이번에는 우리 공부방의 인형극단도 함께할 것이다. 이번 유랑은 그 어느 때보다 더 힘겹고 고통스러울지 모른다. 그가 가는 곳마다 깎여 나간 산과 마구 파헤쳐진 강이 길을 막을 것이고, 삶의 자리를 잃은 수많은 목숨들의 신음 소리가 들릴 것이기 때문이다. 그러나 그 때문에 더욱 더 그 길을 포기할 수 없을 것이다.

그가 용산을 나온 뒤에도 철거민과 노동자들이 망루로, 공장 굴뚝으로, 타워크레인으로 올라가야 했고, 자본과 권력의 횡포와 세상의 무관심 속에 많은 노동자들이 죽어 갔다. 그가 다시 길을 떠난다 해도 그 수많은 목숨들을 구해 낼 수 없고, 당장 죽음의 삽질을 멈출 수도 없을 것이 분명하다. 다시 길 위에 선 그가 할 수 있는 일은 그들과 함께 내내 목 놓아 우는 일이 전부일지도 모른다. 그러나 그는 길을 떠날 것이다. 지금 이 순간, 고통받고 억압받는 이들 곁에 함께하는 것, 그것이 사제인 그가 해야 할 몫이기 때문이다. 그 길이 바로 그의 벗인 예수가 가는 길이기 때문이다.

사도들 가운데에서 누구를 가장 높은 사람으로 볼 것이냐는 문제로 말다툼이 벌어졌다. 그러자 예수님께서 그들에게 이르셨다. "민족들을 지배하는 임금들은 백성 위에 군림하고, 민족들에게 권세를 부리는 자들은 자신을 은인이라고 부르게 한다. 그러나 너희는 그렇게 해서는 안 된다. 너희 가운데에서 가장 높은 사람은 가장 어린 사람처럼 되어야 하고 지도자는 섬기는 사람처럼 되어야 한다. 누가 더 높으냐? 식탁에 앉은 이냐, 아니면 시중들며 섬기는 이냐? 식탁에 앉은 이가 아니냐? 그러나 나는 섬기는 사람으로 너희 가운데에 있다."

루카 22, 24-27

김중미

1963년 인천에서 태어났다. 1987년부터 인천 만석동에서 '기차길옆공부방'을 꾸려 왔으며, 지금은 강화로 터전을 옮겨 농사를 짓고 인천과 강화를 오가며 '기차길옆작은학교'의 큰이모로 살고 있다. 수많은 이웃들의 삶을 녹여낸 장편동화 『괭이부리말 아이들』(창비, 2000)로 '좋은 어린이 책' 원고 공모 대상을 받으면서 동화작가가 되었고, 깊은 고민과 문제의식을 담은 작품들로 세상에 감동의 울림을 전하고 있다. 그동안 지은 책으로 『종이밥』(낮은산, 2002) 『내 동생 아영이』(창비, 2002) 『거대한 뿌리』(검둥소, 2006) 『꽃섬고개 친구들』(검둥소, 2008) 『모여라, 유랑인형극단!』(낮은산, 2009) 등이 있다.

가톨릭노동사목을 매개로 문정현 신부와 처음 만난 뒤, 공부방 아이들과 함께 거리에 나가 정의와 평화를 외칠 때마다 어김없이 문정현 신부를 마주하게 되었다. 정 많은 문정현 신부를 아이들이 스스럼없이 '친구'로 대하는 모습을 보면서 논리와 계획이 아닌 사랑과 연민으로 행동하는 사제 문정현의 참모습을 발견하였고, 한평생 외로운 길을 선택해 가며 예수의 벗으로 살아온 그의 삶을 글로 써내기에 이르렀다.